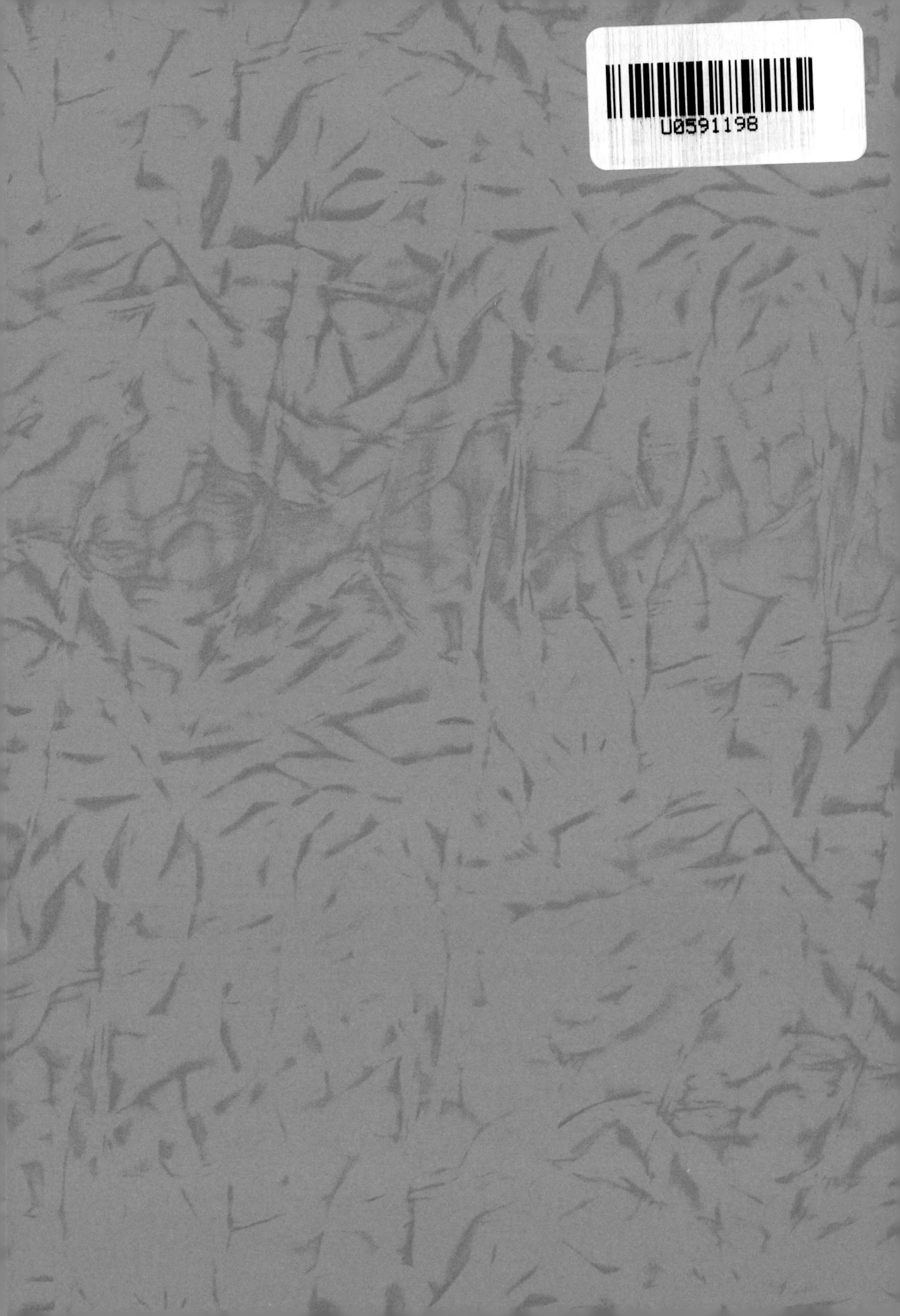
U0591198

新中国六十年成人教育大事记

《新中国六十年成人教育大事记》编委会 编

北京工业大学出版社
BEIJING GONGYE DAXUE CHUBANSHE

图书在版编目（CIP）数据

新中国六十年成人教育大事记/《新中国六十年成人教育大事记》编委会编．—北京：北京工业大学出版社，2010.10

ISBN 978-7-5639-2511-7

Ⅰ.①新… Ⅱ.①新… Ⅲ.①成人教育-大事记-中国 Ⅳ.①G729.2

中国版本图书馆 CIP 数据核字（2010）第 185087 号

新中国六十年成人教育大事记

编　　者：《新中国六十年成人教育大事记》编委会

责任编辑：王莹莹　杨媛媛

出版发行：北京工业大学出版社

地　　址：北京市朝阳区平乐园 100 号

邮政编码：100124

电　　话：010-67391106　010-67392308（传真）

电子信箱：bgdcbsfxb@163.net

承印单位：徐水宏远印刷有限公司印刷

经销单位：全国各地新华书店

开　　本：787mm×960mm　1/16

印　　张：20.75

字　　数：317 千字

版　　次：2010 年 10 月第 1 版

印　　次：2010 年 10 月第 1 次印刷

标准书号：ISBN 978-7-5639-2511-7

定　　价：45.00 元

《新中国六十年成人教育大事记》编委会

顾　问　何东昌　王明达　张天保　吴启迪　陈　希
鲁　昕

主　任　朱新均

副主任　葛道凯　孙善学　瞿延东　谢国东

委　员　（以姓氏笔画为序）

马世豹　龙德毅　吉　利　刘志鹏　孙之鹏
孙善学　杜　越　李东生　李积荣　李骏修
李　谦　张尧学　张志坤　张昭文　陈乃林
邵和平　赵为粮　赵书生　袁振国　葛道凯
曾一春　谢国东　赖　立　鲍学军　蔡宝田
瞿延东

主　编　孙善学　瞿延东

副主编　张志坤　邵和平　蔡宝田

序言

Preface

成人教育是我国现代教育体系的重要组成部分，是当代经济社会发展和科学技术进步的必要条件。大力发展成人教育，不断提高亿万劳动者的思想道德素质和科学文化素质，使经济和社会的发展具有更加坚实可靠的人才基础，对于把我国建设成为高度民主、高度文明的社会主义现代化国家具有重要的战略意义。1949 年 10 月中华人民共和国成立以来，成人教育一直受到党和国家的高度重视，坚持大力发展成人教育成为我国教育发展的一项基本方针。成人教育经过持续健康的发展，形成了多形式、多规格、多层次、多渠道，具有中国特色的成人教育体系，在经济社会发展的关键历史时期，都发挥了重要和不可替代的作用。

纵观 60 年发展历程，中国成人教育经历了新中国成立初期的大力发展、改革开放时期的恢复、改革发展和新世纪成人教育的创新发展三个阶段。

1949 年 10 月中华人民共和国的成立标志着中国进入新的历史时期。在战争废墟上建立起来的新中国，经济建设的起步和发展面临着全国人口 80%是文盲，国民科学文化素质低，管理干部和各类专业人才匮乏的困境；同时，在政治上获得解放的广大工农大众也迫切需要在文化上得到解放。为此，新成立的中央人民政府将开展扫盲教育运动和大力开展成人文化技术教育作为新中国政治翻身、经济恢复发展的一项重要举措。短短的十几年间，在全国掀起了三次大规模扫盲运动的高潮；在各地相继办起了一批工农速成中学和干部文化补习学校。大批没有文化或文化水平较低的工农干部采取业余或离职的方式到学校接受教育，提高他们的政治、文化业务水平，使他们成为了新中国社会管理和经济建设的重要力量。

1966 年 5 月，中国发生“文化大革命”，十年的动荡给中国的经济、社会、文化、科技、教育带来前所未有的破坏，成人教育也难于幸免。成人教育遭遇的破坏和长期停顿造成了严重的后果：农村已扫除的文盲大量回生复盲，从失学儿童中产生的新文盲不断增加；职工队伍技术水平低、文化素质低、管理水平低和技术人员少——“三低一少”的问题更加突出。1978 年 12 月，中国共产党十一届三中全会做出了国家的工作重心转移到经济建设上来和实行改革开放的重大决策，使我国的经济、社会、文化、科技、教育的发展有了新的机遇。由于国家经济社会建设和发展对人才的需求，广大群众对科学文化知识的渴望，知识青年急待补偿学历教育、青年工人急待补偿文化和技术，以及政府推进成人教育的政策和措施，使成人教育很快得到了恢复和发展，并进入一个新的蓬勃发展阶段。扫除文盲和农村成人教育取得了举世瞩目的成就：经过坚持不懈的扫盲教育，2000 年我国 15 岁及 15 岁以上文盲人口比例为 6.72%，成人文盲率为 9.08%，青壮年文盲率下降到 4.8%。我国如期实现了 1994 年提出的“基本扫除青壮年文盲”的战略目标。与此同时，农村经济社会体制的改革，加快了农村成人教育的发展。到 2000 年，全国近 70%的乡镇和 40%以上的行政村都建立了成人文化技术学校，形成了县、乡、村三级成人教育培训网络。职工的岗位培训和专业人员的继续教育成为成人教育的重点。据不完全统计，1990 年至 2000 年，全国每年参加岗位培训的职工近 3 000 万人次，参加继续教育的各类专业技术人员超过 6 000 万人次，这对提高在职人员职业道德、职业知识水平、工作能力和生产技能发挥了重要作用。这期间，国家对成人高等教育采取了积极恢复和大力发展的方针，1979 年 1 月，国务院批转了教育部和中央广播事业局制定的《中央广播电视大学试行方案》。1980 年 9 月，国务院批转了教育部《关于大力发展高等学校函授教育和夜大学的意见》。1981 年 1 月，国务院批转了教育部《关于〈高等教育自学考试试行办法〉的报告》及《高等教育自学考试实行办法》，并在北京、天津、上海等地开始试点工作。至 2000 年，除中央广播电视大学外，全国各地建有省级电大 44 所，地方级分校 956 所，县级工作站1 875个，教学点 3 292 个。1990 年至 2000 年，每年参加高等教育自学考试的报名人数近 1 000 万。成人高等学历教育的改革发展为促进我国高等教育大众化，完善我国高等教育体系作出了历史性贡献。随着各类成人教育事业的恢复和发展，成人教育的科学研究也得到发展。在全国教育科研“八五”、“九五”、“十五”、“十一五”规划中设立了多项“国家重点研究项目”，取得的研究成果指导了成人教育事业的发展。1981 年 4 月 3 日，中国成人教育协会在北京成立，它的成立标志着我国群众性成人教育学术研究、交流与合作揭开了新的篇章。

2002 年 11 月，中国共产党第十六次全国代表大会提出了“全面建设小康社会”，“形成全民学习、终身学习的学习型社会，促进人的全面发展”的奋斗目标。这是党和国家对成人教育提出的新任务和新要求，也是成人教育发展的新机遇和新挑战。首先，在终身教育和终身学习思想指导下，成人教育的地位更加突出。成人是社会的主体，享受成人教育是成年公民的一项基本权利，是实现教育公平的重要措施。因此，成人教育必须为每一个成人学习者服务，以其开放灵活的、充分体现成人学习特点的、多种多样的学习资源，生产生活所需的学习内容，供成人学习者选择学习。这些观念的发展和强化，是国家经济发展、社会进步的必然，是科学技术、信息网络发展的必然，是人民生活改善，生活水平提高的必然，也是成人教育自身发展的必然。在这样的思想理念指导下，成人教育进入了第三次蓬勃发展的新阶段。突出的变化是成人教育进社区。传统的成人教育活动范围一般局限于学校、企业和农村等空间领域。随着社会的进步发展，尤其是学习型社会目标的提出，社区已成为成人教育活动的重要领域。从2001年至2007年，教育部先后确定四批114个国家级社区教育实验区，覆盖了除西藏以外的各省、自治区、直辖市，评选出34个社区教育示范区。建立省级、市级的社区教育实验区近300个，成为全国发展社区教育的先行骨干力量。以岗位培训和企业职工继续教育为重点，创建学习型企业成了企业教育制度深化改革的新亮点。2006年，参加各类培训和学历教育的企业职工共计9 174万人次，占企业职工总数的43.7%。学习型企业的创建成为有效地提高在职从业人员的整体素质，使企业在激烈的市场竞争中立于不败之地的有效措施。随着我国工业化、城镇化进程加快，农村经济、社会、文化、人口都发生了很大的变化。每年大约1 800万的农村富余劳动力转移到城市和乡镇企业就业。由于农村劳动力的文化素质和技能水平与城镇居民有一定差距，往往使他们在劳动力就业市场中处于不利地位。为改变这一状况，农村劳动力转移培训成了农村成人教育的重点工作。2004年，教育部印发了《农村劳动力转移培训计划》，农业部启动了农村劳动力转移培训的“阳光工程”，使广大农民掌握一定专业技能和一技之长，提高就业竞争能力，提高他们的生活质量。截至2006年10月底，已培训农村劳动力830万人次，转移就业720万人，培训转移就业率85.7%。20世纪90年代以来，我国成人远程教育取得了长足发展。从早期广播电视授课发展到广播、电视、基于网络的多媒体相结合的多样化的开放式教育；实行学历教育与非学历教育相结合；覆盖范围从城市逐步扩展到广大农村，为社会所有公民提供平等的、个性化的学习机会，有效地促进了教育公平，推进了终身教育和终身学习的发展。

成人教育的其他领域，同样得到长足发展。我国的干部教育形成了多类型、多层次、多种形式的干部教育培训体系，干部教育培训工作的科学化、制度化、规范化取得重大进展。我国民办成人教育迅速发展，推动了办学体制的改革。全国由社会力量举办的各级各类教育机构有20余万所，在校生有1 000余万人，其中多为民办成人教育。我国的老年教育在探索中迅速发展。截至2009年，全国已有老年大学、老年学校3.6万所，在校学员达406万人，已初步形成多层次、多形式、多学制、多学科的老年教育体系。我国的现代成人教育研究取得了突破性进展，开创了中国特色的成人教育研究之路。我国出版的成人教育研究专著、论文集近千种，每年发表的学术论文和文章数以千计；成人教育学科建设取得显著成就，以成人教育学为主干的成人教育学科群初步形成。成人教育研究的进展从理论上支撑着我国成人教育的改革和发展。

60年来，特别是在实行改革开放的30年来，成人教育在经济与社会发展的历史背景下，在解放思想，实事求是，与时俱进思想路线和在“一要改革，二要发展”方针指引下，成人教育在社会主义现代化建设中得到蓬勃发展。特别是近年来，成人教育在构建终身教育体系和建设学习型社会中正在发挥着越来越重要的作用，日益体现着不可取代的主体性作用，日益显示出勃勃生机和强大的生命力。

今天，我们编写《新中国六十年成人教育大事记》，就是要通过回顾60年成人教育发展历程，理清党和国家为推进成人教育事业发展所作的重大决策；收集整理在60年中产生重大影响的事件和活动；展示60年成人教育取得的瞩目成就，从中我们可以总结出成人教育的规律和特点，以期成人教育在今后经济社会发展中发挥更大的作用。党和政府已经提出了“全面建设小康社会”，“形成全民学习、终身学习的学习型社会，促进人的全面发展”，“努力使全体人民学有所教”等一系列奋斗目标。成人教育面临着前所未有的机遇和挑战。成人教育要在提高国民整体素质，促进经济社会发展，满足广大人民群众日益增长的学习需求，实现公民平等的学习权利等方面，承担自己的神圣职责。为此，对于成人教育，应该在终身教育思想的指导下转变观念，应该在建立终身教育体系和学习型社会的过程中提升成人教育的地位和强化其作用，应该在社会主义市场经济体制不断完善中推进成人教育的改革和创新，应该在成人教育实践中加快成人教育立法，应该在成人教育蓬勃发展中加强成人教育的科学研究和学科建设。

回顾60年成人教育发展历程，使我们更加坚信成人教育的必要性，更加坚信成人教育在新的历史时期将更好地发挥其不可替代的作用，展现出更加辉煌的前景。

朱新均

2009年9月30日

目 录

Contents

1949 年

10 月 1 日　中央人民政府主席毛泽东发布政府公告，确定《中国人民政治协商会议共同纲领》为政府的施政方针。《共同纲领》第五章“文化教育政策”规定：“有计划有步骤地实行普及教育，加强中等教育和高等教育，注重技术教育，加强劳动者的业余教育和在职干部教育，给青年知识分子和旧知识分子以革命的政治教育，以应革命工作和国家建设工作的广泛需要。”

10 月 11 日　中华全国总工会发出《关于工会文化教育经费用途的暂行规定》，规定工会文化教育经费的开支范围，教育费应占 60%。

10 月 19 日　中央人民政府委员会任命马叙伦为教育部部长，钱俊瑞、韦悫为副部长。

11 月 1 日　中央人民政府教育部举行成立典礼。教育部设办公厅、高等教育司、中等教育司、初等教育司、社会教育司、视导司和高等教育委员会、识字运动委员会。

11 月 14 日　毛泽东在对西北少数民族工作的指示中提出：“西北各省及一切少数民族居住的地区，都应开办少数民族干部训练班或干部培训学校，大批培养少数民族干部。”

11 月 20 日　北京市二届一次各界人民代表会议决定，由市人民政府、总工会和有关团体成立业余教育工作委员会，各基层单位建立正规的业余学校并由委员会统一领导。

12 月 5 日　教育部发出《关于开展 1949 年冬学工作的指示》，提出冬学教育包括政治和文化两个方面：政治教育的基本内容是向农民宣传中华人民共和国诞生的伟大意义，解释人民政协的共同纲领，讨论恢复和发展本地农业生产和克服生产中各种困难的办法；文化教育的内容以识字为主，可能时还可加入适当的卫生常识教育。

12 月 6 日　政务院文化教育委员会成立办理留学生回国事务委员会，统一办理留学生及学者回国事宜。从 1949 年 8 月至 1955 年 11 月，共有 1 536 名高级知识分子从海外回国参加建设。

12 月 16 日 政务院颁布《关于成立中国人民大学的决定》，指出：为适应国家建设需要，中央人民政府政务院决定设立中国人民大学，接受苏联先进的建设经验，并聘请苏联教授，有计划、有步骤地培养新国家的各种建设干部。

12 月 23 日至 31 日 教育部在北京召开第一次全国教育工作会议。会议提出：学校必须为工农开门。创办人民大学、工农速成中学，大办工人补习教育。争取从 1951 年开始进行全国规模的识字运动。在普及的基础上，把识字教育和基本政治文化科学教育提高到较高的科学技术教育和政治教育。会上还草拟了工农速成中学实施方案。

12 月 中华职业教育社由上海迁到北京，在北京推广函授教育，举办函授师范学院。

本年 北京市石景山钢铁厂工人政治业余学校成立。军管干部给工人讲授社会发展史，教工人识字，进行政治启蒙教育。

本年 成人高等学校 1 所，在校生人数 124 人。成人中等学校在校生 100 人。成人初等学校在校生 1 326.8 万人。全年扫除文盲 65.7 万人。全国参加业余学习的职工数为 27.64 万人。

1950 年

1 月 7 日 政务院公布第十四次政务会议通过的省、市、县人民政府三个组织通则，分别规定：在文教方面，省人民政府设文教厅或处，直辖市人民政府设局，县人民政府设教育科或局。

2 月 20 日 教育部副部长钱俊瑞在全国学联执委会扩大会议上作《改革旧教育，建设新教育》的报告。提出，现在和今后若干年内，各级学校应向工农劳动群众开门，着重推行劳动者的业余补习教育，准备普及成人识字教育，培养工农出身的新型知识分子。

2 月 北京市文教局颁发《正规成人学校暂行实施办法（草案）》，规定：正规成人学校的目的是给过去没有机会接受教育的劳动人民，以相当于小学的普通教育，提高他们的文化水平。招生对象为年龄在16岁以上的劳动者或其家属，学制三年。

4月3日 教育部与北京市文教局联合创办的北京实验工农速成中学开学。沈阳、大连、哈尔滨、太原、保定、兰州等地相继举办了工农速成中学。

4月5日至11日 中华职业教育社召开第一次全国工作座谈会，决定将原上海中华第一补习学校改为中华业余学校。

5月1日 毛泽东在《人民教育》创刊号中提出："恢复和发展人民教育是当前重要任务之一。"

6月1日 政务院发出《关于开展职工业余教育的指示》，指出：开展职工业余教育是提高广大工人、职员、群众的政治、文化与技术水平的最重要方法之一。目前，职工业余教育的对象以工厂企业中的工人、职员为主，职工业余教育内容以识字为重点，采取多种多样并能保持经常的形式。争取在三五年内做到职工现有文盲一般能识字一千个上下，并具有阅读通俗书报的能力。较高级的职工业余文化教育，应采取比较正规化的形式，设立中级班（相当高小，两年毕业）、高级班（相当中学，五年毕业）。凡修完主要课程后测验及格者，即可由政府教育部门发给毕业证书，其效力同于与其学程相当的普通学校毕业证书。对职工的政治教育，可以用时事报告、专题讲演等方式进行，大工厂企业，可设立职工业余政治班，进行系统的政治理论教育。各工厂企业应有计划地进行技术教育，可采用技术训练班、技术研究班或订立师徒合同等形式。《指示》规定，职工业余教育由政府教育部门负责，在工厂、企业内部由工会负责，并组织各级职工业余教育委员会。《指示》还对职工业余教育的课程、考试办法、时间、教材、经费、设备等问题作了规定。

6月1日至9日 教育部在北京召开第一次全国高等教育会议，毛泽东、周恩来参加会议。周恩来在讲话中指出："新民主主义的教育应该是民族的、科学的、大众的教育。""我们一定要在若干年内从劳动人民中培养出大批新型的知识分子。"马叙伦部长在讲话中要求高等学校准备和开始向工农开门。

6月6日 毛泽东在党的七届三中全会上指出："对知识分子，要办各种训练班，办军政大学、革命大学，要使用他们，同时对他们进行教育和改造。要让他们学社会发展史、历史唯物论等几门课程。”

6月 燃料工业部和全国煤矿总工会在河北省秦皇岛市建立中国煤矿工人学校，陈郁部长任名誉校长，金直夫主席任校长。学校设普通班和中级班，后改称中国煤矿工人速成中学，至1959年改为中等专业学校，共培养工人、干部2 000多人。一些全国知名的劳动模范，如马六孩、施玉海等都曾在这里学习。

8月19日 上海市职工业余教育委员会成立。委员会由市教育局、总工会、劳动局、中国纺织工会上海市委员会、上海教育工作者协会、市民主妇女联合会、华东纺织管理局、华东工业部、中国新民主主义青年团上海市工作委员会、上海工商联合会筹备委员会等机关、团体代表组成，由市教育局和上海总工会负责人任正、副主任。

9月10日 刘少奇在马列学院第二、三班开学典礼上指出：“我们党的干部应该重视理论工作。今天，党需要你们去做研究理论的工作，并且决定给你们一些实际问题去研究处理，看是否能运用已学得的理论，这对你们是很好的。一般来讲，你们学习较长的时间后，能够学到一些理论知识，将来出去工作，就可以运用掌握了的马列主义理论去观察、解释、处理实际问题。运用理论观察、解释、处理实际问题，这就是目的。为了达到这个目的，就需要你们学习许多东西，学习马列主义基本知识，学习毛泽东著作和其他一些知识。”

9月19日 中国人民大学马列主义夜大学和夜校开学。夜大学学习两年，有600余人参加；夜校学习一年，有700余人参加。

9月20日至29日 教育部、中华全国总工会在北京联合召开第一次全国工农教育会议。参加会议的有中央，大行政区，省、市教育部门和工会文教部负责人，各工业和有关部门负责人，模范教师和学习模范，速成中学校长，特邀学者等470余人。9月27日，中央人民政府主席毛泽东和副主席朱德、李济深来到会场和大家见面，副主席朱德、李济深，政务院副总理董必武、郭沫若、黄炎培，中华全国总工会副主席李立三在会上讲话。

会议讨论了实施工农教育的方针及加强工农教育的领导等问题。指出：

1. 加强工农教育是巩固和发展人民民主专政，建立强大的国防和强大的经济力量的必要条件；没有工农文化教育的普及和提高，也就没有文化建设的高潮。

2. 当前工农教育的实施方针是：(1) 对象。先着重工农干部和积极分子，有条件后推广到青年和工农群众中去。(2) 内容。根据地区不同，分别以文化教育（首先是识字）、政策时事教育为主要内容。(3) 步骤。因时因地制宜，根据主客观条件，有重点地稳步前进。

3. 开展工农教育，必须贯彻群众路线，根据群众的自愿，充分依靠自己的力量进行工作。要克服轻视工农，和对工农群众的恩赐观点及包办代替、命令主义的作风。经费主要依靠群众自己解决，政府有重点地予以补助。师资要实行以民教民为主的方针，必要与可能时，设一定的专任教师作为骨干。学习形式应多种多样，不能要求一律。

4. 领导关系方面，必须实现“政府领导、依靠群众组织、各方面配合”的原则，以达到统一领导，分工合作，将工作做好的目的。

会议通过了修正后的《关于举办工农速成中学和工农干部文化补习学校的指示》、《关于开展农民业余教育的指示》、《工农速成中学暂行实施办法》、《工农干部文化补习学校暂行实施办法》、《职工业余教育暂行实施办法》、《各级职工业余教育委员会组织条例》等六项草案。

9月　周恩来在《为巩固和发展人民的胜利而奋斗》一文中指出：“新中国的建设需要大量的、有充分的政治觉悟和文化知识的干部，为此需从三个方面来解决这个问题。第一，大规模地提高现有干部的文化水平，为他们举办工农中学和工农文化补习班，或者吸收其中具有适当条件的人到各类高等学校和中等学校学习。第二，大规模地训练旧公务人员和知识分子，使他们在较短期间抛弃旧的错误的政治观点，取得新的为人民服务的观点。第三，有的放矢地改革现有的高等学校和中等学校，使他们能够适应人民的需要。”

9月　工人出版社发行职工业余初、中级教材。

10月　中共中央发出《关于在职干部学习问题的通知》，要求：凡有可能办理机关学校者，应筹办机关学校。由此，全国绝大部分县以上机关团体都办起了干部业余文化学校。

11月10日 政务院第58次会议批准的《关于第一次全国工农教育会议的报告》指出："工农教育是巩固与发展人民民主专政，建立强大的国防军和强大的经济力量的必要条件，没有工农文化教育的普及和提高，也就没有文化建设的高潮。"

11月24日 政务院批准《培养少数民族干部试行方案》，决定在北京设立中央民族学院，作为培养少数民族干部的基地。1951年6月11日，中央民族学院举行开学典礼。

12月14日 政务院发出《关于举办工农速成中学和工农干部文化补习学校的指示》，指出：为了认真提高工农干部的文化水平以适应建设事业的需要，人民政府必须给予他们专门受教育的机会，培养他们成为新的知识分子。为此，决定在全国范围内有计划有步骤地举办工农速成中学和工农干部文化补习学校，吸收不同程度的工农干部给以适当时间的文化教育，尽可能地使全国工农干部的文化程度能在若干年内提高到相当于中学的水平。《指示》提出：工农速成中学修业年限暂定为三年，工农干部文化补习学校修业年限暂定为两年。工农速成中学由教育部和大行政区教育部统筹举办。工农干部补习学校由各级机关及各省市县人民政府分别举办。《指示》还对课程、学校设置、学生来源和条件、学生上学期间的待遇、教师、领导等问题作了原则规定。

12月20日 教育部颁发《各级职工业余教育委员会组织条例》。《条例》共十四条，对全国，大行政区，省、市各级职工业余教育委员会的组成、任务、决议发布、分工、会议、办事机构及办公费等做出了规定。各级职工业余教育委员会的任务为：制订方针、计划及实施办法；决定经费调剂动用的原则、教员待遇及经费开支标准；决定教员培养、训练及调配；决定各种奖励事项等。

12月21日 教育部发出《关于开展农民业余教育的指示》，指出："有计划有步骤地开展农民业余教育，提高农民的文化水平，是当前我国文化建设上的重大任务之一。"《指示》要求争取条件将农民季节性的业余学习（冬学）逐步转变为常年业余学习。规定农民业余教育一般应以识字学文化为主，并配合进行时事政策教育和生产、卫生教育。农民业余学校分设初级班（组）与高级班（组）。初级班扫盲，高级班要求基本上达到相当于高小毕业的程度。学生学完规定的课程后考试及格者，发给毕业证书。此种证书与初级小学、高级小学的毕业证书有同等效力。农民业余学习采取以民教民的方针，动员一切识字的人作群众教师，以教人识字作为自己的光荣任务。农民业余教育的领导，由各级人民政府教育部门负责，有关部门协助。《指示》还对教材、经费等事项作了规定。

12月 周恩来在《关于举办工农速成中学和工农干部文化补习学校的指示》中说："工农干部是建设人民国家的重要骨干。""为了认真提高他们的文化水平以适应建设事业的需要，人民政府必须给予他们以专门受教育的机会，培养他们成为新的知识分子。""在全国范围内有计划有步骤地举办工农速成中学和工农干部文化补习学校，吸收不同程度的工农干部给以适当时间的文化教育，尽可能地使全国工农干部的文化程度能在若干年内提高到相当于中学的水平。"

本年 成人高等学校2所，在校生人数434人。成人初等学校在校生2 313.8万人，全年扫除文盲137.2万人。全国参加业余学习的职工数为100.47万人，入学率为8.66%。

1951年

1月20日 全国职工业余教育委员会成立。教育部部长马叙伦任主任委员，全国总工会文教部部长刘子久任副主任委员。该委员会是全国职工业余教育统一的领导组织，其任务是讨论及决定有关全国职工业余教育的方针、计划、课程、经费、制度等重大事项。

1月中旬 中共上海市教工委、市教育局、市农民协会、青年团、妇联等共同组成"上海郊区农民业余教育委员会"，由市教育局和郊区农民协会负责人任正副主任。

2月10日 教育部颁发《工农速成中学暂行实施办法》。《办法》分六章共十九条，包括总纲、学制、课程、教学计划、组织、编制、会议、设置领导、附则等内容。规定：工农速成中学的任务是招收参加革命或产业劳动一定时间的优秀的工农干部及工人，施以中等程度的文化科学基本知识的教育，使其能升入高等学校继续深造，培养为新中国的高级建设人才。不愿或不宜升学的，可以直接或经一定时间的业务训练后分配工作。修业年限暂定为三年，必要时延长为四年。工农速成中学采取校长负责制。此类学校暂由中央人民政府教育部及大行政区教育部统筹设置。

2月10日 教育部颁发《工农干部文化补习学校暂行实施办法》。《办法》分六章共十八条，包括总纲、学制、课程、教学计划、组织、编制、会议、设置、领导、经费、附则等内容。规定：工农干部文化补习学校的任务是招收具有初步阅读能力的工农干部，施以相当于完全小学程度的教育，毕业后由原来机关分配工作，或升入工农速成中学及其他干部学校继续学习。修业年限暂定为两年，必要时得延长或缩短。县以上各级人民政府、机关、工厂、人民团体、高等学校、中等学校、干部学校均可设置此类学校。

2月28日 教育部发出指示，要求各地抓紧时机，集中力量，召开专门会议，奖励模范，总结成绩，订出计划和制度，以便使冬学在群众充分自觉的基础上转为农民业余学校，争取1951年全国有500万农民坚持常年学习。

3月1日 教育部颁发《职工业余教育暂行实施办法》。《办法》是根据1950年6月1日政务院发布的《关于开展职工业余教育的指示》制定的，分五章（包括总则，学制、课程与学习组织形式，教师、教材、组织领导及经费，附则），共二十三条。规定：职工业余教育以提高职工的文化、政治和技术水平，加强国防和生产建设，并提高职工管理国家的能力为目的。目前，一般应以文化学习为主，以识字教育为重点。厂矿企业内的职工业余教育工作，应由工会负责主办，行政协助；在教育行政上，应受政府教育部门的管理，各级学校应尽可能附设职工业余学校。

3月1日 《学文化》半月刊创刊。《学文化》是全国职工业余教育委员会的机关刊物，由教育部主编，供识字不多的职工阅读，帮助他们学习文化，打下进一步学习政治、文化和技术的基础。

3月1日 广东第一所工农速成中学——广州工农速成中学开学。

3月 周恩来在杭州群众大会上指出："一个文化不高的人，要掌握现代化科学技术是很困难的，如果是文盲，就更困难了。有了中等的文化水平，掌握现代化科学技术就比较容易些。所以，工厂里的劳动者也需要受过中等教育。不仅现在还在学校学习的青年要认识到这一点，就是已经在工厂里做工的工人，也应该认识到这一点。现在许多工人参加业余学校学习，就是为了把自己的文化提高到中等水平。不仅工业有这样的要求，农业也是一样，农民也需要有文化。我国可耕地面积比较少，需要提高单位面积产量。要提高单位面积产量，达到我国农业发展纲要的要求，就必须提高技术。一系列的技术措施需要有知识的人来掌握。所以，我们青年一代的农民应该有文化。有了文化，不仅今天可以掌握已有的技术，增加生产，而且将来能够适用更新的技术，解决我国农业机械化、现代化的问题。”

8月 周恩来在一些专业会议代表及政府各部门负责同志参加的会议上所作报告中指出：“成年人的教育，包括工农的教育、失业人员的教育、老知识分子的教育、老干部的再教育，都需要在我们的学制中占有一定的地位。”

8月 周恩来在政务院讨论《关于改革学制的决定》时强调：“人们的文化水平普遍需要提高，而首先需要提高的是工人和农民。因为工人阶级是我们政权的领导阶级，工农联盟是我们政权的基础。新学制就反映了我们政权的这种特点。成人的工农业余教育不是可有可无，不是处于次要地位，而是与其他各种教育占同样重要的地位。”

9月初 广东省人民政府为适应日渐增多的归国华侨青年学习的需要，特在广州设立南方大学华侨学院和广东省立华侨中学。华侨学院首期招收18岁到30岁的青年学员，学制暂定一年，学习期满毕业，由华侨学院或广东省人民政府华侨事务委员会介绍或分配工作。

9月20日至28日 教育部在北京召开第一次全国民族教育会议。会议明确指出了少数民族教育应以新民主主义为内容，采取适合于各民族发展和进步的形式；也确定了现阶段全国少数民族教育工作应根据各民族地区的实际情况，分别采取巩固、发展、整顿和改造的方针。会议认为，少数民族教育工作目前应以培养少数民族干部为首要任务。

10月1日 政务院命令公布施行《关于改革学制的决定》。指出：我国原有学制有许多缺点，其中最重要的是工人、农民的干部学校，各种补习学校和训练班，在学校系统中没有应有的地位；技术学校没有一定的制度，不能适应培养国家建设人才的要求。为改正这些缺点，确定原有的和新创的各类学校的适当地位，改革各种不合理的年限和制度，并使不同程度的学校互相衔接，以利于广大劳动人民文化水平的提高，工农干部的深造和国家建设事业的促进。对失学青年和成人实施初等教育的学校为工农速成初等学校、业余初等学校和识字学校。中等教育：工农速成中学修业年限为三至四年。业余中学分初、高两级，修业年限为三至四年。要办各级政治学校和政治训练班。此外，各级人民政府得设立各级各种类补习学校和函授学校，聋哑、盲目等特种学校。

同时，教育部部长马叙伦就改革学制发表谈话。指出，这次改革学制的重点是工农干部教育、技术教育和小学教育。新学制必须根据各地具体情况，有计划、有步骤、有准备、有重点地推行。争取从 1952 年到 1957 年在全国基本上完成学制改革工作。

10 月 5 日　中央人民政府华北事务部发出《关于普遍开展农村冬学运动的指示》。提出，今年的冬学运动必须将文化教育、政治教育与中心工作的教育配合起来进行。一方面要在已有的基础上大力开展以村干部、积极分子和青年农民为主要对象的文化学习运动，另一方面要普遍推广以广大农民为对象的政治、政策、中心工作的学习运动。必须有固定的专门领导机构，指导冬学运动和民校工作。要训练骨干教师，依靠他们帮助其他教师，使冬学运动能够普及。冬学设文化班和政治班两种班次。文化班吸收有条件学习文化的人参加，政治班动员大多数农民参加。冬学的授课时间为四个月，文化课和政治课的时间分配，一般为三比一。冬学结束后，应总结经验，奖励模范。

10 月 25 日　在全国第一届政协会议上，政务院文教委员会主任郭沫若作《关于文化教育的报告》。提出：为了在目前的人力和财力的条件下，完成在短期内为国家培养大量干部的任务，要开办大量的速成学校和速成班，用因陋就简的办法来解决大量培养干部所遇到的困难。教育部门和业务部门要分工合作，积极创办各种专科学校。各级学校的创办、调整和补充必须统一计划，克服学校管理中的混乱现象。

11 月 5 日　中央人民政府副主席刘少奇批示同意中国人民大学开办函授教育，并指示先在北京、天津等少数城市试办，待有经验后再推广。

11 月 11 日 教育部发出指示：加强今年冬学政治时事教育，全国各地的冬学均应普遍和深入地向农民群众进行抗美援朝爱国主义教育，推进增产节约和爱国公约运动，并结合当地情况，进行关于土地改革、民主改革、生产互助以及婚姻法等政策教育。冬学文化学习的内容应尽可能与政治教育相结合。

11 月 19 日 教育部发出《关于工农速成中学附设于高等学校的决定》，要求自 1953 年起，工农速成中学应有计划、有步骤地附设于各类高等学校，作为高等学校预备学校，学生毕业后，一般即可直接升入本高等学校继续深造。

11 月 20 日至 29 日 教育部召开全国工农速成中学工作会议。会议讨论了工农速成中学的方针、任务，认为工农速成中学是在较短时间内培养工农干部和产业工人升入高等学校的一种预备学校。它不仅是为了满足工农干部和产业工人对文化的要求，而且是为了适应国家建设的需要，为国家培养各种建设人才。会议指出，必须加强和改进工农速成中学的设置、编制、招生、教学大纲、教材、教学组织领导及加强政治思想教育等问题，确定工农速成中学修业年限一律为三年。会议还讨论、制订了分三类的教学计划：第一类是准备升入高等学校文史、财经、政法等科的；第二类是准备升入高等学校理科、工科的；第三类是准备升入高等学校医科、农科及生物等科的。

11 月 28 日 教育部发出指示：目前工农速成中学以附设于综合性大学、师范大学或师范学院、多科高等专业学校为宜。

12 月 15 日 教育部召开座谈会，请中国人民解放军西南三军区某部文化教员祁建华介绍“速成识字法”。“速成识字法”是祁建华在教部队干部和战士学文化的过程中创造的一种扫盲识字法，分三步教学：第一步学会注音符号和拼音，掌握识字的辅助工具；第二步突击识字，先求会读，初步会讲；第三步学习语文课本，展开阅读、写字、写话活动，巩固所学的汉字并进一步提高。

本年 教育部内设机构充实调整后设工农业余教育司。

本年 成人高等学校 3 所，在校生 1 620 人。成人中等学校在校生 300 人。成人初等学校在校生 5 108 万人，全年扫除文盲 137.5 万人。

全国参加业余学习的职工为202.63万人，入学率为5.9%。

1952年

3月31日 政务院发出《关于整顿和发展中等技术教育的指示》。指出，现阶段的整顿和发展工作，必须由各级人民政府的教育部门和有关业务部门，以及各主要厂矿、企业和农场分工合作，共同进行。除整顿和发展正规的技术教育外，还应举办各种速成性质的技术训练班和业余性质的技术补习班和训练班，使正规的、速成的、业余的各种技术学校与训练班配合发展。《指示》还对招收工人农民劳模入学、毕业分配等事项作了规定。

4月23日 政务院文化教育委员会给创造速成识字法的祁建华颁发奖状。

5月15日 教育部发出通知：开展“速成识字法”的教学实验工作。通知列举了在重庆、天津等地工人和在北京东郊区高碑店村农民中进行实验的效果后指出：运用“速成识字法”将使扫盲过程大大缩短。通知要求各地立即在工农群众中广泛开展关于“速成识字法”的宣传，并切实研究“速成识字法”的基本方法和已有的经验，选择重点，进行教学实验。通知还要求各地研究提出运用“速成识字法”在本地区扫除工农文盲的初步计划。

5月21日 教育部通知河北省人民政府文教厅：确定河北省为“速成识字法”实验区。

5月 燃料工业部部长陈郁在部署扫盲工作的会议上指出：“我们天天喊工人阶级要当家做主，要做矿山主人，你没有文化，不懂得业务技术，这个主人怎么当法?”“我们煤矿的领导干部，肩上挑着两副重担，既要完成生产任务，还要不断提高职工的文化技术知识水平。只完成一项，不能算是一个好的领导。”

6月中旬至9月下旬 教育部对全国高等院校进行了院系调整工作。调整的总方针是：以培养工业建设人才和师资为重点，发展专门院校与专科学校，整顿和加强综合性大学，逐步创办函授学校和夜大学，并在机构上为大量吸收工农成分学生入高等学校准备条件。

7月17日 教育部发布《关于实现1952年培养国家建设干部计划的指标》。决定暑假选调15 000名具有高中文化程度的干部升入高等学校学习。

8月9日 教育部决定自1952年暑期起，工农速成中学可以招收农村优秀青年干部和青年店员工人，以扩大学生来源。招收新生的年龄为18岁以上，30岁以下（原定35岁以下）。

9月6日 全国总工会发出《关于在工人群众中推行"速成识字法"开展扫盲运动的指示》。

9月23日至27日 教育部、全国总工会在北京联合召开全国扫盲工作座谈会。教育部副部长钱俊瑞作关于扫除文盲运动的方针的报告。会议认为，开展扫除文盲运动，是一项迫切和重大的政治任务，各级领导应以领导历次革命运动的精神来领导这一具有伟大历史意义的运动，必须订出计划，以期在今后5年至10年内基本上扫除全国文盲。会议指出：为了防止与克服有些地方在推行"速成识字法"时，只注意快，不注意巩固，以致速而不成，造成"夹生"、"回生"现象，以及过急过躁，草率从事等偏差，必须切实进行巩固工作。会议由全国总工会文教部部长刘子久作总结报告。

11月15日 中央人民政府委员会第十九次会议通过决议，成立高等教育部和扫盲工作委员会。任命马叙伦为高等教育部部长，杨秀峰、黄松龄、曾昭抡、刘皑风为副部长；任命张奚若为教育部部长，董纯才、韦悫、林砺儒、柳湜为副部长；任命楚图南为扫盲工作委员会主任委员，李昌、林汉达、祁建华为副主任委员。

教育部分开后，杨秀峰为中共高等教育部党组书记，董纯才为中共教育部党组书记，李昌为中共扫除文盲工作委员会党组书记。

高等教育部设办公厅、综合大学教育司、工业教育第一司、工业教育第二司、农林卫生教育司、中等技术教育司、留学生管理司、教学指导司、计划财务司、学校人事司、政治教育处、工农速成中等教育处、基本建设处、翻译室、学生实习指导委员会、俄文教学指导委员会。

教育部设办公厅、高等师范教育司、中等师范教育司、中学教育小学教育司、工农业余教育司、民族教育司、教育指导司、计划财务处、幼儿教育处、盲哑教育处、体育指导处、翻译室、参事室、教科书编审委员会、人民教育出版社。

扫除文盲工作委员会设办公厅、城市扫盲工作司、农村扫盲工作司、编审司。

11月21日 教育部发出《关于1952年冬学运动的通知》。针对各地推行速成识字法，部署扫盲工作中的问题，指出：今冬明春农村工作任务繁重，加之准备工作还不充分，因此全国范围内的扫除文盲运动，在今冬和明春应采取准备干部、重点试办的方针，尚不宜也不能普遍推行。

11月29日 教育部、财政部、人事部联合发出通知，对工农速成中学、工农速成初等学校学生的待遇作了具体规定。

本年 成人高等学校7所，在校生4 135人。成人中等学校在校生24.97万人。成人初等学校在校生3 327.9万人，全年扫除文盲65.6万人。全国参加业余学习的职工共299万人，占职工总数的18.9%。年底，全国干部业余政治理论学校有842所，参加学习的在职干部达43万人。

1953年

1月13日至24日 政务院文教委员会在北京召开大区文教委员会主任会议，会议认为：扫盲工作1952年秋后有点冒进，原因是把扫盲看得太简单。扫盲是一个长期而复杂的任务，不是三五年而是需要十几年或更长时间才能完成的。

1月 中国人民大学函授部在北京、天津、太原设立函授辅导站，在京、津两市开设了经济计划、工业经济、工业会计、工业统计、国内贸易、对外贸易、银行等专业的函授专修科；在太原开设了工厂管理、统计两个专业的函授专修科。

2月23日至3月5日 全国扫盲工作委员会在北京召开第一次全

国扫除文盲工作会议。各大行政区代表51人参加会议，主任楚图南、副主任林汉达作报告，政务院文教委员会副主任马叙伦讲话。会议认为：自1952年全国推行“速成识字法”开展扫盲运动以来，收到了一定的成效。但过分强调“速成识字法”的作用，计划和摊子铺得过大，形成了盲目冒进的偏向。有关领导分析了盲目冒进的表现和产生的原因，提出：将扫盲工作纳入正轨，正常开展扫盲工作。会议对于逐步收拢摊子和处理多余干部及专职教师的问题，提出了初步意见。会议还研究了速成识字教学上的公式化和要求过高、过急的问题，认为“速成识字法”如果按照地方特点灵活运用而不照搬部队经验，还是可以获得较好效果的。

2月18日 《人民日报》发表社论《加强干部业余文化教育的领导》。同时发表四篇文章，介绍西北区、中直机关、唐山市和东北局机关用脱产和业余两种形式办好干部文化学校的经验。

4月4日 教育部通知：整顿工农业余学校高级班与中学班。要求各地严格控制高级班与中学班的发展，做好巩固和保证质量的工作。要纠正“重扫盲，轻业余教育”的偏向，加强对工农业余学校的领导；集中力量办好厂矿业余学校的高级班与中学班，注意提高质量；要重点试办农民业余中学。

4月23日 中共中央发出《关于一九五三年到一九五四年干部理论教育的指示》。

5月2日至11日 在北京召开的中国工会第七次全国代表大会通过的工会章程中，把“组织全体工人、工程技术人员、职员进行文化、政治、技术学习”，规定为“工会基层组织的任务”，要求搞好职工教育工作。

6月5日 教育部在北京召开第二次教育工作会议，张奚若部长作报告提出：“工农业余教育应着重整顿巩固，一般地不做开展。”

6月23日至7月2日 中国新民主主义青年团举行第二次代表大会，团中央书记胡耀邦作报告指出：“组织青年工人掌握技术，学习文化，培养他们尽快地成为熟练工人，这是国家的迫切需要，也是青年工人的热烈要求。”

7月28日 高等教育部、教育部联合发出《关于1953年工农速成中学招生工作的通知》，指出：工农速成中学的任务是培养工人阶级出身的技术专家和领导骨干，要在三年内授完普通中学的基本课程，为直接升入高等学校打好基础。确定工农速成中学招生自本年起逐步实行“工人返还制”。这种招生办法就是将各企业部门保送的产业工人，尽可能分配到设有与该企业部门相关专业的高等学校所附设的工农速成中学学习，待他们在高等学校毕业后，仍送回原保送单位分配工作。为鼓励产业工人脱产学习，对入学学习的工人按原工资的75%发给人民助学金。如原工资的75%低于35万元（旧币，相当于35元）的，仍按35万元发给，以减少工人入学后的困难。

8月29日 《人民日报》发表社论：《必须重视和改进工农速成中学》。

9月15日 高等教育部、教育部联合颁发《工农速成中学第一、二、三类教学计划（修订草案）》。凡重点课程均要求达到相当于高中毕业水平。

9月24日 中共中央批发教育部党组、高等教育部党组、扫盲工作委员会党组关于普通教育、高等教育和扫除文盲工作的三个报告。

10月20日 《扫盲通讯》创刊。该刊物是由中央人民政府扫除文盲工作委员会编辑出版的。

11月24日 扫除文盲工作委员会发出《关于扫盲标准、扫盲毕业考试等暂行办法的通知》。规定扫盲标准为：干部和工人一般可定为认识2 000常用字，能阅读通俗书报，能写200至300字的应用短文；农民一般可以定为认识1 000常用字，大体上能阅读最通俗的书报，能写农村中常用的便条、收据等；城市劳动人民一般可以定为认识1 500常用字，阅读、写作方面可分别参照工人、农民标准。各省根据具体情况灵活掌握，适当伸缩。扫盲毕业考试内容分为识字、阅读、写作三项。如果群众有要求，县扫盲工作委员会或教育科可以决定给考试及格者发扫盲毕业证书。

12月5日 高等教育部、教育部联合发出《关于工农速成中学领导关系的决定》。规定：高等教育部根据国家的教育方针、政策与学制，对全国工农速成中学实施统一的领导。各高等学校附设的工农速成中学，由各该高等学校直接管理，各省、市单独设立的工农速成中学，由省、市教育厅、局直接管理。

12月11日 教育部、扫除文盲工作委员会联合发出《关于一九五三年冬学工作的指示》。指出：利用冬学向农民群众宣传国家在过渡时期的总路线和总任务，教育农民组织起来，提高粮食产量，并把余粮踊跃地卖给国家，以支援国家建设事业，是一项十分重要的政治工作。由于当年冬季农村工作繁重，冬学的文化教育工作应根据各地具体情况，酌量施行，不能要求过高。《指示》要求有计划地组织全部或一部分农村干部、积极分子学文化。《指示》对冬学的教员、教法、经费、领导等也作了规定。

12月24日 中共中央发出《关于加强干部文化教育工作的指示》。提出：大量培养与提拔工农干部和有计划地提高他们的政治、文化、业务水平，使他们成为各项建设事业中的骨干，是贯彻党在过渡时期总路线的一项重大的政治任务和组织任务。目前开展干部文化教育的目的，在于使文化水平较低的干部，逐步提高到相当于高小以至初中毕业的水平，以便有效地学习政治理论，钻研业务，完成各项工作任务；同时使一部分工农干部能够具备条件升学深造。干部文化教育必须采取速成的联系实际的教学方针，采取在职业余学习或离职集中学习的方式进行。着重吸收担负一定领导责任的工农干部参加学习。现有各级教育部门领导的工农速成初等学校，从1954年交由当地党委直接领导。《指示》还对干部文化教育的学制、课程经费、教材、编制、领导管理等事项作了规定。

本年 扫盲委增设干部训练司和研究室。

本年 成人高等学校27所，在校生9 738人。成人中等学校在校生40.5万人。成人初等学校在校生2 033.3万人，全年扫除文盲295.4万人。全国参加学习的职工有304.8万人，入学率达23.8%。

1954年

1月22日 《人民日报》发表社论:《加强工农干部文化教育工作》。

2月15日 高等教育部发出《关于高等学校应加强对工农干部学生工作的指示》。

3月15日 《盲人月刊》创刊。该刊出版的目的，是使分散在各地的盲人得到学习文化知识、了解时事政策的机会。其内容主要为国家政策、时事综述、盲人生活动态、盲字改革、通俗文艺作品等方面。

3月22日 教育部、扫盲委员会联合发出《关于1954年组织农民常年学习的通知》。指出：为了适应农业社会主义改造的要求，在农村互助合作及农业生产发展的基础上，逐步提高农民的社会主义觉悟和文化水平，是今后农村中的一项重要的经常工作。各地要在冬学基础上，根据自愿原则，采取常年民校、小组学习或个人自学等办法，积极组织农民利用生产空闲时间继续学习。

3月 政务院文教委员会干部教育局成立。该局的基本任务是：贯彻执行中共中央《关于加强干部文化教育工作的指示》，管理全国干部业余文化教育工作，并协同中央组织部管理全国干部离职学习文化的工作。

4月1日至22日 高等教育部在北京召开全国高等财经教育会议。会议确定财经院校今后应担负培养本科学生与短期轮训在职干部的双重任务。

4月16日 华北干部文化补习学校开学。这所学校是中共中央华北局为有计划地提高工农老干部的文化而创办的。学员先后分三期入校学习，每期学习时间为一年半，预计5年内可把全区1 100多名不够初中文化程度的干部，全部提高到初中毕业程度。

4月22日 教育部、扫盲委员会、全国总工会函发《职工业余文化教育工作预备会议所讨论的几个问题的通告》。提出，职工业余文化教育的教育方针必须是“速成的、联系实际的”。

4月30日 高等教育部、教育部颁发关于工农速成中学教育事业改归教育部统一领导的决定，废止1952年11月30日颁发的《关于工农速成中学领导关系的规定》。

6月14日 教育部、扫盲委员会、全国总工会联合发出通知：本年暑期由各地组织职工业余教育专职教师集训，以提高教师的政治思想水平和业务能力。

7月9日 邓小平在政务院第二百二十一次政务会议讨论教育工作时指出："现在我们是搞建设，干部已成为决定性的因素。我们干部的状况是，一方面不够用，另一方面又有浪费。要充分发挥现有干部的作用，同时要培养大批各方面的建设人才。政务院许多部门的领导人，他们注意抓生产，抓基本建设，这是对的，但是对培养干部重视不够，这主要表现在对自己所管的学校注意得很差。殊不知办好学校，培养干部，才是最基本的建设。"

7月22日 教育部和扫盲工作委员会下发《关于城市劳动人民业余文化教育工作的通知》。

7月30日 教育部将《长沙市私人实习学校整顿工作总结及加强管理意见》通报各地。指出：举办各种补习班、补习学校、夜中学、自学小组及其他各种各样的学习方式，给不能升学的高小和初中毕业生以学习机会是必要的，应有领导地举办。

7月31日 教育部函广西省人民政府，同意该省所拟《关于奖励设置私立学校暂行办法草案》，并建议区别情况，订出收费标准，设减免学费名额，照顾贫苦子女入学。

8月5日至16日 教育部、扫盲委员会在北京联合召开第一次全国农民业余文化教育会议，扫盲委员会主任楚图南致开幕词，政务院文教委员会副主任习仲勋、秘书长钱俊瑞作报告，教育部副部长董纯才作总结报告。会议总结检查了工作，讨论了今后农民业余文化教育工作的方针任务。会议认为：过去一年，各地根据"整顿巩固、稳步前进"的方针，对农村扫盲工作大力进行了整顿，现已纠正了盲目的偏向，初步纳入国家建设的轨道。要求紧紧跟随和密切结合农村互助合作运动和农业生产的发展，积极地有计划地扫除农民中的文盲，并逐步地提高农民的文化水平。会议提出，争取用15年左右的时间，基本上扫除农村两亿多青壮年文盲。对已经脱离文盲状态的农民和小学毕业生应组织他们学习，以进一步提高他们的文化水平。

9月20日 全国人民代表大会第一次会议通过了《中华人民共和国宪法》，其中第94条规定："中华人民共和国公民有受教育的权利。国家设立并逐步扩大各种学校和其他文化教育机关，以保证公民享受这种权利。国家特别关怀青年的体力和智力的发展。"

9月29日 中华人民共和国主席毛泽东根据一届人大一次会议的决定，任命杨秀峰为中华人民共和国高等教育部部长，张奚若为中华人民共和国教育部部长。

10月16日 教育部、青年团中央联合发出《关于一九五四年冬学工作的指示》。指出：今后冬学首先必须紧密地结合宣传宪法，进一步开展以互助合作为中心的农业增产运动，继续做好统购统销工作，向农民进行政治教育；另一方面，为了适应农业合作化运动发展的需要也应当积极组织农民学习文化。

10月31日 根据9月28日公布的《国务院组织法》，国务院设立第二办公室，该室是协助总理掌管国务院文化教育各部门工作的办公机构。该组织法未再保留文化教育委员会的机构名称。

10月31日 国务院任命林枫为国务院第二办公室主任，钱俊瑞、范长江为副主任。

11月18日 教育部、扫盲委员会根据国务院指示发出通知：中央扫盲委员会合并于教育部。

11月24日 高等教育部颁发经政务院第二百二十一次政务会议批准的《中等专业学校章程》。指出：工农干部、产业工人和少数民族学生的入学年龄可放宽至30周岁。

12月20日 全国干部文化教育工作座谈会开始在北京举行。座谈会于次年1月4日结束。

本年 第二机械工业部颁发《工厂在职员工教育科（股）试行条例》及《在职员工教育工作的指示》。

本年 成人高等学校37所，在校生1.32万人。成人中等学校在校生94.6万人。成人初等学校在校生2 713.5万人，全年扫除文盲263.7万人。全国参加学习的职工有369.2万人，入学率为27.6%。

1955年

2月22日至3月7日 教育部、高等教育部、中华全国总工会在北京联合召开全国工农速成中学教育会议和全国职工业余文化教育会议。教育部长张奚若、中华全国总工会主席赖若愚作了报告。会议讨论了今后工农速成中学教育和职工业余文化教育的方针和任务，要求采用多种多样的方式，大量地培养工农知识分子和提高职工文化水平。会议认为：作为高等学校的预备学校的工农速成中学，今后要根据积极稳步地发展和努力提高教育质量的方针，招收优秀的工农干部和产业工人，施以中等程度的教育，使他们在政治思想、文化知识、身体健康等方面打好基础，以便毕业后能顺利地升入高等学校继续深造，培养成为工人阶级自己的忠实于社会主义建设事业的技术专家和管理干部。职工业余文化教育，要紧紧跟随和密切结合着工业生产的发展，积极地有计划地发展，认真办好职工业余中学和高小，把一定数量的干部和工人提高到高小、初中或高中毕业程度，为学习初等、中等技术打下基础，并输送一部分政治上进步有培养前途的人升入工农速成中学、中等技术学校和高等学校或夜大学继续深造。同时，在第一个五年计划时期内，争取基本上扫除现有产业工人中的文盲和一部分行业职工中的文盲。

4月7日 劳动部和工业交通各部联合召开第一次全国工人技术学校校长会议，通过《关于提高教学工作质量的决议》。

4月9日 教育部发出《关于农民、城市劳动人民业余文化教育事业干部的设置及有关问题的通知》。通知指出：根据工作需要在县以下的区及市辖区和不设区的市设置一定数量的专职事业干部，管理农民、城市劳动人民的业余文化教育工作和辅导业余教师。

5月13日 教育部发出通知，为了集中力量，加强领导，决定省、专区、市、县各级扫盲委员会的办公机构与同级文教行政部门实行合并。合并时，教育部门应设有专门机构或一定的专职人员管理工农业余文化教育工作。

5月15日 《人民日报》社论《举办业余高等教育》提出：为了提高在职干部的文化水平，应当学习苏联的先进经验，积极创办和发展高等学校的函授部、夜大学和大型厂矿附设的夜大学。今后三五年内的工作方针，应是整顿巩固现有的函授部和夜大学，适当地发展高等工科、师范、财经等科和重点试办高等农科函授教育及夜大学，注意积累经验，为今后大量发展业余高等教育创造条件。

5月19日至6月10日　全国文教工作会议在北京举行，会议指出：用函授或举办夜大学等办法吸收工矿干部、技术人员和熟练工人进行在职学习，是一项重要的培养干部的办法。会议决定工农速成中学从本年起停止招生；举办正规的从小学到大学的业余工农学校，必须在师资、时间、经费和领导四个方面，给以充分的保证。

6月2日　国务院发布《关于加强农民业余文化教育的指示》。指出：适应当前农村新情况和新任务的需要，积极地开展农民业余文化教育和扫盲，克服我国农村文化落后状态，已成为当前一项重要的政治任务。今后农民业余文化教育，必须紧紧跟随和密切结合着农村互助合作运动和农业生产的发展，积极地有计划地扫除农村中的文盲，并逐步提高农民的文化水平，有效地为农业的社会主义改造和发展农业生产服务。要在过渡时期内基本上扫除农村中的青壮年文盲。今后三五年期间，争取基本上扫除主要乡干部中的文盲。《指示》提出：由合作社、互助组统一管理农民的生产和学习，把学习组织和生产组织结合起来，应当成为今后发展农民业余文教事业的基本方向。《指示》指出：在进行文化教育的同时必须进行政治教育。坚持"以民教民"的原则，解决师资来源问题，农民业余教育的经费，除少数专职人员的开支，业余教师训练费、奖励费等外，都应由群众自筹。

7月12日　教育部、高等教育部联合发出通知，指出：实践证明，工农干部学习文化知识不用循序渐进的方法而用短期速成的方法，使之升入高等学校，从根本上来说，并不能达到预期的目的。今后广大工农干部和工农群众的学习，坚决贯彻业余学习为主的方针，自1955年秋起工农速成中学停止招生。

7月27日　第一机械工业部发出指示，决定举办业余中专，提高干部、工人的文化技术水平，学制五年，每周学习12学时，主要课程与中等专业学校一致，毕业时发给中专毕业证书。

7月30日　全国人大一届二次会议通过的《中华人民共和国发展国民经济的第一个五年计划》，第九章"提高人民的文化生活水平"中提出："应根据提倡农民群众自办学校，允许私人开办学校的方针，依靠群众的力量，在国家计划的指导下，来发展中等和初等教育事业。"积极地广泛地开展业余文化教育工作，五年内，"应该基本上完成在工农干部、原有产业工人和农村积极分子中扫除文盲的任务”。

8月4日 高等教育部颁发经国务院批准的《高等学校接受业务部门委托办理干部训练班暂行办法》。

8月31日 国务院发出通知：军队转业干部文化学校自本年下半年起停止招生，各省、市教育厅、局可利用原有师资、校舍、设备等逐步改为普通中小学。

9月4日 教育部在北京创办的教育行政学院正式开学，每年一期，培训高级中学、完全中学、师范学校、工农速成中学的正副校长和教导主任，教师进修学校正副校长、教务长，省、直辖市、自治区教育行政机关的处、科级干部和政治教师。

9月20日 北京广播函授学院开学，该校是北京市教育局、文化局、北京人民广播电台、共青团北京市委、市青联为帮助北京市未考上高中的初中毕业生继续提高政治文化水平而举办的。

10月10日 经北京市人民委员会办公厅同意，北京市工农业余学校教师进修班改建为北京市工农教师进修学校。

10月11日 毛泽东在中国共产党七届六中全会上说：“扫盲运动，我看要扫起来才好。有些地方是把扫盲运动扫掉，这不好。要在合作化中间把文盲扫掉，不是把扫盲运动扫掉，不是扫扫盲，而是扫盲。”

10月24日 教育部发出《关于1955年冬到1956年春组织农民参加学习的通知》，要求积极开展识字教育，把识字教育当成农业合作化的一个组成部分。大力提倡合作社和互助组办学。

11月7日 教育部发出关于加强中等学校在职教师业余进修的指示。要求在8年内通过进入教师进修学院和函授学习的形式，将不及师专毕业程度的教师提高到师专毕业水平。规定今后函授教育、教师进修学院负有提高在职教师及培训新教师的双重任务。

11月16日 青年团中央书记胡耀邦在《人民日报》发表《关于农村扫除文盲工作》。文章指出：“党的七届六中全会在讨论到农业合作化的全面规划的时候，曾经指出务必把扫除文盲的工作规划进去。”“青年团在扫除文盲这个严重任务中，是党和政府的天然助手。”扫除文盲有三种形式（民校、识字小组、包教包学），要学三本书。要对积极分子和扫盲有成绩的单位实行鼓励，要发毕业证书、奖章、奖状。要“书报下乡”，繁荣创作，改进发行，发展农村中的图书室和俱乐部。要对扫盲工作及时进行指导。

11 月 21 日 教育部发出《关于在中学、小学、各级师范学校及工农业余学校推行简化汉字的通知》，规定：全国中小学和各级师范学校以及工农业余学校的教学、学生作业和日常书写布告、函件等，必须使用简化汉字。原有繁体字课本，阅读时仍可教繁体字，书写时不再要求用繁体字。

12 月 1 日 青年团中央发布《关于在七年内基本扫除全国青年文盲的决定》，指出：

（1）扫除旧社会遗留下来的大量文盲，提高人民的文化水平，是具有战略意义的任务。目前农村青年文化上的落后状态和农业合作化运动的开展是不相适应的，这一严重的问题，必须在合作化运动的过程中加以解决。

（2）为了适应农业合作化运动的发展，必须加快扫盲的速度，要在第二个五年计划完成前扫除全国青年文盲。

（3）扫盲工作应当紧紧掌握为农业合作化和农业生产服务的原则，做到“学以致用”，应当根据“不忙多学，小忙少学，大忙放学”的原则，实行“定期开学，按时放假”的制度，坚持常年学习。

（4）各级团委应当采取有效措施，充分发挥群众的积极性。

（5）为了不断提高群众的文化水平和防止“回生”现象，要普遍提倡开办业余小学或成立自学小组。

12 月 6 日 教育部发出通知：筹办各级扫除文盲协会，通知指出，根据苏联和各兄弟国家扫除文盲的经验和我国黑龙江省教育厅重点试办扫除文盲协会取得的初步经验，说明成立扫除文盲协会是广泛动员、组织社会力量和群众力量，协助政府开展扫除文盲工作的有效组织形式，各地应着手筹备成立扫除文盲协会。

12 月 19 日至 28 日 高等教育部、教育部、中华全国总工会在北京联合召开全国职工业余教育会议。高等教育部部长杨秀峰作了《大力开展从小学到大学的正规的职工业余教育，努力提高职工文化水平和培养国家建设人才》的报告。教育部部长张奚若、全国总工会主席赖若愚分别讲了话。参加会议的有中央和省、市各有关方面负责人398人。

会议指出：职工业余教育担负着两大任务，一是普遍地提高职工群众的文化技术水平；二是培养科学技术人才和管理干部。会议决定对识字教育和业余小学采取“大量发展、注意质量”的工作方针，对中等以上业余学校采取“积极发展、力求正规、提高质量”的工作方针。

会议指出：各级业余学校的学制、课程、培养目标和入学条件，一般应与同级正规日校基本相同，但修业年限要适当延长，课程、内容要适当精简。为保证教学工作正常进行，除兼课教师外，还必须配备一定数量的专职教师。会议提出，必须对各级职工业余学校规定每周最低限度的上课与学习时数：识字、业余小学6小时；初中8小时；高中、中等技术学校、高等学校至少12小时；高等学校函授生16～20小时。

12月29日 毛泽东在《中国农村的社会主义高潮》一书中，对山西省解虞县（今运城市盐湖区）西张耿《一个受人欢迎的农业技术夜校》一文加了按语：“这样的技术夜校，每个乡，在目前至少是大多数的乡，都应当办起来。青年团的各级组织应当管这件事。农民的学习技术，应当同消灭文盲相结合，由青年团负责一起管起来。技术夜校的教员可以就地选拔，并且要提倡边教边学。”

本年 教育部工农业余教育司与干部文化教育局合并，成立工农业余教育局；工农速成中学教育处撤销并入中学教育司，同年高教部增设业余高等教育处。

本年 成人高等学校49所，在校生1.59万人。成人中等学校在校生136.2万人。成人初等学校在校生8 386.7万人，全年扫除文盲367.8万人。全国参加学习的职工有418.7万人，占职工总数的30.9%。

1956年

1月1日 共青团中央发出《关于普遍建立青年扫盲队的通知》。

1月4日 中华全国总工会第七届执行委员会主席团第九次会议通

过《关于在三年内扫除全国职工中文盲的决定》。指出，在职工中扫除文盲是实现社会主义工业化的一个必要条件，我们必须在社会主义工业化的过程中，尽早完成这个艰巨的历史任务。

1月14日至20日 中共中央召开关于知识分子问题的会议。周恩来作了《关于知识分子问题的报告》，指出，为了实现社会主义工业化，“必须依靠体力劳动和脑力劳动的密切结合，依靠工人、农民、知识分子的兄弟联盟”。报告首次提出，知识分子已成为我们国家的各方面生活中的重要因素，他们中间的绝大多数已经是工人阶级的一部分。毛泽东在会议最后一天讲话，号召全党努力学习科学知识，为迅速赶上世界科学先进水平而奋斗。会后，全国开始出现“向现代科学进军”的新气象。

1月21日 《人民日报》发表社论:《加强扫盲工作的具体领导》。

1月28日 《工人日报》发表社论:《掀起一个学习文化的热潮》。

1月30日 教育部发布《关于评奖扫除文盲优秀教师、优秀工作者、优秀学员、先进单位的暂行办法》,《颁发识字证书及业余小学、业余中学毕业证的暂行办法》。

1月30日至2月7日 全国政协二届二次会议在北京举行。周恩来总理在会上所作的报告中，发出了“向科学文化进军”的号召，大大调动了职工群众的学习积极性。

2月8日 教育部、中华全国手工业生产合作社联合总社筹委会发出《关于开展手工业生产合作社业余文化教育的联合通知》，要求到1959年基本上扫除手工业生产合作社社员中的文盲，并将大部分干部和青年社员组织到业余小学学习。到1962年，将合作社干部、青年社员和部分有技术的社员提高到业余小学毕业程度，并组织一部分人参加业余初中学习。规定要在当地教育部门领导下，由手工业生产合作社办学。各级手工业生产合作社的领导机关必须设置专门机构和干部，管理这项工作。

2月29日 中共中央发出通知，决定要像办高级党校一样，在全国几个基础较好的工业大学开办领导干部特别班，以适应今后工业建设的需要。并要求三至五年内，分批抽调两千名现任正副厂长、大型企业正副处长一级干部去学习，提高他们的马列主义水平，又使他们具有一定的科学、技术知识，毕业后成为领导骨干，担负厂长、生产副厂长或总工程师等职务。学习时间三至四年。

3月2日 教育部、农业部联合发出通知，由教育部拨划出200所初级中学交农业部门，改为农业合作干部学校。

3月2日 高等教育部、教育部、财政部、全国总工会发出《关于职工业余教育经费问题的联合通知》。规定把留在基层工会的经费（按《工会法》规定拨交工会2%经费中的1%）中的75%用于业余小学（包括识字教育）、业余中学方面。如有不足，可由企业补助。另外，由政府教育部门拨出一定的经费作为培训师资、颁发奖金及重点补助之用。

3月15日 全国扫除文盲协会成立，陈毅任会长，吴玉章、林枫、张奚若、胡耀邦、董纯才任副会长。成立会上通过了扫除文盲协会章程。全国扫除文盲协会的宗旨是，适应社会主义建设的需要，协助政府广泛地动员并组织社会力量和群众力量，开展扫除文盲运动，按照国家计划如期完成扫除文盲的任务。

3月27日 《人民日报》发表社论:《让职工有时间学习文化技术》。

3月29日 中共中央、国务院颁布《关于扫除文盲的决定》。指出，在全国范围内积极地有计划有步骤地扫除文盲，使广大劳动人民摆脱文盲状态，具有现代的文化，这是我国文化史上的一个大革命，也是国家进行社会主义建设中的一项极为重大的政治任务。各地要按照当地情况，在五年或者七年内基本上扫除文盲。要求二至三年扫除机关干部中的文盲，三年或者五年扫除工厂、矿山、企业职工中的文盲95%左右，五年或者七年基本扫除农村和城市居民中的文盲，即扫除文盲达到70%以上。识字教育必须贯彻“联系实际，学以致用”的原则，坚持自愿原则，实行“以民教民”。要保证学习时间。要采用多种多样的组织形式，因人制宜，因时制宜，灵活运用。各地结合当地情况制定出各地各级单位厂矿企业扫除文盲的分期实行规划。各级党委和政府必须定期检查计划执行情况，总结经验，克服缺点，以保证扫除文盲任务的胜利完成。

4月1日 《人民日报》发表社论:《积极领导扫除文盲运动》。

4月9日至14日 教育部在北京召开第二次全国干部文化教育会

议，讨论了1956年至1967的干部文化教育事业规划。认为，干部文化教育主要采取在职业余学习的办法，对少数因工作忙而不能坚持学习的可采取离职学习的方式。干部文化教育的教学方针应是“速成的、联系实际的，但又是正规的”。对于区级以上机关的干部一般应达到初中毕业的水平，乡级主要干部一般达到高小毕业水平。干部文化教育管理机构与工农业余教育管理机构应当合并，统一领导。会议并对学制、课程、教学制度、学习时间、教师教学行政人员配备等问题进行了研究。

4月18日 国务院转发教育部、全国扫盲协会《关于各级扫盲协会人员编制的方案》，要求各地参照此方案设置机构，开展工作。

5月25日 高等教育部发出通知：本年业余高等学校的招生工作由各学校单独分别进行，也可以几所院校联合进行。通知对招生对象、报考条件以及理、工、农、文史、财经、政法等系科的修业年限等有关事项作了规定。

5月31日 高等教育部决定自本年秋季起在若干综合大学举办函授教育。本年先在复旦大学、东北人民大学、北京大学、中国人民大学、厦门大学开办函授专业，共招生790人。

9月15日 中国共产党第八次全国代表大会召开，刘少奇在《政治报告》中指出：“为了实现我国的文化革命，必须以极大的努力逐步扫除文盲，并且在财政力量许可的范围内，逐步地扩大小学教育，以求在12年内分期地普及小学义务教育。同时，对于职工的文化教育和技术教育，对于一部分文化程度很低的机关工作人员的文化教育，必须继续加强。”

9月16日 在中国共产党第八次全国代表大会上，周恩来在《关于发展国民经济第二个五年计划的建议的报告》中指出：“培养建设人才还必须发展业余教育，从职工中吸收有条件深造的人员参加夜校或者函授学校学习，逐步地培养他们成为高级和中级的专门人才。”“要继续努力扫除文盲，发展小学教育，开展工农群众的业余教育，逐步推行文字改革。”

9月 由北京电子管厂、华北无线电器材厂和北京有线电厂联合举办的北京酒仙桥业余工学院成立。

10月29日至11月3日　全国总工会和全国科学技术普及协会联合召开全国第一次职工科学技术普及工作积极分子大会。大会通过了给全国职工的一封信，号召男女职工努力学习科学技术知识，奋力向科学技术进军。

12月8日　教育部发出通知：加强对干部文化学校的教学指导工作。通知指出：各地教育厅、局应当主动与干部文化学校加强工作联系，切实地把干部文化学校有关教学方面的工作管起来。通知发出时，全国干部文化学校有200所，学员5万余人。

12月27日　中共中央办公厅编辑了《中国农村的社会主义高潮》选本，毛泽东对其中的部分文章加了按语。他在《莒南县高家柳沟村青年团支部创办记工学习班的经验》一文的按语中指出：第一步为了记工的需要，学习本村本乡的人名、地名、工具名、农活名和一些必要的语汇，大约两三百字。第二步，再学进一步的文字和语汇。要编这样两种课本。第一种课本应由从事指导合作化工作的同志，帮助当地的知识分子，各就自己那里的合作社的需要去编。第二种课本也应当由从事指导合作化工作的同志，帮助当地的知识分子，根据一个较小范围的地方（例如一个县，或者一个专区）的事物和语汇，加上一部分全省（市、区）的和全国性的事物和语汇编出来，也只要几百字。做了这样两步之后再做第三步，由各省（市、区）教育机关编第三种通常应用的课本。以后还要编继续提高的课本。他赞扬山东莒南县高家柳沟村的青年团支部做了一个创造性的工作，说记工学习班这个名称很好，这种学习班，各地应当普遍地仿办。

本年　成人高等学校156所，在校生6.38万人。成人中等学校在校生279.9万人。成人初等学校在校生5 662.1万人，全年扫除文盲743.4万人。全国参加业余学习的职工有502.2万人，占职工总数的28.1%。

1957年

1月3日至13日　教育部委托北京函授师范学校召开函授教育研

究会议，研究中国函授师范学校的教学计划、学校设置、领导及教学工作等问题。

2月16日　高等教育部、教育部联合发出通知，同意清华大学、北京工业学院、北京铁道学院关于附设工农速成中学的优秀毕业生可以免试直接升入本校学习的意见，并提出：其他附设有工农速成中学的高等学校，也可仿照办理。

2月21日　高等教育部发出《关于业余高等学校的学习时间与整顿巩固提高教学质量的通知》。针对业余高等教育由于缺少经验，发展较快而普遍存在的学员学习时间与生产、工作时间发生矛盾，学员负担过重，教学质量不高等问题，提出解决办法：

（1）一般的业余高等学校每周上课时数自12小时减为9小时，修业年限为6年，不能缩短。生产单位应尽可能每周给工作时间半天，作为复习时间。少让学员开会出差，免除夜班工作。给学员考试、补课、毕业设计的假期。

（2）根据统一性与灵活性相结合的原则，修订夜校、函授教学计划。适当增加基础课比重，结合工作需要适当精简专业课的门数或教学时数。每学期所学课程，不超过3门。

（3）认真执行“整顿巩固、提高质量、稳步发展”的方针，充实教学骨干力量，健全行政机构，加强教学领导。

2月27日　毛泽东在最高国务会议第十一次（扩大）会议上作了《关于正确处理人民内部矛盾的问题》的报告，指出：“我们的教育方针，应该使受教育者在德育、智育、体育几方面都得到发展，成为有社会主义觉悟的有文化的劳动者。”“不论是知识分子，还是青年学生，都应该努力学习。除了学习专业之外，在思想上要有所进步，政治上也要有所进步，这就需要学习马克思主义，学习时事政治。”

2月至4月　刘少奇在河北、河南、湖北、湖南、广东等省视察时指出：“对于有职业的青年应当提倡业余学习，对于在学校中学习的青年，适当地提倡学余劳动，也是完全应当的。”

3月8日　教育部发出《关于扫除文盲工作的通知》。指出：几年来，扫除文盲工作往往发生消极保守或急躁冒进的现象，1956年又出现了一些消极松懈的现象。为了正确地指导这一工作，《通知》提出：（1）扫除文盲工作应按照工农群众的条件，分期分批进行；（2）扫除文盲的期限，各地应根据实际情况规定，着重扫除40岁以下的文盲；（3）对条件不同的文盲应该区别对待；（4）在文盲参加识字教育的时期内，对他们的学习时间必须作很好的安排；（5）学习组织必须根据因时、因地、因人制宜的原则，采用多种多样的形式；（6）各地扫除文盲工作，必须在各省、市党委和人民委员会统一领导下进行。《通知》要求各地根据"八大"的决议和中共中央、国务院《关于扫除文盲的决定》以及上述精神，做出具体部署。

4月8日 邓小平在西安干部会上报告指出："过去的革命问题解决得好不好，关键在于党的领导，现在的建设问题解决得好不好，关键也在于党的领导。也就是说，关键在于党是不是善于学习，学习得好就可以避免犯大错误，就可以少花一点钱办很多的事。"

4月18日 教育部、中国教育工会就学校职工业余教育工作及经费问题联合发出通知。规定：各地中等和初等学校职工的业余教育工作，均由教育行政部门、学校行政方面负责统一领导，各级教育工会组织应当积极参加这一工作。经费问题按1956年3月3日高等教育部、全国总工会等单位的联合通知的规定执行。

5月31日 教育部就调整、充实职工业余学校领导骨干和专职教师问题发出通知。要求各级教育行政部门分配应届高等师范和师范学校毕业生时，应该把职工业余中小学和普通中小学校的需要做统一安排。适当选派政治质量较强、文化水平较高的干部去充实职工业余学校的领导力量，或从专职教师中提拔政治业务能力较强的人担任职工业余学校领导工作。

8月 全国扫盲协会办公室和教育部工农教育局联合召开部分省、县（市）扫盲协会工作座谈会。会议讨论了扫盲协会的性质、任务、协会与有关方面的关系以及加强领导等问题，并交流了基层扫盲的工作经验。

9月23日 中共中央总书记邓小平在中共八届三中全会上作的《关于整风运动》的报告中指出，为了建设社会主义，必须建设一支宏大的工人阶级的知识分子队伍。加强从工人农民中培养知识分子的工作，并且有计划地吸收优秀的革命知识分子入党。

10月25日 中共中央发布《1956年到1967年全国农业发展纲要（修正草案）》。其中第31条提出：从1956年开始，按照各地情况，分别在12年内，基本扫除青年和壮年中的文盲。争取在乡或者社逐步设立业余文化学校，以便进一步提高农村基层干部和农民的文化水平。

10月30日 教育部、全国扫除文盲协会、共青团中央、全国妇联联合发出通知：今冬明春，配合农村开展大生产运动和社会主义教育这个中心任务，推进农民业余文化教育工作。

12月25日 中共中央批示转教育部党组《关于用机关下放干部代替中小学和业余学校被清洗不称职教员的请示报告》。业余学校的领导和教职员队伍建设有所加强。

12月 北京市扫除文盲协会召开北京市扫除文盲积极分子代表大会，出席大会的有85个扫盲先进单位代表和851名扫盲积极分子。受表彰的扫盲积极分子中有优秀扫盲工作者336人，优秀教师368人，优秀学员147人。

本年 高教部撤销业余高教处。

本年 成人高等学校186所，在校生7.59万人。成人中等学校在校生330.2万人。成人初等学校在校生5 861.9万人，全年扫除文盲720.8万人。全国参加业余学习的职工数有763万余人，占职工总数的41.4%。

1958年

1月14日 教育部发出文件，就“基本上完成扫盲任务”和“扫盲年龄计算年限”两个问题作出解释。文件确定：扫除文盲的对象是年龄在14至40岁的青壮年，扫除文盲的标准是，在厂矿职工中非文盲人数达到总人数的80%；在农民、城市居民和手工业合作社社员中非文盲人数达到总人数的80%。14至40岁文盲的基数，一般均应按照当年年龄计算，但干部、党员中的文盲虽已超过40岁，仍应列为扫盲的主要对象。

1月至2月 中共中央工业工作部发出通知，继1956年抽调400名干部入高等工业学校学习之后，再抽调国营工业厂、处级干部300名入高等学校学习，并要求地方工业部门也抽调一批干部入学。

2月3日 在第一届全国人民代表大会第五次会议上，国务院副总理薄一波作《关于1958年度国民经济计划草案的报告》。在讲到教育工作时，指出：工农速成中学准备分别改为大学的工农预科或正规的工农中学，广泛地举办业余学校；继续发展群众办学；大力开展扫盲运动。

2月11日 第一届全国人民代表大会第五次会议通过《关于调整国务院所属组织机构的决定》，高等教育部和教育部合并为教育部。同日，中华人民共和国主席毛泽东任命杨秀峰为教育部部长。

2月27日至3月6日 教育部、共青团中央、全国总工会、全国妇联、全国扫盲协会在北京联合召开18个省市扫盲先进单位代表会议。国务院副总理、全国扫除文盲协会会长陈毅到会讲话。他指出：扫盲工作是使六万万人民“睁开眼睛”的工作。我们要建设现代化的社会主义强国，一开步走，就要识字。从扫文化盲，到扫科学盲。这样，中国才能改变一穷二白的面貌。他号召来一个文化上的原子爆炸。他要求担负扫盲工作的同志，准备长期艰苦奋斗，用战斗精神开展工作。教育部副部长、全国扫除文盲协会副会长董纯才作了题为《积极扫除文盲，向文化大进军》的发言。

会上，67个扫盲先进单位交流了经验，并向全国提出了5年内基本上扫除全国青壮年文盲的倡议。

据《人民日报》报道：会议召开时，群众性的扫盲高潮正在全国形成。全国已扫除文盲近3 000万人，有15个省市出现了4 000多个基本扫除青壮年（或青年）文盲的单位。

3月20日至4月8日 教育部在北京召开第四次全国教育行政会议。各省、市教育厅、局长和部分中小学、民办学校代表等119人出席会议。会议的目的是反对保守思想、促进教育事业的大跃进。教育部部长杨秀峰、副部长董纯才在会上作报告。代表们讨论了当前教育大跃进中的一些迫切需要解决的重大问题。会议认为实现文化革命，教育工作必须实现五大任务，其中第一大任务就是大力开展识字运动，扫除青壮年文盲，积极发展工农业余中小学。

4月7日 邓小平在中共中央书记处会议讨论教育工作时指出："目前教育方面要解决的问题，主要是普及与提高的问题。我们的方针是，一要普及，二要提高，两者不能偏废。只普及不提高，科学文化不能很快进步；只提高不普及，也不能适应国家各方面的需要。社会主义建设需要有文化的劳动者，所有劳动者也都需要文化。教育普及了，群众的科学文化水平提高了，发明创造就会多起来。我们在任何时候都要坚持'两条腿走路'，做到在普及基础上的提高和在提高指导下的普及。"

4月16日 教育部第一次部务会议决定，教育部设一厅、12司、两委员会、一处，即办公厅、高等教育教学一司、高等教育教学二司、普通教育司、普通教育师资培训司、中等专业教育司、高等学校政治教育司、高等学校干部管理司、高等学校学生管理司、业余教育司、对外联络司、计划司、财务基建生产设备司、民族教育委员会、普通教育教材编审委员会、体育处。

5月27日 天津市第一所厂办半工半读学校——国棉一厂半工半读学校开学，51名四级以上老工人参加"六二"（每天6小时工作，2小时学习）制半工半读。

5月30日 在中共中央政治局扩大会议上，刘少奇提出两种教育制度和两种劳动制度的设想和主张。他说：我们国家应该有两种主要的学校教育制度和工厂农村的劳动制度。一种是现在的全日制的学校教育制度和现在工厂里面、机关里面八小时工作的劳动制度，这是主要的。此外，是不是还可以采用一种制度，跟这种制度相并行，也成为主要制度之一，就是半工半读的学校教育制度和半工半读的劳动制度。就是说，不论在学校中、工厂中、机关中、农村中，都比较广泛地采用半工半读的办法。

6月16日 教育部通报上海、天津、陕西职工业余文化教育大跃进的经验，提倡普通学校兼办工农业余教育。

7月28日 《人民日报》发表社论:《工人要学会多种技术》。

8月1日 江西共产主义劳动大学总校和附设在全省的30多个分校开学。该校的办学方针是“半工（农）半读，勤工俭学，学习与生产劳动相结合。”本科四年，专科二年。招生对象主要是有经验的农民。

9月19日 中共中央、国务院发布《关于教育工作的指示》。提出：党的教育方针是教育为无产阶级政治服务，教育与生产劳动相结合。为了多快好省地发展教育事业，国家办学与厂矿、企业、农业合作社办学并举。普通教育与职业（技术）教育并举，成人教育与儿童教育并举，全日制学校与半工半读、业余学校并举，学校教育与自学（包括函授学校、广播学校）并举，免费的教育与不免费的教育并举。

10月8日 《人民日报》发表社论:《工厂办学，前程远大》。

10月中旬 国务院第二办公室主任林枫在天津市召开的职工教育工作座谈会上讲话时提出，为了实现15年左右普及高等教育的任务，要在一切有条件的单位广泛设立学校。他说，职工教育的水平和形式，可以“三等九级，多种多样”，不要怕多，不要怕“乱”。要业余学习和半工半读并举，教学上要来一个大革命，使政治、技术、文化相结合，使当前需要和准备提高相结合。他还对课程、教材、学制、教学方法、师资培训等问题发表了意见。

12月10日 中国共产党八届六中全会通过的《关于人民公社若干问题的决议》指出：公社必须负责办好小学、中学和成人教育。要在成人中认真扫除文盲，组织各种业余学校，进行政治、文化和技术教育。

12月13日 教育部发出通知，介绍山东、河北两省拼音字母扫盲试点经验。

12月19日 《人民日报》发表社论:《工厂办学必须依靠群众》。

本年 成人高等学校383所，在校生15万人。成人中等学校在校生564.3万人。全年扫除文盲4 000万人。全国职工入学人数为1 200万人，入学率为30.6%。

1959 年

3 月 1 日 国务院副总理陆定一在教育工作会议上指出：扫盲还剩下大概 8 000 万人。这 8 000 万人前年讲 3 年至 5 年扫完，去年也讲 3 年至 5 年扫完，今年再讲 3 年至 5 年就不行了，得讲在会后 2 年至 4 年内扫掉。即使不能完全扫掉也要基本上扫掉。这8 000万人可不可以在两年内基本扫完，再用两年扫扫尾巴，各省、市、自治区的同志可以订点计划出来。扫盲根据去年的经验，要结合生产来进行，结合今年的改良农具、技术革命来进行。去年有些地方有点急躁，有点浮夸，今年得到了经验，要采用比较切实有效的办法。去年也是有很多切实有效的办法的，去年的经验比较丰富，比哪一年都丰富，所以要很好总结去年扫盲的丰富经验。

3 月 3 日至 12 日 国务院第二办公室在北京召开全国工矿企业职工教育工作会议。参加会议的有各省、市、自治区和中央各有关部门的负责人以及 70 多个工矿企业的负责人。国务院第二办公室主任林枫在会上讲了话。会议在总结 1958 年工作的基础上，讨论了当前工矿企业职工教育的方针、任务和几个重要问题。会议认为，工矿企业职工教育必须贯彻党的教育方针，担负起在职工中逐步普及各级教育，为生产建设培养大量干部的任务，1959 年应该在已有基础上进一步发展和巩固提高，继续开展扫盲运动，大力发展职工小学，积极发展职工中学。会议提出，根据工矿企业和职工的特点，贯彻党的教育方针，应强调“结合生产，统一安排，因材施教，灵活多样”的原则，中心是教育结合生产，为生产服务。今后发展职工教育，应该继续以业余教育为主要形式。实行分级办学，厂矿办与车间（工段）办并举。要加强对新工人的教育。要保证学习时间，提高教学质量，解决好师资问题，并加强领导。

3 月 26 日 《光明日报》发表社论：《进一步发展巩固提高职工业余教育》。

3月31日 中共中央批转林枫《关于当前工矿职工教育中几个问题的报告》。报告提出：

(1) 工矿企业的职工教育工作，担负着在职工中普及教育和培养干部的任务，教育方针和普通学校教育方针是同样的。但根据工矿企业的特点和几年来的经验，今后在工矿企业职工教育中贯彻党的教育方针，应该强调“结合生产，统一安排，因材施教，灵活多样”的原则。

(2) 职工教育的形式，在今后一个时期内，应该继续以业余教育为主。试办半工半读，应该由省市委掌握；要生产许可，要加强领导，要注意总结经验。脱产学习的学校和训练班，应该根据需要与可能适当发展。在生产正常情况下，工矿企业中每周应保证有12个小时的学习时间。

(3) 教学工作要贯彻“理论和实际统一”的原则。可以办两类学校：专业学校和普通学校。必须充分重视政治教育，对于不同教育阶段和不同对象，技术教育和文化教育的要求应有所区别。要加强教材的审定和编写工作。学制过去规定18年（从扫盲到大学毕业），需要适当缩短。

(4) 当前解决师资的主要办法是能者为师，就地取材。国家培训师资的计划中，应包括职工教育的师资。

(5) 职工教育的发展，必须把普及作为首要任务，边普及边提高，普及与提高相结合。各地区、产业、企业要制订规划，认真克服自流现象。

(6) 职工教育应在党委领导下，由工会负责，其他组织予以协助。

4月20日 《人民日报》发表社论：《办好工矿企业的职工教育》。

5月17日 中共中央印发教育工作的10个文件。其中包括《中共中央、国务院关于在农村中继续扫除文盲和巩固发展业余教育的通知》。指出：1958年10月以后，由于全民炼钢和“三秋”运动中劳动紧张，许多地方农民业余学习陷于停顿，有的至今尚未复课。目前扫除文盲的任务还很重，扫盲以后，还要普及业余教育。为此，必须继续鼓足干劲，采取各种切实有效的方法，利用一切时机，组织尚未摆脱文盲状态的农民参加识字学习，形成群众性的学习高潮。其中应特别抓紧青年、壮年和基层干部的扫盲工作。要对摆脱文盲状态的青壮年，逐步实行普及业余初等教育，然后再逐步普及业余中等教育。《通知》要求公社党委在抓思想、抓生产、抓生活的同时，还必须抓学习，作出统一合理的安排。按照中共中央《关于人民公社若干问题的决议》中的规定，在一般情况下，保证农村社员每天有两小时的学习时间。

9月10日 教育部在关于夜大学问题给清华大学的批复中指出：有条件的全日制高等学校，应积极举办夜大学和函授学校。目前全日制高等学校办的夜校和函授部都应该采取巩固和发展的方针，而不应该采取逐步收缩的方针。

10月25日至11月4日 教育部在北京召开农村扫盲、业余教育工作会议。参加会议的有各省、市、自治区教育厅、局长。全国人大常委会副委员长林枫等到会讲话，教育部副部长董纯才作了总结。会议强调要立大志，反右倾，鼓干劲，学习1958年的经验，大张旗鼓地宣传动员，大搞群众运动，不断推动学习运动的发展。会议讨论了两三年内完成扫除农村青壮年文盲的任务和大办业余教育的规划，决定在各级党委领导下，今冬明春在农村掀起大规模的群众学习高潮。

11月2日 中共中央批转教育部党组《关于进一步开展农村扫盲和业余教育工作的请示报告》。

11月9日至28日 中共中央文教小组召开省市文教会议，讨论教育事业长远发展策略，提出要成立业余教育委员会。

11月11日 教育部成立扫除文盲办公室。

11月11日 教育部通报推广北京市、山西省和建筑工业部培养职工教师的办法。北京市举办工农师范学院，培养工农业余学校的高中教师，并组织师资进修。建筑工业部举办职工教育师资训练班，由各企业保送学员，学习一年。山西省教育学院开办训练班，为工矿企业单位代培职工业余初中教师。

12月17日 全国总工会召开职工教育电话会议，要求各省、市、自治区工会设立教育部，总结生产、教育双跃进的经验，使职工教育全面、深入、持久地发展下去。

12月23日 国务院副总理陆定一就职工教育问题写信给《工人日报》编辑部，提出：社会主义厂矿企业不仅要负责生产产品，而且要负责生产新的人。厂矿企业、学校和科研机关，都要成立生产劳动、学习和科研“三结合”的基地。

12 月 25 日、27 日、29 日 教育部召开农村扫盲和业余教育工作电话会议。教育部部长杨秀峰在总结发言中指出：农村群众学习运动已经进入高潮，当前的工作是要使它巩固起来，坚持下去，提高质量，不断地健康地全面地向前发展。他提出，要大力发展业余初等学校，使普及业余初等教育同扫盲识字两个环节密切地接起来，扫除一批文盲，就要立即发展一批业余初等学校，“随脱盲，随开学”。要积极举办业余中等学校，重点试办业余高等学校，大量培养技术人员。为做好 1960 年的工作，他要求各地教育部门一抓方向，指导运动；二抓思想，政治挂帅；三抓规划，明确奋斗目标；四抓组织，加强领导；五抓教师，提高教学质量。还要切实解决教材问题，保证入学群众人人有书可读。

12 月 27 日 中共中央转发共青团中央书记处《关于在农村青年中完成扫盲任务和加速开展业余文化学习的报告》。

本年 成人高等学校 869 所，在校生 30 万人。成人中等学校在校生 1 116.2 万人。成人初等学校在校生 5 500 万人，全年扫除文盲 2 600 万人。全国参加学习的职工为 1 682.6 万人，入学率为 49.3%。全国职工教育专职教师增加到 6.4 万人。

1960 年

1 月 6 日至 18 日 全国总工会、教育部、共青团中央、全国妇联在哈尔滨召开全国职工教育黑龙江现场会议。会议听取了黑龙江省举办职工教育的经验，交流了各地的经验，讨论了 1960 年的工作计划和今后三年（到 1962 年）、八年（到 1967 年）的规划。全国人大常委会副委员长林枫在会上提出：现有职工的文化水平，大体上是文盲半文盲约占 21%，小学程度的约占 51.6%，初中程度的约占 21%，高中程度的约占 4%，大专程度的约占 1.4%。要争取在一两年内，在现有青壮年职工中基本完成扫除文盲的任务，并及时地普及初等教育。争取在第三个五年计划期间，在现有青壮年职工中基本普及业余初中教育。大办业余中等专业学校和业余高等学校，建立从初等教育到高等教育的业余教育体系。林枫还对工矿企业的办学形式、原则、学制课程、教材、半工半读、师资、领导管理等问题发表了意见。会议讨论了林枫的讲话，并安排了1960年的工作。

1月12日至23日 教育部在福州召开农村扫盲和业余教育经验交流会，会议总结和交流了农村扫盲和业余教育坚持巩固、提高质量的经验，介绍了山西省万荣县注音识字和福建省开展“铁民校”运动的经验。会议还讨论了业余教育的发展规划。

1月16日 中共中央、国务院决定成立业余教育委员会，作为国务院指导全国业余教育工作的机关。业余教育委员会主任：林枫，副主任：张际春、廖鲁言、李颉伯，委员共18人。

3月8日 我国第一所电视大学——北京电视大学开学，吴晗任校长。招生对象为具有高中或相当于高中文化程度的在职人员。学制四至五年，培养目标是使学员基本掌握综合大学的基本理论，为其专业提高打下坚实的基础，第一期招收本科和预科学员共6 000余名。其后，上海、沈阳、长春、哈尔滨、广州等城市相继成立电视大学，吉林、重庆等地成立业余广播大学。

3月25日 《人民日报》发表社论：《全民大办业余教育》。

4月2日 中共中央批转教育部党组《关于农村扫盲、业余教育情况和今后工作方针任务的报告》。中央批示各地，要在保证生产任务的原则下，抓紧农民识字教育，力争在1962年以前基本上完成农村扫盲任务。同时，积极发展各级各类业余学校，培养技术力量，提高群众的政治、文化、技术水平。中央还批示，春耕已到，要做到生产学习两不误，工作学习既紧张而又有劳有逸，按照“平时多学，忙时少学，大忙机动学，力争不停”的原则加以安排，使扫盲和业余教育不致因农忙而间断。

4月10日 全国二届人大二次会议通过《1956年到1967年全国农业发展纲要》，提出：从1956年开始，按照各地情况，分别在12年内，基本上扫除青年和壮年中的文盲。争取在乡或者社逐步设立业余文化学校，以便进一步提高农村基层干部和农民的文化水平。农村办学应当采取多种形式，除了国家办学以外，必须大力提倡群众集体办学，允许私人办学以便逐步普及小学教育。

4月29日 上海市人民委员会第十六次会议决定：成立上海市业余工业大学，吸收政治觉悟高、在生产技术革命中有突出贡献、具有初中或相当初中毕业文化程度、工龄在5年以上的工人入学。

5月11日 《人民日报》发表社论：《大力推广注音识字，争取提前扫除文盲》。

5月14日 国务院业余教育委员会、教育部、全国总工会、共青团中央联合发出通知，在业余初等学校推广注音识字。

7月20日至29日 教育部、全国总工会在天津联合召开全国业余教育会议，研究当前业余教育的新任务及下半年的工作安排，交流教学改革经验。国务院业余教育委员会主任林枫在会上讲话。教育部副部长董纯才、全国总工会书记处书记张修竹分别就当前的工农业余教育工作讲了话，中共河北省委书记张承先就河北省工农业余教育的情况作了报告。会议提出：下半年业余教育的工作任务是继续贯彻“巩固起来，坚持下去，提高质量，继续发展”的方针，掀起更大规模的扫盲运动、群众学习运动和教学改革高潮。要大办业余教育，使之由低级到高级，由不完备到完备，逐渐成网、成系统。要在教学方法、教学内容适应成人特点等方面进一步进行改革。按照“结合生产，因材施教”的原则，首先使工农群众尽快先专本行，然后针对具体条件逐步使他们成为“多能”，掌握向尖端科学进军所需要的深广的知识。

8月3日 中共中央发出《关于加强农村扫盲和业余教育工作的领导和管理的通知》。确定：今后农村扫盲和业余教育工作，由各级党委的农村工作部和各级政府的农业部主管，各级政府的教育部门仍要加强对农村业余教育工作的管理和业务指导，特别在教学工作方面，教育部门要同农业部门密切协作，共同办好农村业余教育。

本年 成人中等学校在校生1 974万人，成人初等学校在校生7 616万人，全年扫除文盲573.3万人。全国参加学习的职工2 257万人，占职工总数的53.7%。

1961年

7月30日 毛泽东在庆贺江西共产主义劳动大学成立三周年给该

校的信中说："你们的事业，我是完全赞成的。半工半读，勤工俭学，不要国家一文钱，小学、中学、大学都有，分散在全省各个山头，少数在平地。这样的学校确是很好的。""我希望不但在江西有这样的学校，各地也应有这样的学校。""再则，党、政、民（工、青、妇）、机关，也要办学校，半工半学。"

9月15日至27日 教育部召开全日制中小学暂行工作条例和工农业余教育工作纲要座谈会。13个省市的教育厅、局长参加了座谈会。

11月3日 教育部就颁发业余高等学校学生毕业证书问题函复浙江省教育厅，规定：业余教育毕业证书应该与全日制高等学校学生毕业证书一样，由学校颁发给学生，但证书要注明学生类别（函授生、夜大学生等）、所学专业课程、修业年限等项，以区别全日制高等学校毕业生。

本年 全国已有277所高等学校设置函授部或夜大学，学员共达26.6万人，比1957年增加2.4倍，且都有了一批毕业生。

本年 成人中等学校在校生376万人，成人初等学校在校生320万人，全年扫除文盲45.8万人。职工参加学习人数为480万。由于企业调整、职工精减及生活困难的影响，学习人数较上年下降，入学率仅为14.4%。

1962年

1月10日至23日 内蒙古自治区召开民族语文、民族教育工作会议。会议总结了自治区成立15年来民族语文和民族教育工作的经验，提出从实际出发发展民族语文和民族教育的8项具体措施。15年来内蒙古自治区已用蒙文扫除文盲约24万人。

4月21日至5月中旬 教育部在北京召开全国教育会议，研究在1961年教育事业初步调整的基础上，下一步调整教育事业和精简学校教职工的问题。会议认为，要改变国家对教育事业包得过多的状况，坚持"两条腿走路"的方针，适当压缩公办教育的规模，同时提倡在政府的领导下由人民举办各种教育事业，还必须适当发展半日制学校及电大、函授、广播等各种形式的业余教育。

6月18日 财政部、全国总工会联合发出《关于企业职工业余教育经费开支问题的通知》，规定：业余教育经费支出最多不能超过工会经费的37.5%。业余中小学的经费在此项内开支。企业行政举办的各种脱产班、脱产及业余的技术学校、技术训练班、技术讲座（包括各种生产专业、企业管理专业）和技工、徒工、干部培训学校（班）所需的经费及其专、兼职教师的工资津贴等费用，均应由企业行政支出。职工参加全日制大专学校所举办的函授班、夜大学以及参加广播电视大学学习的，均免费入学。

7月27日 上海市教育局颁发《上海市民办文化补习班（校）暂行管理办法》。规定：凡属中华人民共和国公民，持有本市常住居民户口，并具有相应学历和办学教学能力者均可申办适应青年需要的各种文化补习班（校）。

11月29日 邓小平在接见参加组织工作会议和全国监察工作会议的代表时指出："干部的学习空气要加强。这一次军队首先提倡干部学习，我看军委的规定是正确的。地方干部也要读点书，造成一种学习的空气。要学的东西很多。学习什么，我这里不讲了，总之要学习马克思列宁主义、毛泽东思想，内容多极了。"

12月5日 教育部发出《关于农村业余教育工作的通知》。指出：农村业余教育工作，应该按照党的八届十中全会作出的《关于进一步巩固人民公社集体经济、发展农业生产的决定》的精神，为巩固集体经济、实现农业技术改革发挥积极的作用。要有重点地试办函授教育，积累这方面的经验。对于不会记工算账的学员，一般可以教他们认识一些农村常用的字词和有关记工算账、开条据、看票据的知识、技能，学会简单的珠算和笔算。通过这种学习，一部分人达到扫盲标准，其余的能识多少字就识多少字。对于已经达到扫盲标准的人，根据情况，组织参加各种业余学校学习。对于回乡参加生产的中小学学生，可以教珠算、会计、统计、畜牧兽医、植物保护、农药、化肥、农业机械等农村生产急需的技术知识。

本年 成人高等学校1 125所，在校生40.4万人。成人中等学校在校生348万人，成人初等学校在校生205.2万人，全年扫除文盲16.7万人。参加学习的职工230万人，入学率为9.34%。

1963年

1月9日 教育部发出《关于加强全日制高等学校和中等专业学校函授、夜校教育工作的通知（草案）》，指出：函授、夜校教育是贯彻执行教育事业“两条腿走路”方针的一个方面，是提高职工、农民、知识青年政治文化科学技术水平的一个重要途径，是培养和补充国家各项建设专业人才的一项经济有效的方法，必须予以重视。各部门和各地区应当按照“调整、巩固、充实、提高”的方针和“统筹规划、全面安排、分工协作、加强领导”的原则，根据需要和可能的条件，积极而又稳步地发展函授和夜校教育。《通知》对高等和中等专业学校函授、夜校教育事业计划的制订、培养目标和课程设置、人员编制、教材、经费、领导和管理等问题提出了解决办法。

3月24日 新创建的北京函授学院，分别在北京、天津、太原、呼和浩特举行开学典礼。该校在以上四地设函授点，并在榆次、保定、通县设教学点。首批招生929人。

4月11日 教育部印发《全国部分省市农民业余教育经验汇报会纪要》，提出：今后农民业余教育工作，第一要态度积极，第二要措施可行，第三要使长远计划与某阶段的要求结合起来，第四要讲求教学的实际效果。

6月19日 劳动部、教育部、全国总工会联合发出《关于企业职工业余学校专职工作人员配备的暂行规定》。提出：企业职工业余学校配备专职工作人员应当贯彻精简节约、勤俭办学的方针，并保证教学质量不断提高。业余学校应实行专职教师与兼职教师相结合的办法，以专职教师为骨干，充分运用兼职教师。企业单独举办或联合举办的职工业余初等和中等学校（班级），专职工作人员应该在企业职工总数的千分之三内配备；举办大专学校（班级）的，可以按学员30人左右配1名的比例，另行配备专职工作人员。有些企业举办中等专业班级较多，必须分别设点上课，或有其他特殊原因，经批准后，配备专职工作人员可超过千分之三。

8月23日 教育部发出《关于全日制学校举办函授、夜大学备案问题的通知》。

8月24日 教育部发出通知：私人办学必须报请当地政府批准。函授学校原则上不许私人举办。私人举办的文化补习学校，经过检查，对办得好的应予表扬；对合乎条件而未报政府批准的，应当补办申请立案手续；对不合条件的，应设法取缔。通知并要求各地制定管理办法，把这类学校管起来，加强经常的监督和检查。

9月13日 教育部发出通知：决定逐步将业余高等和中等学校招生计划纳入全国教育事业计划，并决定先将全日制高等学校附属的业余高等学校1964年招生计划，纳入全国教育事业计划。

10月28日 教育部发出《关于全日制高等学校举办的函授部和夜大学人员编制的暂行规定（试行草案）》。其中规定函授部和夜大学人员配备的原则是：函授部和夜大学应用单独的人员编制，不挤占日校的编制；教师编制根据学员多少、专业性质、课程门类多少、工作量大小、函授生分布、上课时数等各种不同情况具体确定。独立设置的高等函授院校、夜（业余）大学的人员编制，由各主管部门确定。编制定额是：函授部编写教材和教学指导书的教师，原则上按每门课程配备1人计算。面授、辅导和批改作业的教师，函授生在50人以下的，配备1人，函授生在50人至500人的，每50人至70人，配备1人。夜大学教师的定额，按夜大学全部学员人数计算，每25名至50名学员配备教师1人。此外，还规定了函授部、夜大学的行政干部定额。

12月16日 周恩来在国务院第一百三十七次全体会议上宣布，将教育部分设为高等教育部和教育部。

12月25日至次年1月8日 全国总工会、教育部联合召开全国职工业余教育工作会议。会议回顾了几年来职工业余教育工作的成就，交流了经验，确定1964年、1965年的任务是：更好地贯彻执行党的教育方针，坚持“结合生产、统一安排、因材施教、灵活多样”的原则，继续做好调整、巩固、充实、提高的工作，在巩固的基础上积极发展初等和中学程度的职工学校，办好业余中专和业余大学，组织各种短期技术班和各种单科班。

本年 成人高等学校1 165所，在校生41.8万人。成人中等学校在校生 558.1 万人，成人初等学校在校学生 991.4 万人，全年扫除文盲 22.5 万人。参加学习的职工有 300 万人，入学率为 9.1%。

1964 年

1 月 10 日至 18 日　教育部在北京召开全国农村业余教育会议。会议讨论了结合农村社会主义教育运动开展业余教育，贯彻阶级路线及组织回乡知识青年学习等问题。会议提出，目前农村业余教育的方针是：积极发展、巩固提高、做好准备、迎接新的形势与任务。业余教育的对象仍然是农民中的青壮年，并要重视对贫下中农基层干部的教育。对业余教育中的政治、文化、技术三种教育要统一安排。

3 月 4 日　教育部、劳动部联合发出《关于职工参加高等函授学习的脱产时间及工资问题的意见》。规定：经过单位领导批准参加学习的函授生，每年脱产面授时间，理、工、农、医各科为 4～5 周，文史、财经、政法、体育、艺术各科为 3～4 周；师范应利用寒暑假集中面授，如必须占工作时间，不得超过两周。毕业设计、毕业论文，一般应采用业余、脱产相结合的办法进行，脱产集中的时间定为 2～3 个月，函授生脱产学习期间的工资，凡是正式职工，都按照本人的计时标准工资发给。如果本人实行计时奖励工资时，原则上仍可以参加评奖。

3 月　分设的高等教育部和教育部正式分开办公。杨秀峰任高等教育部部长，蒋南翔、刘子载任副部长，以后又增补刘仰峤、高沂、段洛夫、黄辛白为副部长。何伟任教育部部长，刘秀平、董纯才、刘凯风、叶圣陶、林　儒任副部长。

4 月 2 日　国务院发出通知：将技工学校的综合管理工作由劳动部划归教育部主管。这样做是为了进一步贯彻普通教育与职业教育并举的方针，大力发展职业教育，加强职业教育工作的领导管理和统筹安排。

4 月 3 日　中共中央转发了全国总工会党组、教育部临时党组《关于全国职工业余教育工作会议的报告》，指出：从 1959 年到 1963 年的 5 年中，组织了 900 万职工参加扫盲学习，其中多数脱离了文盲状况。有 100

多万职工从初等小学班毕业，50 多万职工从初中班毕业，10 万多职工从中等（高中）学校毕业，2 万多职工从业余大学毕业。职工的文化素质大有改变。根据对 3 000 多个基层单位的抽样调查，工矿企业职工中，初等文化程度的约占 40%，初中程度的约占 27%，中专（高中）程度的约占 10%，大专程度的约占 3%，而文盲和半文盲程度的只占 20%左右。

4 月 18 日　教育部、全国总工会联合发出通知，试行《关于职工业余高等学校工作的暂行规定（草案）》。提出：职工业余高等学校的任务是，根据生产发展的需要，着重提高现职中级技术人员的水平，有计划地培养技术后备力量，适当满足一般职工的学习要求。职工业余高等学校的培养目标是，在主要基础理论、专业知识和基本技能方面，接近或者达到全日制高等学校本科或专科毕业水平，完成专门人才的基本训练。学员经过毕业考试、毕业设计和毕业答辩，成绩合格者，应由学校或主办单位发给毕业证书。对于取得毕业证书的学员，国家承认其学历，记入档案，原单位根据生产、工作的需要合理使用。《暂行规定》并对举办业余高等学校的条件和审批程序、学员条件、教学计划、教学时间、教材、规章制度、思想政治工作、师资配备、勤俭办学、领导关系等作了规定。

4 月 18 日　教育部、全国总工会联合发出《关于职工业余学校教师工作的若干规定（试行草案）》。指出：职工业余学校教师直接负担着提高职工的文化、科学、技术水平的重大任务。因此，必须加强教师工作，有计划、有步骤地建立一支热爱职工业余教育事业、熟悉职工业余教育特点、具有相当文化业务水平、全心全意为职工知识化服务的又红又专的教师队伍，并规定了教师的基本条件和对教师的基本要求。《规定》还提出了加强教师思想政治工作、提高教师的教学业务水平、关心教师生活、充实师资力量、重视选聘培养兼职教师、健全组织管理等方面的要求。

6 月 12 日　教育部、冶金工业部联合发出《关于在北京钢铁学院试办产业工人班的通知》。指出：为了进一步贯彻阶级路线，培养工人阶级又红又专的知识分子，决定自 1964 年起，在北京钢铁学院试办产业工人班。并要求本着宁缺毋滥的原则，严格选拔政治思想好，文化程度相当于高中水平，身体健康，年龄在 27 岁以下，有 3 年以上工龄的技术工人入学。招生采取推荐与考试相结合的办法。学习期间，由学校发给原工资 80%的助学金。毕业后回原单位工作。

6月19日 教育部与石油工业部发出联合通知，在东北石油学院举办产业工人班。

6月 教育部设业余教育司。

8月1日 刘少奇在中共中央召集的党内报告会上指出："我所说的两种劳动制度、两种教育制度，有一部分是结合的，既是劳动制度，又是教育制度，又是学校制度。就是在农村里面办半农半读的学校，在工厂里面办半工半读的学校。农忙的时候种地，农闲的时候读书，或者一个星期做工，一个星期读书。要把这种制度作为正规的劳动制度，正规的教育制度。""为了办好半工半读和半农半读的学校，应该办半工半读、半农半读的农业高级师范、工业高级师范和中级的农业师范、中级的工业师范。要利用现在的国营农场、工厂、中等技术学校或者大学，来办一些这样的师范学校，重新培养教员，将来去教中等技术学校的课程。他们将来是半农半教、半工半教，做半天工、教半天书，或者是种半天地、教半天书，不要完全脱离生产。要培养这种新的教员，新的校长。"

9月 高教部设高等业余教育司。

11月2日 第一机械工业部所属北京业余机械学院举办的老工人半工半读夜大学班开学。第一班招收的55名学员，大部分是第一机械工业部所属在京工厂和院、所附属工厂的工人以及市机电局、手工业局和轻工业局等系统所属工厂的工人。

本年 成人高等学校1 061所，在校生43.4万人。成人中等学校在校生848万人，成人初等学校在校生1 420.5万人，全年扫除文盲74.7万人。参加学习的职工414万人，入学率为11.9%。职工中文盲、半文盲的比例已由新中国成立初期的80%减少到20%。

1965年

1月4日 中华人民共和国主席刘少奇根据三届全国人大一次会议的决定，任命蒋南翔为高等教育部部长，何伟为教育部部长。

3月26日—4月23日 教育部在北京召开全国农村半农半读教育

会议。会议总结和交流了各地试办半农半读学校的经验，提出今后农村教育的任务是要在办好全日制学校的同时，坚定不移地推行半工（农）半读教育制度。实行全日制和半农半读两条腿走路，普及小学教育，扩大试办农业中学，积极试办半农半读中等技术学校。

10月25日—11月23日 教育部在北京召开全国城市半工半读教育会议。会议指出：在我国逐步推行两种劳动制度、两种教育制度。今后必须坚持“五年试验，十年推广”的方针，并在第三个五年计划期间，通过推行两种教育制度尽可能在城市基本上普及初等教育，通过举办城来社去的半工半读学校，组织城市青年上山下乡。

11月18日至27日 高等教育部在南京召开高等函授教育会议，讨论函授教育的方针、任务，交流举办函授教育的经验。会议提出：要特别重视举办面向农村的函授教育，要贯彻“结合生产、统一安排、因材施教、灵活多样”的原则，从业余、函授教育的特点出发，积极进行教学改革，逐步创出我国函授教育的道路。高等教育部部长蒋南翔在会上讲话时指出：业余、函授教育是我国整个教育事业的重要组成部分，具有强大的生产力和远大的发展前途。根据中央关于实行“两种劳动制度、两种教育制度”的方针，在高等教育工作中，不仅要办好全日制学校，而且要大力发展半工（农）半读和业余、函授教育。会议召开时，全国已有函授院校（部）171所，函授生近19万人。

12月7日 教育部发出《关于今冬明春开展农村业余教育工作的几点意见》，要求各地适应农村开展社会主义教育运动出现的新形势，抓紧冬季有利时机，把业余教育更广泛地开展起来。要继续抓紧扫盲工作，开展文化教育。要积极开展技术教育，为农村培养各种技术人才。

12月 中央广播事业局在太原召开电视教育现场会议。18个省、市、自治区的代表参加了会议。会议指出，凡是有必要而又有可能举办电视教育的地区，当地的广播事业管理机构和电视台都应该积极热情协助教育部门，举办电视工读中学、电视业余大学等不同形式的学校。

本年 高教部高等业余教育司改为高等教育第三司。

本年 成人高等学校964所，在校生41.2万人。成人中等学校在校生854万人，成人初等学校在校生823.7万人，全年扫除文盲12.2万人。各级各类职工业余学校在校生170万人。

新中国成立 17 年以来，职工业余教育取得了很大成绩，扫除文盲 870 多万人，有 290 多万职工达到小学毕业程度，98 万职工从业余中学毕业，有近 20 万职工从业余高等学校毕业，使我国职工队伍的文化技术水平得到了提高，为国家培养了大批技术骨干和管理干部。

1966 年

1 月 15 日 北京市广播函授农业学校成立。该校的任务是，组织农村干部和青年农民学习中等农业专业知识。开设农学、果树、畜牧三个专业。

3 月 5 日 教育部、教育工会全国委员会联合发出通知：在教育战线上掀起一个活学活用毛主席著作的新高潮。

4 月 10 日至 25 日 中华全国总工会在福州召开全国职工业余教育经验交流会。会议提出：职工业余学校必须把组织职工学习毛主席著作放在首位，用毛泽东思想来武装和改造职工业余教育队伍，用毛泽东思想来统率职工业余教育的全部工作。

5 月 7 日 毛泽东审阅解放军总后勤部《关于进一步搞好部队的农副业生产的报告》后作出批示，指出：人民解放军应该是一个大学校，这个大学校要学政治、学军事、学文化，又能从事农副业生产，又能办一些中小工厂，生产自己需要的若干产品，与国家等价交换的产品。各行各业都要以本业为主，兼学政治、军事、文化，从事生产，批判资产阶级。（这个批示后来被称为“五七指示”）

6 月 1 日 中央人民广播电台广播了北京大学哲学系聂元梓等七人的大字报，《人民日报》连续发表社论《横扫一切牛鬼蛇神》、《触及人们灵魂的大革命》，“文化大革命”迅速席卷全国。

6 月 1 日 中共中央批转高等教育部党委《关于改进 1966 年高等学校招生工作的请示报告》。根据中共中央副主席刘少奇 1965 年 11 月 15 日在中央政治局扩大会议上提出的建议，从 1966 年招收新生起，将来毕业后，国家不包他们只当脑力劳动者，可以分配当技术员、干部，也可以分配当工人、农民。《报告》提出：将招生工作下放到大区或省、市、自治区办理。继续采取推荐与考试相结合的办法，招收经过三大革命运动锻炼的，具有高中毕业文化程度的工农青年等入学，文科应尽量多招这类知识青年。并对特别优秀的应届高中毕业生在小范围内试行保送入学。文科取消按分数段录取。《报告》还对坚持阶级路线、保证重点学校招生质量、考试办法等问题作了规定。

6月10日 北京电视大学发出因“文化大革命”停课的通知。

7月8日 北京市教育局、北京市总工会联合转发教育部、中华全国总工会有关业余学校语文教材的通知，要求停止使用市教育局工农教育研究室历次编写的干部、职工、农民、市民业余学校语文课本及参考资料，改为以《毛主席语录》、《毛主席著作选读》为基本教材。

7月24日 中共中央、国务院发出《关于改革高等学校招生工作的通知》。提出：从本年起，高等学校招生工作下放到省、市、自治区办理。高等学校招生取消考试，采取推荐、选拔相结合的办法。从1966年招收的新生起，将来毕业以后，可以分配当技术人员、干部、教员，也可以分配当工人、农民。并决定停止执行6月1日中共中央批转的高等教育部党组《关于改进1966年高等学校招生工作的请示报告》。

8月8日 党的八届十一中全会通过《中国共产党中央委员会关于无产阶级文化大革命的决定》。其中第十条“教学改革”提出：“改革旧的教育制度，改革旧的教学方针和方法，是这场无产阶级文化大革命的一个极其重要的任务。在这场文化大革命中，必须彻底改变资产阶级知识分子统治我们学校的现象。在各类学校中。必须贯彻执行毛泽东同志提出的教育为无产阶级政治服务、教育与生产劳动相结合的方针，使受教育者在德育、智育、体育几方面都得到发展，成为有社会主义觉悟的有文化的劳动者。学制要缩短，课程设置要精简，教材要彻底改革，有的首先删繁就简。学生以学为主，兼学别样。就是不但要学文、也要学工、学农、学军，也要参加批判资产阶级的文化革命的斗争。”

1967 年

7月11日 在北京航空学院“复课闹革命”的影响下，首都大专院校红卫兵代表大会主持召开首都大专院校"复课闹革命"誓师大会。此后，上海、山东及哈尔滨等已成立省、市革命委员会的地区，也由革命委员会召开誓师大会，推进学校"复课闹革命"。

7月18日 《人民日报》发表文章：《打倒修正主义教育路线的总后台》。文章说，新中国成立17年的教育，是"封建主义、资本主义、修正主义教育的一套破烂"。制订高校、中学、小学工作条例是大搞"智育第一"、"技术至上"；"小宝塔"是"资本家开学店的翻版和发展"；重点学校"无非是为复辟资本主义准备一批用起来得心应手的精神贵族"；学校的基层党组织对行政工作起"监督、保证"作用，就是要"把教育大权交给资产阶级知识分子"；半工半读"就是资产阶级的职业学校"；"两种教育制度"就是资本主义国家的"人才教育"和"劳动者教育"的"双轨制"的翻版。新中国成立以来教育工作中推行的是一条"反革命修正主义路线"，"党内最大的走资本主义道路当权派是推行修正主义教育路线的总后台"。"反革命修正主义教育路线"，"要为资本主义复辟效劳"，"要为地主、资产阶级传宗接代"。

1968年

7月21日 毛泽东在《人民日报》关于《从上海机床厂看培养工程技术人员的道路》一文编者按清样中加写了一段话，即："大学还是要办的，我这里主要说的是理工大学还要办，但学制要缩短，教育要革命，要无产阶级政治挂帅，走上海机床厂从工人中培养技术人员的道路。要从有实践经验的工人农民中间选拔学生，到学校学几年以后，又回到生产实践中去。"（后来简称为"七二一指示"）

7月27日 中共中央、国务院、中央军委、中央文革发出通知：中央决定对教育部实行军事管制，成立军事管制小组，任命朱奎为组长，渠维瑛为副组长。

9月 上海机床厂办起了全国第一所"七二一"大学，全国各地相继仿效，办学方式各地区有所不同，有四年制的，有半工半读的，也有业余或短训式的。

10月5日 《人民日报》发表黑龙江省柳河“五七干校”的文章，并在编者按中引述了毛主席的“五七指示”。在此以后，“五七干校”即在全国兴办。

12月10日 《人民日报》转载《红旗》第五期发表的《“土专家”和农业教育革命》一文，提出根据江苏靖江县调查报告，农业院校要统统搬到农村，由贫下中农管理，从“土专家”中招收学生，学一两年后再回到生产实践中去。

1969年

4月1日 中国共产党第九次全国代表大会召开。大会政治报告号召，深入开展活学活用毛泽东思想的群众运动，贯彻执行毛主席的“五七”指示，把全国办成毛泽东思想的大学校。

10月14日至21日 教育部及所属人民教育出版社、中央教育科学研究所、北京函授学院等事业单位全体干部、职工共1 258人，在教育部军管小组和驻教育部工人宣传队带领下，下放到安徽省凤阳县教育部五七干校劳动锻炼，继续进行斗、批、改。

10月26日 中共中央发出《关于高等院校下放问题的通知》，规定国务院各部门所属的高等院校（包括半工半读、函授学校），设在北京的，仍归各有关部门领导；如搬到外地的，可交当地省级革委会领导，与厂矿结合办校的，也可交厂矿革委会领导；设在地方的，交由当地省、市、区革委会领导。教育部所属高等院校（包括函授学校），全部交由省、市、区革委会领导。高校本地外设有分校（包括函授）或教改机构的，则实行以本校为主、当地革委会为辅的双重领导。

1970 年

6 月 27 日 中共中央批转《北京大学、清华大学关于招生（试点）的请示报告》，高等学校开始招生复课。文件规定高等学校招生废除入学考试制度，“实行群众推荐、领导批准和学校复审相结合的办法”，“招收工农兵学员”。在教学中，确定“工农兵学员”的任务是“上大学、管大学、用毛泽东思想改造大学”。具体意见如下：

（1）培养目标：“培养高举毛泽东思想伟大红旗，无限忠于毛主席、无限忠于毛泽东思想、无限忠于毛主席的革命路线的全心全意为社会主义革命和社会主义建设服务的有文化科学理论、又有实践经验的劳动者”。

（2）学制：根据各专业具体要求，分别为 2 至 3 年，另外 1 年左右的进修班。

（3）学习内容：设置“以毛主席著作为基本教材的政治课；实行教学、科研、生产三结合的业务课；以备战为内容的军事体育课”。各科学生都要参加生产劳动。

（4）学生条件：政治思想好、身体健康，具有 3 年以上实践经验、年龄在 20 岁左右、有相当于初中以上文化程度的工人、贫下中农、解放军战士和青年干部。有丰富实践经验的工人、贫下中农，不受年龄文化程度的限制。还要注意招收上山下乡和回乡知识青年。

（5）招生办法：实行群众推荐、领导批准和学校复审相结合的办法。

（6）学生待遇：有 10 年以上工龄的老工人由原单位照发工资（要扣除学校发的 19.5 元），其他来自工厂、农村的学生每月发给伙食费和津贴费 19.5 元，解放军学生由部队负责供给。

（7）分配原则：学习期满后，原则上回原单位、原地区工作，也要有一部分根据国家需要统一分配。

7 月 根据周总理的指示，成立国务院科教组，主管原教育部和国家科委的工作，李四光任组长，刘西尧、迟群主持日常工作。

10 月 15 日 国务院电报通知各地：1970 年高等学校招生工作，按中央批转的北京大学、清华大学上述《报告》提出的意见进行。凡过去是面向全国招生的大学，现在条件成熟，必须到外省招生时，在中央规定统一招生办法之前，可以由省与省之间协商解决。

本年 部分高等学校试点招收工农兵学员 41 870 人。

1971 年

4 月 15 日至 7 月 31 日 全国教育工作会议在北京举行。在会议通过并经毛泽东同意的《全国教育工作会议纪要》中，提出了所谓“两个估计”，即：新中国成立后 17 年“毛主席的无产阶级教育路线基本上没有得到贯彻执行”，“资产阶级专了无产阶级的政”；大多数教师和新中国成立后培养的大批学生“世界观基本上是资产阶级的”。从这“两个估计”出发，会议确定和重申了一整套政策，包括“工宣队”长期领导学校；让大多数知识分子到工农兵中接受再教育；选拔工农兵上大学、管大学、改造大学；缩短大学学制。将多数高等院校交由地方领导，等等。“两个估计”和会议提出的许多“左”的政策，使广大知识分子长期受到严重压抑。

8 月至 11 月 各省、市、自治区先后召开教育工作会议，传达和贯彻全国教育工作会议和《纪要》的精神。

11 月 21 日 北京市教育局在通县永乐店农场柴厂屯分场召开农民教育现场会，各县工农教育干部参加了现场会。会后，市教育局教材编写组编印了《农民识字课本》。

1972 年

5 月 8 日 国务院科教组转发《北京市革委会科教组关于高等学校

试办补习班的报告》。《报告》反映：北京市11所高等学校招收的工农兵学员，文化程度参差不齐，初中以上文化程度的只占20%，初中程度的占60%，相当于小学程度的占20%。据此，该市要求学校按照学员的实际文化程度和专业的不同要求，有重点地为学员补习半年左右的文化基础知识。补习时间不计入学制之内。科教组在转发《报告》的通知中提出："各高等学校对于实际文化程度没有达到要求的学员，可根据各类专业的不同要求，有重点地补习必要的文化基础知识。"

10月2日 北京市教育局、北京人民广播电台举办的业余英语广播讲座开始播出，其后，各地相继举办业余外语广播讲座。

本年 成人高等学校195所，在校生1.65万人。成人中等学校在校生81万人，成人初等学校在校生1 824.8万人。

1973年

4月3日 国务院批转国务院科教组《关于高等学校1973年招生工作的意见》，提出要重视文化考查。但这一做法实施后，被"四人帮"攻击为"右倾回潮"、"否定教育革命成果"等。

4月 国务院科教组分华北、东北、华中、中南、西北、西南6个地区召开全国中小学教育工作会议预备会，会议讨论了扫除文盲和知识青年教育的问题。

7月3日 国务院批转国家计委、国务院科教组《关于中等专业学校、技工学校办学几个问题的意见》。指出：对中等专业学校和技工学校要抓紧调整、规划、布局等工作，根据需要与可能适当发展。并规定：中等专业学校一般招收有2年以上实践经验，有相当于初中毕业文化水平的工农知识青年，学制暂定2至3年；技工学校招收相当于初中文化程度的经过一两年劳动锻炼的知识青年或应届初中毕业生，学制暂按2年试行。工龄满5年的国家职工，在校期间工资照发，其他学生由学校发给伙食费和津贴。

7月7日 北京市革委会科教组、工交城建组联合召开全市厂矿企业职工业余教育经验交流会。首都安装公司、北京钢厂、市机械局、市油漆厂等单位在会上介绍了经验。

7月19日 《辽宁日报》以《一份发人深省的答卷》为题刊登兴城县白塔公社下乡知识青年、生产队长张铁生的一封信。张铁生的信原写在辽宁省高等学校入学文化考查的物理化学试卷背面。信中说：为了实现他上大学的自幼理想，希望各级领导在这次入学考试中，能对他这个小队长加以照顾。《辽宁日报》在编者按语中说，张铁生“物理化学这门课的考试，似乎交了‘白卷’，然而对整个大学招生的路线，交了一份颇有见解、发人深省的答卷。”

8月10日 《人民日报》转载了《辽宁日报》的按语和张铁生的信，并再加按语，说张铁生的信“提出了教育战线两条路线、两种思想斗争的一个重要问题，确实发人深省”。在“四人帮”指使下，各地报刊均加以转载，并就恢复高考制度问题发表文章、评论，指责高校招生中进行文化考试是“复辟”，是“资产阶级向无产阶级反扑”。

11月28日 《光明日报》发表了辽宁农学院朝阳分院调查报告《一个深受贫下中农欢迎的大学》，开始宣传“朝农”经验。“朝农”办在农村，招收农民为学员，实行“社来社去”。

12月3日 北京市教育局革命领导小组向市委请示，成立北京市知识青年函授教育筹备小组，并于次年提出开展函授教育的意见，市委同意进行函授教育的试点工作。

本年 成人高等学校280所，在校生14.6万人。成人中等学校在校生123.5万人，毕业生19.1万人。成人初等学校在校学生9 297.9万人，全年扫除文盲500万人。

1974年

5月30日 国务院科教组发出《关于一九七四年教育事业计划(草案)的通知》。指出：1974年发展教育事业，重点是继续大力普及农村小学五年教育，加强和发展高等教育，发展厂办七二一大学，积极开展工农特别是上山下乡知识青年的业余教育，大力扫除工厂农村基层干部中的文盲。

5月 复旦大学、同济大学、上海师范大学等分别在安徽、江西、云南、黑龙江等省为部分上山下乡知识青年举办函授教育，函授科目为政治语文、农业生产知识、农村卫生三大类。

6月15日 国务院批转国务院科教组《关于一九七四年高等学校招生工作的请示报告》。提出：坚定不移地贯彻执行毛主席的“七二一”指示，坚持选拔具有两年以上实践经验的优秀工农兵入学。选拔学生要无产阶级政治挂帅，把政治表现、路线觉悟放在首位，注意选拔“批林批孔”的积极分子。坚持“自愿报名，群众推荐，领导批准，学校复审”的招生办法。

11月16日 山西省革委会在榆次召开全省农村业余教育会议。各地、市、县教育局负责农村业余教育的领导同志120人参加了会议，会期7天。会议交流了昔阳县、太谷县、平顺西沟大队、万荣青谷大队等的39个典型经验。会议要求各地认真搞好农村业余教育工作，建立从扫盲、小学、中学到大学的成人教育体系。

11月30日 《光明日报》报道浙江省千所大学举办短训班，并发表署名文章《大学办短训班好》。

12月11日 中共北京市委农村组、科技组联合转发了市教育局党委《关于郊区扫除文盲情况和今后意见的报告》，要求各区县“制定规划、加强领导”，“力争在三五年内完成扫除文盲的历史任务”。

本年 成人高等学校3 158所，在校生21.3万人。成人中等学校在校生239.6万人，成人初等学校在校生8 002.1万人。本年，高等学校招收工农兵学员16.5万人。

1975年

1月17日 全国四届人大一次会议通过的《中华人民共和国宪法》第十二条规定：“无产阶级必须在上层建筑其中包括各个文化领域对资

产阶级实行全面的专政。文化教育、文学艺术、体育卫生、科学研究都必须为无产阶级政治服务，为工农兵服务，与生产劳动相结合。”第二十七条规定：“公民有受教育的权利”。

1月17日 全国四届人大会议通过任命周荣鑫为教育部部长。至此，国务院科教组撤销，教育部恢复。7月15日，经国务院批准，教育部设政治部、办公厅、计划司、高等教育司、普通教育司、业余教育司和外事局。

6月 教育部、第一机械工业部联合在上海召开全国“七二一”工人大学经验交流会。“七二一”大学从1968年兴起，到1975年上半年，全国共兴办1 200所学校，学生9万多人。

8月2日 北京市召开知识青年上山下乡工作会议，市委负责人总结讲话，提出在全市全面开展知识青年的函授教育工作。之后，市委科教组负责人和市教育局负责人提出了大力开展知识青年函授教育的工作意见，并布置区县教育部门把这项工作切实抓起来。

10月5日 教育部、财政部发出《关于厂办七二一工人大学经费开支试行办法》。规定：七二一大学经费，按照上级主管部门批准的办学计划，编制经费计划，在“企业管理费——工人大学经费”中开支。教职员配备实行专职和兼职结合，以兼职为主。

本年 成人高等学校10 836所，在校生72.9万人。成人中等学校在校生385.8万人，全年扫除文盲520.3万人。

1976年

2月24日 教育部临时领导小组成立。

3月9日 广州市30所新办“七二一”工人大学联合举行开学典礼。

4月9日 北京市上山下乡知识青年函授教育办公室在顺义县沙岭公社召开知识青年函授教育现场会，郊区县和市有关部门的代表参加会议。

12月6日 山西省教育局、省知青办、省卫生局联合发出通知，决定由山西医学院开办中医函授班，招生 4 100 人，对象是上山下乡知识青年，学习期限为 2 年。

本年 成人高等学校 46 810 所，在校生 262.8 万人。成人中等学校在校生 325.2 万人，全年扫除文盲 745.6 万人。

1977 年

1 月 15 日 中共中央调刘西尧任教育部部长，雍文涛任副部长。

3 月 8 日 中共中央副主席邓小平在全国科学大会开幕式上讲话指出："科学技术人才的培养，基础在教育。我们要全面地正确地执行党的教育方针，端正方向，真正搞好教育改革，使教育事业有一个大的发展，大的提高。教育事业，绝不只是教育部门的事，各级党委要认真地作为大事来抓。各行各业都要来支持教育事业，大力兴办教育事业。"

5 月 4 日 国务院副总理余秋里在全国工业学大庆会议上作报告提出："企业要为职工又红又专创造条件，努力提高广大职工的政治、技术水平，培养无产阶级自己的技术员、工程师"，"要办好政治夜校，七二一工人大学，企业的技工学校和其他业余技术教育，过去停下来的要恢复，学习时间要给予保证"。

5 月 24 日 邓小平主持召开科学和教育工作座谈会，应邀参加的有 30 多位著名科学家和教育工作者。邓小平作了《关于科学和教育工作的几点意见》的讲话。他说："我自告奋勇管科教方面的工作，中央也同意了。我们国家要赶上世界先进水平，从何着手呢？我想，要从科学和教育着手。"他讲了六个方面的问题。

(1) 关于对 17 年的估计问题。"毛泽东同志在文化大革命以前的大部分时间里，对科学研究工作、文化教育工作的一系列指示，基本精神是鼓励，是提倡，是估计到我们知识分子中的绝大多数是好的，是为社会主义服务或者愿意为社会主义服务的。""对全国教育战线 17 年的工作怎样估计？我看，主导方面是红线。应当肯定，17 年中，绝大多数知识分子，不管是科学工作者还是教育工作者，在毛泽东思想的光辉照耀下，在党的正确领导下，辛勤劳动，努力工作，取得了很大成绩。特别是教育工作者，他们的劳动更辛苦。现在差不多各条战线的骨干力量，大都是建国以后我们自己培养的，特别是前十几年培养出来的。”

（2）关于调动积极性问题。“科研是靠教育输送人才的，一定要把教育办好。我们要把从事教育工作的与从事科研工作的放到同等重要的地位，使他们受到同样的尊重、同样的重视。对于终身为教育事业服务的人，应当鼓励。”“无论是从事科研工作的，还是从事教育工作的，都是劳动者。”“对知识分子除了精神上的鼓励，还要采取其他一些鼓励措施，包括改善他们的物质待遇。”

（3）关于体制、机构问题。“科研部门、教育部门都有一个调整问题。第一位的是配备好领导班子。”

（4）关于教育制度和教育质量问题。“教育还是要两条腿走路。就高等教育来说，大专院校是一条腿，各种半工半读的和业余的大学是一条腿。”“要提高教师的水平，包括政治思想水平、业务工作能力及改进作风等。”“教材要反映出现代科学文化的先进水平，同时要符合我国的实际情况。”“恢复放假制度。在假期要把学生的活动搞得生动活泼，多样化。有的学生还可以补补课。要让教师休假，给教师以恢复疲劳、思考问题、总结经验的时间，给他们以休整的时间。”

（5）关于后勤工作的问题。“后勤工作的任务，就是要为科研工作、教育工作服务，要为科研工作者和教育工作者创造条件，使他们能够专心致志地从事科研、教育工作。现在一定要有一批人搞后勤工作。科研、教育经费应增加，但不能希望马上增加很多。要在困难条件下，尽力把工作做好。”

（6）关于学风问题。“培养好的风气，最主要的是走群众路线和实事求是这两条。”“我们要坚持百家争鸣的方针，允许争论。不同学派之间要互相尊重，取长补短。要提倡学术交流。……我们要把对待封锁的态度，作为检验一个人世界观改造得如何的重要内容之一。”

“学术刊物要办起来。要解决一下科研、教育方面的出版印刷问题，并把它列入国家计划。”

9月18日　中共中央发出《关于召开全国科学大会的通知》。指出：“四个现代化的关键是科学技术现代化。”“科学人才的培养，基础在教育。小学、中学、大专学校是培养科学技术人才的重要基础，而大专学校又是科学研究一个重要方面军。必须真正搞好教育革命，尽速改变教育与社会主义事业严重不相适应的情况。”中央“号召全国青少年奋发努力，学政治，学文化，树立爱科学、讲科学、用科学的风气”，“号召共产党员和共青团员成为向科学技术现代化进军的模范。”

10月5日 中共中央作出《关于办好各级党校的决定》，要求各省、市、自治区一级的党校，都应迅速恢复。10月9日，中共中央党校举行开学典礼，宣告正式复校。随后，在“文化大革命”中停办的各级党校相继恢复。

10月 国务院批准调整和加强教育部的组织机构。调整后，教育部设办公厅、政治部、计划司、高等教育一司（主管文、理、师范、外语院校）、高等教育二司（主管工、农、医科院校）、中等专业教育司、普通教育司、工农教育司、体育司、学生管理司、科技局、外事局、生产供应管理局等机构。

10月 教育部业余教育司改称工农教育司。

11月15日 新华社报道：教育部和中国科学院最近联合发出《关于1977年招收研究生具体办法的通知》，1978年1月10日，经国务院批准，教育部发出《关于高等学校1978年研究生招生工作的安排意见》。根据两个文件精神，1977年和1978年研究生招生工作合并进行。据统计，全国共有6.35万人报考，10 708人被录取，这是“文化大革命”后招收的首届研究生。

12月7日 《人民日报》发表评论员文章：《大力发展各类教育事业》。提出：坚持毛主席一贯提倡的“两条腿走路”的方针，要办好共大、七二一大学和五七大学，办好电视、函授、广播等业余教育。不仅要把已经开办了的这类学校办好，而且要积极创造条件，兴办更多的这类学校。

12月10日 教育部发出《关于加强在职教师培训工作的意见》，此后全国各地开展了中小学教师培训，教育学院、教师进修学院迅速恢复。

12月19日 教育部、中央广播事业局联合开办面向全国的电视教育讲座。电视讲座有英语、数学、电子技术三种。

12月27日 中共中央政治局委员、中国科学院副院长方毅在第四届政协全国委员会常务委员会第七次扩大会议上作《关于科学和教育事业情况的报告》。初步设想，1985年内，要在城市普及中等教育，农村普及初中教育。要大力发展“七二一”大学和共产主义劳动大学，发展业余教育和在职工人的技术训练，争取在几年内，对主要行业技术工人普遍进行一次现代技术训练。

本年　成人高等学校34 919所，在校生173.8万人。成人中等学校在校生235.9万人，全年扫除文盲666.6万人。

1978年

2月6日　中共中央批准教育部、中央广播事业局《关于筹办电视大学的报告》。《报告》提出，由教育部和中央广播事业局主办面向全国的中央广播电视大学。这所学校为业余性质。学员学完电视大学开设的全部课程，能达到相当于大学毕业水平。

2月11日　教育部、国家劳动总局联合发出通知：经国务院批准，全国技工学校的综合管理工作由教育部划归国家劳动总局，教育部协办。通知规定：地方的技工学校由有关业务部门管理；国务院各部门办的技工学校，由国务院有关部门管理。各地区、各部门应建立相应的机构管理技工学校工作。

2月26日至3月5日　五届全国人大第一次会议在北京举行。华国锋总理作《政府工作报告》，提出：要“大力发展业余教育，满足在职干部、工农兵群众和上山下乡知识青年学习的需要”，“要建立适当的考核制度，业余学习的人们经过考核，证明达到高等学校毕业生同等水平的，就应该在使用上同等对待”。

3月5日　五届全国人大一次会议通过并颁布了《中华人民共和国宪法》。《宪法》共4章60条。第十三条规定：“国家大力发展教育事业，提高全国人民的文化科学水平。”第五十一条规定：“公民有受教育的权利。国家逐步增加各种类型的学校和其他文化教育设施，普及教育，以保证公民享受这种权利。”

3月18日至31日 全国科学大会在北京举行。中共中央副主席邓小平在开幕式上讲话，指出："四个现代化，关键是科学技术的现代化"，"科学技术是生产力"。国务院副总理方毅在大会作工作报告指出，人才问题是实现科学技术现代化的一个十分突出的问题。要采取果断措施，快出人才，多出人才。要办好共产主义劳动大学、"七二一"工人大学和"五七"大学，积极举办电视大学、函授大学和夜校。在高等学校试行走读制、旁听制、学分制等，多种形式，多种途径，努力扩大招生数量。

3月20日 国务院批转教育部《关于办好"七二一"大学的几点意见》。国务院在批示中指出，现有的"七二一"大学要加强领导，认真整顿，提高教育质量，有办学条件的，应积极发展。明确规定"七二一"大学的任务是为本单位、本系统培养相当于大专水平的技术人才。招收具有相当于高中毕业文化程度、有实践经验的优秀职工，进行脱产或半脱产学习。全脱产的学习期限一般2～3年。学生学完规定的全部课程，经过考试达到与普通大专院校同类专业水平者，使用上同等对待。《意见》对办学形式、领导管理、教师队伍和教材建设提出了意见。此后，全国"七二一"大学进行调整整顿，被批准保留的进一步充实提高，不具备条件的改为业余大学、企业中等专业学校和文化技术业余学校。

4月17日 经国务院批准，教育部发出《关于恢复或建立教育学院或教师进修学院报批手续问题的通知》，规定：恢复或建立教育学院或教师进修学院由省、直辖市、自治区审批，报国务院备案，抄送教育部。

4月22日至5月16日 教育部在北京召开全国教育工作会议。中共中央副主席、国务院副总理邓小平在会上发表重要讲话，指出："列宁多次强调指出，工人一分钟也不会忘记自己需要知识的力量。没有知识，工人就无法自卫，有了知识，工人就有了力量。这个真理在今天更加显出它的重要性。我们要掌握和发展现代科学文化知识和各行各业的新技术工艺，要创造比资本主义更高的劳动生产率，把我国建设成为现代化的社会主义强国，并且在上层建筑领域最终战胜资产阶级的影响，就必须培养具有高深科学文化水平的劳动者，必须造就宏大的又红又专的工人阶级知识分子队伍。”在讲到提高教师质量问题时指出，“教育部和各地教育行政部门，要采取切实有效的措施，充分利用广播、电视，举办各种训练班、进修班，编印教学参考资料等，大力培养师资。”

8月8日至18日 教育部在河北省涿县召开直属重点高校座谈会。会议提出在1985年前，新建一批短期大学，大力发展电视、广播、函授、夜大学等业余教育，使高等教育在校生人数翻番，到1985年达到300万～400万人。

9月18日 邓小平在《用先进技术和管理方法改造企业》一文中指出，引进技术改造企业，第一要学会，第二要提高创新。许多工作从现在起就要着手，如培训工人，培训干部，现在不着手，外国的先进技术就不能掌握。这方面我们是有教训的。

10月9日 教育部、国家劳动总局、中华全国总工会联合发出通知：继续执行1963年6月9日颁发的《关于企业职工业余学校专职工作人员配备的暂行规定》。

10月11日至21日 中国工会第九次全国代表大会在北京召开。大会通过的《中国工会章程》，在第三条、第四条、第十七条中有关于职工教育的规定，把“组织职工学科学、学技术、学文化、学经济、学管理，大力办好各种类型的职工业余学校”，规定为基层工会的具体任务。

10月12日 中华全国总工会主席倪志福在中国工会第九次全国代表大会上作报告指出：“工会应当把组织广大职工学习科学技术摆在突出的位置。要大力办好职工业余中学、业余大学以及各种专业的业余学习班，要积极协助企业行政办好‘七二一’大学、技工学校、各种专业训练班，进行技术考核。”

11月6日 国务院发出《关于扫除文盲的指示》，要求各地根据本地区的情况，制定具体的扫盲规划，采取有效措施，分别于1980年、1982年或稍长一点时间内，基本上扫除少年、青年、壮年文盲。农村地区脱盲标准是能识1 500个汉字，能够看懂浅近通俗的报刊，能够记简单的账、写简单的便条。城市和工矿地区脱盲标准要达到识2 000个汉字，达到会读、会写、会用、会讲。

11月26日至12月3日 教育部、广播事业局在北京联合召开全国电视大学工作会议。会议讨论了电视大学筹办工作的指导思想，制订了《中央广播电视大学试行方案》，对开办电视大学需要解决的编制、经费、物质条件等问题作了安排。会议提出，中央广播电视大学是面向全国的、以电视和广播为主的高等学校，并准备增加函授教学的手段。

11月 教育部邀请28个部委教育司、局和全国总工会的有关负责人召开全国职工教育座谈会。会议认为，加强职工教育工作，必须解决很多企业领导人对职工教育的重要性认识不足的问题，使职工教育排上日程，开展起来；要大力改革不利于职工学习的一些现行规定，理顺职工教育的领导管理体制。

12月13日 邓小平在《解放思想，实事求是，团结一致向前看》讲话中指出，实现四个现代化是一场深刻的伟大的革命。在这场伟大的革命中，我们是在不断地解决新的矛盾中前进的。因此，全党同志一定要善于学习，善于重新学习。学习什么？根本的是要学习马列主义、毛泽东思想，要努力把马克思主义的普遍原理同我国实现四个现代化的具体实践结合起来。当前大多数干部还要着重抓紧三个方面的学习：一个是学经济学，一个是学科学技术，一个是学管理。学习好，才可能领导好高速度、高水平的社会主义现代化建设。从实践中学，从书本上学，从自己和人家的经验教训中学。

12月14日 《中央广播电视大学试行方案》正式公布。

本年 重建后的中央教育科学研究所成立了教育制度研究室（成人教育研究中心的前身），有了专职成人教育理论研究工作者。

本年 成人高等学校10 395所，其中教育学院17所。成人高等教育在校生140.8万人。成人中等学校在校生298.9万人，成人初等学校在校学生6 467.2万人，全年扫除文盲479.9万人。

1979年

1月11日 国务院批转《教育部、中央广播事业局关于全国广播电视大学工作会议的报告》。国务院在批示中指出："举办广播电视大学是我国高等教育事业发展中的新事物，对于扩大高等学校规模，提高广大群众的科学文化水平，加速培养又红又专的人才，将会起到重大作用"，"要努力把广播电视大学办好"。

1月15日 教育部发出《关于补发文化大革命前高等学校举办的函授、夜大学学员学历证书的通知》，对因"文化大革命"而中断学习的学生的证书发放办法作了具体规定。

2月6日 教育部、中央广播事业局共同举办的中央广播电视大学正式成立，并在北京举行开学典礼。国务院副总理王任重出席并讲话。中央电大的主要任务包括：组织教学、教学管理和教育研究；对地方广播电视大学进行业务指导。开学后全国收听广播电视大学课程的学生达60多万人。

2月16日 国家劳动总局、教育部联合发出通知：经国务院批准，在天津、山东、河南、吉林设立四所技工师范学校。国家劳动总局制定出《技工学校工作条例（试行）》。

2月19日 中国联合国教科文组织全国委员会成立，李琦任主任委员。委员会的主要任务是为我国政府、有关部门和出席联合国教科文组织大会的代表团提供有关联合国教科文组织的情况和咨询，负责协调我国有关部门涉及联合国教科文组织的工作，并负责与该组织秘书处和会员国全国委员会的联络工作。

3月19日 中共中央批转教育部党组的报告，决定撤销1971年中共中央批转的《全国教育工作会议纪要》和1974年中共中央转发的《关于河南省唐河县马振扶公社中学的情况简报》两个文件。中央批示指出："这两个文件，是在'四人帮'及其亲信一手把持下炮制出来的，是错误的。它在教育战线危害极大，流毒很深，应当继续批判。""各地一些同志由于执行这两个文件犯了错误是没有责任的。由此而造成的冤案、错案、假案，尚未平反昭雪的，要抓紧解决。"

3月27日 财政部、教育部印发《关于广播电视大学教学班经费开支的规定》。

4月5日至18日 教育部在四川省成都市召开业余初等、中等学校教材座谈会。会议对业余初等、中等学校的基本任务、课程设置、教材编写的指导思想和方法进行了讨论。会议提出，业余学校的任务主要是对工农群众和干部普及文化基础知识的教育，分初等、初中、高中（中专）三个阶段。学制年限不作统一规定。会议商定由教育部统一领导，有关省、市派人参加，编写业余学校通用的 23 种文化基础课教材。

6 月 18 日 在五届全国人大二次会议上，国务院总理华国锋作《政府工作报告》。他在报告的第二部分“打好四个现代化的第一个战役”中，提出当前发展国民经济的主要任务是要着重抓好十项工作。其中第五项是“积极发展科学教育文化事业，加速培养建设人才”，提出：“教育方面，要在前两年多高等院校整顿取得显著效果的基础上，继续花很大的力量，积极发展大学教育和高等专科教育。中等教育要有计划地多举办各种门类的中等职业教育”，“继续扫除文盲和普及小学教育十分重要，”一定要“组织各方面的力量来加快完成这个任务。”报告还提出：“为了提高全民族的科学技术、文化水平，必须对在业人员进行业余的和离职的科学技术、经济管理和文化知识的教育。”

6 月 26 日 水利部教育司下发《关于制定 1978—1985 年水利教育培训规划》的通知，指出：通过建立培训制度，创造条件，通过“七二一”、电视、函授、业余大学、业余中专等多种形式，系统提高广大职工的科学文化水平。

6 月 21 日 余秋里在五届全国人大二次会议上作《关于 1979 年国民经济计划草案的报告》，提出“积极办好厂办大学和中专、技工学校。进一步发展电视、广播、函授等业余教育”。

7 月 25 日至 8 月 6 日 中华全国总工会在北京召开职工业余教育工作座谈会。会议讨论了国民经济三年调整时期工会在职工业余教育工作中的方针和任务。提出加快发展职工业余教育，要以普及初中文化教育和在 1966 年以后入厂的青工中普及初级技术教育为主，并对具有中等以上文化技术水平的工人实施业余的中等专业教育和高等教育，组织好管理干部和技术工人的业余学习和进修。要抓紧扫盲工作。各级工会组织要在短期内健全教育机构。全国总工会主席倪志福在会上讲话时指出，在调整期间，职工业余教育不仅不能下，而且要大上，一些关停并转的企业，也要充分利用这个机会，把职工教育促上去，搞好人才储备和技术储备。

8 月 8 日 北京市革命委员会发出《关于建立北京市工农教育办公室的通知》，确定北京市工农教育办公室为局级单位，负责全市工农教育的规划、组织和业务行政工作。《通知》任命关世雄为北京市工农教育办公室主任。

8 月 16 日至 31 日 教育部、财政部、商业部、对外贸易部、中国人民银行、全国供销合作总社、国家统计局在北京联合召开全国高等财经教育工作会议。

8 月 20 日 沈阳农学院农业干部培训班开学，这是农业部为提高各级主管农业生产的干部思想、政策水平和农业科技知识水平，委托北京农业大学等 7 所学校举办的农业干部培训班。此后，全国一些高等学校也先后接受工交、财贸、农林等部门委托，举办各种干部培训班。

8 月 28 日至 9 月 3 日 教育部、中央广播事业局在北京联合召开第二次全国广播电视大学工作会议。参加会议的共 99 人。国务院副总理王震到会并讲话。会议交流了半年来的工作经验，就 1980 年招生工作等问题进行了研究。会议提出，提高教学质量是广播电视大学的中心工作。会议认为，电视大学贯彻执行调整、改革、整顿、提高的方针，原则上是上，而不是下，是进，而不是退。广播电视大学应该在提高知识青年的文化科学技术知识方面发挥作用。可以在知识青年中招收正式学员，也可以采取多种方式组织知识青年自由收听电视大学课程。会议强调要加强对电视大学的领导，健全各级管理机构。并提出，提高教学质量是广播电视大学的中心工作。

9 月 8 日 国务院批转教育部 8 月 10 日提出的《关于举办职工、农民高等院校审批程序的暂行规定》。对举办职工、农民高等院校必须具备的条件做出了规定。举办职工、农民高等院校必须具备以下条件：学生入学时具有高中毕业的文化水平，学校按照大专水平的教学计划和教学大纲进行教学，有一定数量能胜任教学的专职教师和兼职教师，有专职的领导人员，有必需的办学设备，并须按所规定的程序报请审批和备案。

9 月 14 日至 24 日 教育部在河南省郑州市召开全国职工教育会议。参加会议的有各省、市、自治区和中央各有关部门代表 100 余人。会议指出，为实现社会主义四个现代化，一定要把职工教育摆在重要的地位，作为一项战略任务来抓，力争在国民经济调整时期做出显著成绩。当前要遵照"适应'四化'，大力发展；全面安排，突出重点；灵活多样，讲究实效；统一领导，通力合作"的要求，对广大职工实行全员培训，进行业余的和离职的科学技术、经济管理和文化知识的教育。会议认为，今后一个时期职工教育工作的主要任务，是对领导干部、管理人员和技术人员普遍进行轮训，提高他们的科学管理和业务技术水平。在最近几年内，应把提高"文化大革命"以来参加工作的青年工人的政治、文化、技术水平作为职工教育的重点。会议还讨论了加强对职工教育的领导等问题。会后，对原"七二一大学"的名称进行了变更，统称职工大学。

9月28日 国家经委、劳动总局发出《关于进一步搞好技术培训工作的通知》，要求大力加强在职工人的技术培训，规定徒工"要有不少于三分之一的时间用于学习技术理论知识"，考核合格才能上岗。

11月20日至28日 教育部和中共湖南省委在湖南省桃江县召开现场经验交流会，向全国推广桃江县经验，主要包括农村教育坚持"两条腿走路"的方针，发挥国家办学和群众集体办学的两个积极性；以普及小学五年教育为重点，实行普通教育、业余教育、学前教育一起抓的办法。

11月28日至12月11日 教育部、农业部、共青团中央、中国科协联合在天津召开第二次全国农民教育工作会议。会议初步总结了新中国成立30多年农民教育工作的基本经验和教训，分析研究新的情况和问题，明确今后农民教育的任务，提出完成任务的措施。会议提出，当前农民教育的主要任务是：继续抓紧扫除文盲，大力发展业余初等教育，积极举办业余初中；广泛开展农业技术教育；加强思想政治教育。会议还强调开展农民教育，要从实际出发，态度要积极，步子要稳妥。教育对象的重点是党员、团员、青年和基层干部。

本年 成人高等学校6 289所，其中广播电视大学29所，职工大学1 194所，教育学院34所。成人高等教育在校生172.2万人。成人中等学校在校生610万人。成人初等学校在校生2 123.3万人，全年扫除文盲567.6万人。全国参加文化技术学习的职工有1 029万人，占职工总数的14.9%。

1980 年

1 月 5 日至 22 日 教育部在北京召开教育工作会议。参加会议的有中共中央和国务院有关部门、各省市教育工作负责干部和教师代表共 368 人。教育部部长蒋南翔在会上讲了话。会议提出，在过去 30 年的大部分时间里，我国教育工作的路线是正确的，成绩是主要的，为今后教育事业的发展奠定了可靠基础。会议总结的新中国成立以来教育工作的四条基本经验是：社会主义教育事业必须有计划按比例地发展；社会主义学校的办学方针必须坚持培养又红又专的人才的原则；必须正确地执行党的知识分子政策；必须加强党对教育事业的领导。会议提出了加强学校政治思想教育、继续普及小学教育、进行中学结构改革、办好重点中小学、加强边疆和民族地区教育、发展成人教育等八项任务。

1 月 16 日 中共中央副主席邓小平在中央召集的干部会议上作《目前的形势和任务》的报告，提出："要有一支坚持社会主义道路的、具有专业知识和能力的干部队伍"，"无论在什么岗位上，都要有一定专业知识和专业能力，没有的要学，有的要继续学，实在不能学、不愿学的要调整。"

1 月 教育部工农教育司改称工农教育局。

2 月 25 日 中共中央宣传部、组织部联合发出《关于加强干部教育工作的意见》。3 月 10 日，《人民日报》转载了部分摘要，并发表了评论员文章：《抓紧抓好干部培训工作》。

4 月 10 日至 16 日 教育部在北京召开高等学校举办函授、夜大学工作会议。会议提出两种教育制度的思想是完全正确的，要发展我国的教育事业，必须"两条腿走路"。普通高等学校举办函授教育、夜大学是业余教育的一种重要形式，是培养专门人才的有效途径。在新的历史时期，更应重视发展这类教育。要把举办这类学校纳入整个教育事业计划，使之真正成为高等教育事业的一个有机组成部分，积极稳步地发展。

4月20日至25日 教育部在北京召开“五七大学”座谈会。会议提出本着实事求是、区别对待的精神，整顿县办“五七大学”。确定将教育部门办的“五七大学”改为农民技术学校。农民技术学校的任务是为农村培养具有一定文化科学技术水平的人才。招收对象是初中毕业以上文化程度的农村青年、社队管理干部和农民技术员，学制为1～2年，规模以100～200人为宜。

4月26日 教育部发出通知，要求按国务院1979年9月8日批转教育部《关于举办职工、农民高等院校审批程序的暂行规定》，批准举办的职工高等院校，在年底前办理备案手续。

4月28日 全国职工教育管理委员会成立。主任：袁宝华，副主任：宋侃夫、臧伯平、邵子言。委员会由国家经委、全国总工会、教育部、劳动总局等14个单位的15人组成。委员会的任务是：讨论制定职工教育的重大方针政策，统一规划，检查执行情况，协调各方面的工作。

5月8日、12日 中共中央书记处听取并讨论了教育部党组《关于教育工作汇报提纲》。中共中央总书记胡耀邦发表了重要讲话：关于教育问题，我看主要是四句话：第一句话，新中国成立后，我们的教育事业有了很大的发展。第二句话，林彪、“四人帮”在台上的10年，使我们的教育事业受到很大的摧残。第三句话，现在的教育状况很不适应四个现代化的要求。第四句话，全党、全国人民都要重视，力争在八十年代使我们国家的教育事业有一个大的发展，要超过我们新中国的历史最高水平。中央书记处的同志还指出，教育制度的改革要跟劳动制度、干部制度改革紧密结合起来，教育体制中要考虑对工人、农民的教育问题，要多种途径办教育。除了全日制、半工半读、业余学校，还要考虑把电视大学、函授大学办好。凡是自学有成绩的人，就发给证书。

6月5日至15日 煤炭工业部在北京召开全国煤矿技工培训工作会议。会上讨论制定了《煤炭工业技工培训工作暂行条例》和《关于整顿技工学校的意见》。

7月20日 国务院科技干部局发出的《关于执行〈工程技术干部职称暂行规定〉若干问题说明》中规定，凡1966年以前在教育部门承认的电视大学、函授大学、业余大学，学完规定的教学科目，持有正式文凭的毕业生，可以同普通高等学校毕业生同等对待。

8月18日 中共中央政治局（扩大）会议在北京举行，邓小平在讲话中指出：要逐步实现各级领导人员的革命化、年轻化、知识化、专业化。

8月21日 教育部印发《关于职工、农民高等院校教师确定与提升职称的通知》。规定：凡经有关部门正式批准，并报教育部备案的各类高等学校的专职教师和普通高等学校的教师一样，按国务院1960年和1978年有关文件的规定，确定与提升教师的职称。

8月30日 教育部、国家计委、财政部联合发出《关于高等学校、中等专业学校举办干部专修科和干部培训班的暂行办法》，对学制、招生对象、待遇及经费等作了规定。

9月2日 教育部部长蒋南翔在中央广播电视大学开学典礼上讲话，指出：广播电视大学是新型的高等学校，应和全日制高等学校同样对待。电视大学的经费应列入高等教育事业费作为专项开支，予以保证。并指出，电视大学扩大招收社会知识青年，势在必行。

9月5日 国务院批转教育部《关于大力发展高等学校函授教育和夜大学的意见》。提出：高等学校举办函授教育和夜大学应当采取积极恢复、大力发展的方针，并纳入高等教育事业计划。今后的招收对象应包括具有高中毕业程度的在职人员和知识青年。本科和专科的函授教育和夜大学学生，学完规定的课程，考试成绩及格的，由举办的高等学校发给毕业证书，国家承认其学历，并可按规定择优授予学位。在职人员中的函授和夜大学毕业生，在工作使用、评定职称和进行套改等问题上，应与全日制高等学校同类专业毕业生同等对待。

9月9日 胡耀邦在教育部就《北京市人民政府关于建立高等教育学历考核制度的决定》报送的请示件上作出批示："已经教育部同意，又经国家科委审查同意，书记处不再讨论，退北京市委，请市委按此办理。"推动了高等教育自学考试制度的诞生。

9月19日至10月11日 中国成人教育代表团赴美国进行了为期3周的访问。代表团由教育部和北京、河北、河南、吉林等省、市教育局（工农教育办公室）以及上海、哈尔滨市成人高等学校的有关同志共10人组成。

10月7日　国务院批转教育部、国家劳动总局《关于中等教育结构改革的报告》。指出：中等教育结构改革，主要是改革高中阶段的教育，实行普通教育与职业、技术教育并举，全日制学校与半工半读学校、业余学校并举，国家办学与业务部门、厂矿企业、人民公社办学并举的方针。县以下的教育事业应当主要面向农村，为农村的各项建设事业服务。要提倡城乡各行业广泛举办职业（技术）学校。可适当将一部分普通高中改办为职业（技术）学校、职业中学、农业中学。《报告》提出了中等教育结构改革的内容和途径以及需要解决的几个问题。《报告》对职业技术教育的经费、编制、开办、审批等作了规定，并建议各省、市、自治区建立领导小组，吸收有关单位参加，统管中等教育结构改革和职业技术教育。

10月9日　中共中央书记处讨论了全国职工教育管理委员会提出的《关于职工教育现状和今后意见的报告》。

10月21日　中共黑龙江省委下发了《关于大力发展工农教育的决定》，全面分析了打倒“四人帮”以来，全省成人教育取得的成绩和存在的问题，提出了今后一个时期的工作任务、目标，制定了较为系统的政策措施。《决定》结合“四化”建设的需要，提出了成人教育工作的任务，即“工农教育担负着普及和提高广大工农群众的科学文化水平，培养具有现代科学技术和企业管理能力的专业技术人才，积极为四化建设服务的任务”。《决定》规定了1980年到1985年工农教育的目标是：职工教育，要大力开展以普及初中文化和初级技术教育为重点的全员培训。在1985年以前，对1966年以来入厂的青壮年工人完成“两初”教育的任务。对真正具有初中毕业文化程度的工人，要积极进行中等技术和高中文化教育，重点抓好中等专业教育。通过业余和脱产培训，使现有的一、二级工要掌握三级工以上的“应知应会”；对三级工以上的在技术水平上要提高1～2个等级。农民教育的主要对象，是30岁以下的青壮年、农村技术人员和生产队干部。要继续开展扫除文盲工作，大力发展和普及业余小学教育，积极举办业余初中，广泛开展农业科学技术教育，积极办好农业技术学校，积极组织待业青年学习。

10月22日至28日　教育部在山东省济南市召开全国农民教育座谈会。指出，农村建立生产责任制后，农业生产迅速发展，农民十分需要学习文化和科学技术知识，农民教育要适应这一新形势。要继续扫除文盲，积极稳步地发展业余小学，广泛开展农业技术教育，认真办好农业技术学校。并要求提高教学质量和师资水平，解决教材问题，有计划地开展教学研究活动，逐步将农民教育的教学机构建立起来。

10月29日 北京市人民政府发出《关于建立高等教育自学考核制度的决定》。规定凡北京市市民，不论通过哪种形式学习，不受学历、年龄限制，均可自愿申请应考。凡考核达到高等学校毕业生同等水平者，均承认其学历。31日，《北京日报》发表评论员文章：《鼓励自学成才的一项重要政策》。

11月20日 教育部发出《广播电视大学学生学籍管理暂行规定》，对各省、市、自治区电视大学核准录取的全科和单科学生的入学、注册、成绩考核、毕业、转学、休学、退学、纪律、考勤、奖励、处分等作了具体规定。

11月24日 北京市高等教育自学考试委员会成立。

11月 全国11省市成人教育协作会首次会议在广东省中山市召开，交流开展成人高等教育的做法和经验。出席会议的有教育部工农教育局有关人员，北京、上海、天津、广东、广州、辽宁、沈阳、黑龙江、哈尔滨、河南、山西等11个省市成人（工农）教育处（科、办）负责人，共计29人。

12月1日至13日 教育部在天津召开全国教育工作座谈会。会议回顾了30年教育工作中的“左”倾表现，明确今后几年内教育的基本任务是贯彻调整的方针。调整要达到的目标是使教育事业与国民经济协调发展，使教育质量得到提高，使学校的领导班子和教师队伍得到充实和提高，加强学校的思想政治工作，巩固和发展教育系统安定团结的政治局面。在调整中，要大力开展普及初等教育工作；积极发展中等职业技术教育，改变中等教育特别是高中畸形发展的状况；要对高等教育的专业设置和区域布局进行调查研究，统筹规划，合理安排；要恢复和发展成人教育、中等专业教育、广播电视教育、业余函授教育等。会议提出，要有计划、有步骤地进行教育体制与教育制度的改革，逐步建立中国式的社会主义教育体系。

12月12日 国家农委、中国科协、教育部、共青团中央、全国妇联、中央广播事业局、中央人民广播电台、农业部、农垦部、中国农学会发出《关于成立中央农业广播学校领导组织的联合通知》。

12 月 19 日 全国职工教育管理委员会发出《关于 1981 年开展职工教育工作的几点意见》，提出：各级领导和各厂矿企事业单位的党委、行政、工会、共青团都要十分重视职工教育，制定或修订 5 年、10 年职工教育发展规划；逐步建立职工培训基地；建立健全职工教育管理机构；积极配备和培训职工学校教师；组织力量抓紧编写职工教育教材；逐步建立职工教育考核制度；开展职工教育经验交流和总结评比工作。

本年 成人高等学校 2 775 所，其中广播电视大学 29 所，职工大学1 194所，农民大学 165 所，独立函授学院 4 所，普通高校举办夜大学、函授大学 93 所，教育学院 31 所。成人高等教育在校生 155.4 万人。成人中等学校在校生 804.5 万人。成人初等学校在校生 1 646.1 万人，全年扫除文盲 538.8 万人。全国参加学习的职工有 1 329 万人。

1981 年

1 月 13 日 国务院批转教育部《关于高等教育自学考试试行办法的报告》，决定建立高等教育自学考试制度。《试行办法》规定，凡属中华人民共和国公民，不受学历、年龄的限制，均可自愿申请参加考试。在统一标准的前提下，各省、市、自治区根据不同情况可采取不同的方法组织考试。考试合格者，由自学考试委员会发给毕业证书或单科成绩证明书。无论在职人员经过业余自学或待业人员自学获得毕业证书者，国家都承认其学历。在职人员根据工作需要，调整工作；待业人员择优录用，安排适当工作。工资按普通高等学校毕业生工资标准执行。决定在国务院领导下，成立全国高等教育自学考试委员会。国务院并确定先在北京、天津、上海进行试点。

2 月 20 日 中共中央、国务院颁布了《关于加强职工教育工作的决定》。《决定》强调了职工教育的重要性和发展目标，指出“今后要在经济上实行进一步的调整，加强职工教育是实现调整措施的重要内容之一，一定要结合调整逐步进行，有计划地实行全员培训，建立起比较正规的职工教育制度”。提出要下最大决心，力争在第六个五年计划期间，有计划有步骤地把职工普遍训练一次。《决定》规定：(1) 各级党政领导和所有厂矿企业、事业单位的党委、行政、工会、共青团都要十分重视职工教育。(2) 要制订职工教育的长远规划和具体计划。近二三年内，职工教育的重点是对领导干部的训练和对“文化大革命”以来进厂的青壮年职工进行政治思想教育和文化补课。(3) 在调整国民经济期间要采取有效措施，大力开展职工教育。(4) 要因地制宜，广开学路，提倡多种形式办学。(5) 要制订教学计划，明确培养目标与达到目标的标准。(6) 积极建立一支教师队伍。(7) 要勤俭办学，认真解决必要的办学条件。(8) 要充分发挥普通学校的作用。普通高等学校和中等专业学校都应当承担一定的在职培训任务。(9) 加强领导，建立和健全专职机构。(10) 着手制订《职工教育法》。

2月 由黑龙江省教育委员会主办的专业性成人教育期刊《成人教育》创刊。

3月20日至26日 国务院在北京召开全国职工教育工作会议。会议的主要议题是如何贯彻落实《关于加强职工教育工作的决定》。会议提出，职工教育是我国教育事业的一个重要方面，是发展生产力的前驱，加强职工教育是进行现代化建设的必要前提。今后要把职工教育搞得好不好，作为对企事业领导干部和企事业单位进行考核的一个重要内容。会议认为，我国职工教育已进入一个新的时期，为了把职工教育尽快提高到一个新的水平，必须做到思想、计划、组织、措施四落实。国务院副总理姚依林在会议总结报告中指出：必须把职工教育纳入国民经济的长远规划和年度计划。领导干部要带头参加轮训，而且要舍得让关键岗位的职工和生产技术骨干优先参加学习。他要求各地区、各部门、各单位一定要把这项加速实现我国现代化的战略措施搞好。

4月1日 中国成人教育协会成立，臧伯平任会长。中国成人教育协会是全国成人教育群众性、学术性社会团体，其宗旨是团结全国各类成人教育研究组织和成人教育工作者，以马列主义、毛泽东思想为指导，坚持党的基本路线，坚持理论联系实际的原则，面向基层，开展成人教育理论与实际问题的研究。4月3日，中国成人教育协会成立大会暨第一届第一次理事会在北京召开。

4月1日 北京市人民政府发布《北京市私人办学暂行管理办法》。这是改革开放以后全国第一个鼓励社会力量办学政府令。《办法》规定：凡私人办学均须向所在区（县）工农（职工）教育办公室申请（在职人员须先经本单位领导同意），经审查批准，发给执照后始得开办，并报市工农教育办公室备案。

4月13日 教育部发出《关于广播电视大学教师确定与提升职称的通知》，规定广播电视大学中的现任专职教师，可以评定高等学校教师职称。

4月18日至25日 第三次全国广播电视大学工作会议在江苏南京召开。会议决定，有条件的省、直辖市、自治区，从1982年起开设文科课程，招收中国语文类专业学生。文科和理科将于1982年3月同时招生，9月开学。

4月20日 教育部、中央广播事业局、国家计委、财政部、国家劳动总局、国家建委联合发出《关于解决广播电视大学办学和课程播出几个问题的意见》。

5月8日 财政部颁布《关于职工教育经费管理和开支范围的暂行规定》。规定企业职工教育经费在工资总额的1%内掌握开支，直接列入生产成本。还可以从企业基金利润留成中、从包干结余中或税后留利中拿出一部分用于职工教育。1983年3月24日，又就《规定》中的经费来源问题发了补充通知，将1%改为1.5%。

5月10日至6月7日 全国职工教育管理委员会等13个单位组成的中国职工教育考察团应邀赴德国考察职工教育。

5月20日 国家计委印发《关于编制职工教育事业计划的意见》，职工教育计划被作为教育事业计划的一个重要方面正式纳入国民经济计划。

5月21日 国家劳动总局印发《关于加强和改进学徒培训工作的意见》，对学徒工条件、学徒年限、培训目标、培训办法、考核制度等作了明确规定。

5月23日 教育部在《对〈关于解决广播电视大学办学和课程播出几个问题的意见〉一文的几点意见的答复和说明》中指出：教育部、中央广播事业局、国家计委等6个单位文件提出的省校、分校工作站两类人员的配备标准不包括以下五类人员：省校、分校自开课程所需的教师和辅助人员；省校所需视导教学人员；自开课程录制教学节目所需的技术人员及辅助人员；实验室所需的实验人员；对自学收看者管理工作所需的人员等。电大事业费开支范围应包括：办公费、工资、教学活动费、试验费、设备购置费、图书资料费、其他。一次性基建投资应包括办公用房、教学用房、实验室、图书室、教职工宿舍等生活福利用房以及单台价格在2万元以上的设备购置等。上述经费和基建投资的来源，应按各级电大的隶属关系，由地方安排。

6月15日　全国总工会、国家经委和中央组织部联合制定《国营工业企业职工代表大会暂行条例》，在职工代表大会“职权”中规定有“讨论通过职工培训计划”一项。

6月29日　全国职工教育委员会、国家编制委员会、财政部联合下达《关于加强职工教育机构的通知》，同意给各省、市、自治区人民政府增加行政编制3 100名，以充实职工教育办事机构的专职人员。

7月1日　中共中央总书记胡耀邦在庆祝中国共产党成立60周年大会讲话中指出：当前我们面临着一个重新学习的严重任务。我们学习的好坏，将决定我们的领导水平和工作水平，将直接影响社会主义现代化建设的进程。

7月13日　国家农委、中国科协、教育部、中央广播事业局联合举办的中央农业广播学校开学。第一期开办农业基础班，其课程着重讲解基础性的农业科学知识，相当于中等农业学校水平。学习时间为两年。

7月21日　国家劳动总局发出《关于加强和改进学徒培训工作的意见》。指出：随着大批青年学徒进入企业、事业单位，培养训练任务十分繁重。在一定时期内，学徒培训仍是培训新技术工人的一种重要形式。《意见》对招收学徒、签订培训合同、学习期限、培训目标、课程与教材、考核制度以及各部门对学徒培训工作的领导与管理等方面作出了具体规定。

9月16日至23日　教育部在北京召开职工教育工作会议，研究落实中共中央、国务院交给各级教育行政部门的职工教育任务，制定具体措施。教育部部长蒋南翔到会讲了话。会议明确提出各级教育行政部门在职工教育工作中的基本职责和主要任务是：根据党的教育方针和党中央、国务院的指示，综合研究指导职工高等学校、职工中等专业学校和职工中等、初等文化教育的教学行政工作、教学业务工作和师资培训工作，并积极稳步地办好电视、函授教育，办好业余大学和地区性职工学校。会议提出的三项措施是：(1) 加强机构，充实人员，保持从上到下的职工教育行政工作体系和教学业务体系的渠道畅通；(2) 因地制宜，逐步搞好地区性学校的办学基地、教师培训基地和实验中心的建设；(3) 要有一定的经费保证。

11 月 18 日 教育部发出《关于职工初中文化补课工作若干问题的通知》，要求凡“文化大革命”以来参加工作的青壮年职工，其语文、数学、物理、化学的实际水平不及初中毕业程度者，一般都应补课。通知规定，语文、数学两科不分专业和工种，一律必须补课；物理、化学两科的补课，可以根据行业和工种的不同有所区别。达到补课要求，经考试合格，发给补课合格证书。职工学习成绩要记入档案，作为考工升级的依据之一。

11 月 6 日 国务院批转国家经委《关于加强领导，抓好企业整顿工作的意见》。《意见》中把搞好全员培训作为整顿企业六条标准之一，规定“没有搞好全员培训的企业，不予验收”。

11 月 30 日至 12 月 13 日 第五届全国人大第四次会议的《政府工作报告》提出，除正规大学外，要大力发展业余、电视、函授大学，鼓励自学成才。积极发展中等专业学校，大量培养技术工人和中级专门人才。要切实加强对全体职工的教育。要努力把农民教育办好。

12 月 17 日至 23 日 中国科学技术协会和共青团中央在北京联合召开全国青年自学经验交流会。中共中央副主席李先念在会见会议代表时指出：自学是成才的一条重要道路，希望青年们严格要求自己，在思想品质和学习工作中取得更大的进步。会议代表向全国青年发出倡议：希望各行各业的青年携起手来，走自学成才的道路，为祖国作出更大的贡献。

12 月 18 日 教育部规定高等学校举办函授教育和夜大学，应按照院校隶属关系，由国务院主管部门和省、市、自治区提出一个时期内所属院校举办函授教育和夜大学名单，教育部汇总审定。12月29日，又发出通知，要求对已批准举办的职工大学和职工业余大学普遍进行一次复查，并在今后的审批工作中严格把好质量关。

12月22日至28日 全国职工教育管理委员会在太原钢铁公司召开全国职工教育工作座谈会，交流贯彻落实中共中央、国务院《关于加强职工教育工作的决定》的情况和经验，重点研究了青壮年职工文化补习、技术补课工作，职工教育管理委员会主任袁宝华在会上讲话指出，要在1982年继续深入贯彻职工教育工作的决定，抓好思想、计划、组织、措施四个落实。在开展全员培训工作中突出青工文化、技术补课和干部专业培训两个重点，力争在这些方面取得较大进展。

12月29日 教育部发出《关于职工大学和职工业余大学建校审批工作及毕业生学历等若干问题的意见》，明确了职工大学和职工业余大学审批范围、办学条件、审批程序、毕业生的学历等问题。

本年 华东师范大学组建了成人高等教育研究室，是我国高校最早建立的成人教育研究机构。

本年 成人高等学校1 763所，其中广播电视大学29所，职工大学1 140所，农民大学72所，独立函授学院5所，普通高校举办夜大学、函授大学238所，教育学院32所。成人高等教育在校生134.6万人。成人中等技术学校38 258所，其毕业生和结业生71.98万人，在校生311.87万人。成人中学6.6万所（班），毕业生169.6万人，在校生637万人。成人初等学校在校生973.6万人，全年扫除文盲353.9万人。全国参加学习的职工有1 337万人，占职工总人数的16.33%。

1982年

1月1日 中共中央转发《全国农村工作会议纪要》，其第十六条指出：教育是发展科学技术的基础。有关部门要调整和加强农业院校的领导班子，进一步改善办学条件。县级以及县以下农村的中学要设置农业课程，有的可以改为农业专科学校。继续抓好各级农业领导干部和管理干部以及职工的专业培训，组织师资进修，训练各类专业技术干部。高等农业院校和中等农业学校都要拿出必要的力量承担培训任务。要积极创造条件，加强农民教育，抓紧扫盲工作，提高科学文化水平。

1月2日 中共中央、国务院决定在全面整顿国营企业中把全员培训列为当前要围绕提高经济效益着重做好的五项工作之一。有计划地、分期分批地对职工进行轮训，要成为一个长期坚持不懈的制度。为认真做好全员培训工作，企业主管部门和大企业要建立培训中心，以脱产、半脱产和业余的形式对职工进行培训。凡完成规定的学业，考试合格的学员发给结业证书。并对学习态度好、学习成绩优良的学员发给奖学金。同日发出的《国营工厂厂长工作暂行条例》中规定："要由厂长拟订出职工培训计划。"

1月14日 教育部发出《关于高等学校函授教育和夜大招收新生工作的几个问题的初步意见》，提出高等学校函授教育和夜大学，以在职人员为招收对象，实行对口培养。《意见》对报考条件、考试科目、命题范围和录取办法等作了具体规定。

1月16日 北京市高等教育自学考试单科合格证书第一次颁发大会在中国历史博物馆礼堂隆重举行。参加大会的有中央各部委、解放军各总部、市属各区、县、局负责教育工作的领导同志和考生代表700余人。教育部部长蒋南翔、北京市市长焦若愚分别在会上讲话。

1月21日 全国职工教育管理委员会、教育部、国家劳动总局、中华全国总工会、共青团中央发出《关于切实搞好青壮年职工文化、技术补课工作的联合通知》，作了四条政策规定：(1) 从1983年起，学徒文化程度没达到初中毕业水平的要延期转正。文化、技术补课学习优秀的可提前转正。(2) 从1984年起，技术工程和关键岗位的青壮年职工，没有取得补课合格证的不能升级，限期补课后仍不合格的调离岗位。(3) 脱产学习成绩良好的发给奖学金。(4) 把积极参加补课并取得优异成绩作为评选和奖励先进的条件之一。

3月10日至16日 教育部在北京召开高等教育自学考试试点工作座谈会，决定上海、天津从本年下半年起开始举办高等教育自学考试。会议提出，举办高等教育自学考试试点工作以来取得很大成绩，其经验有三：(1) 必须由市级领导亲自抓；(2) 要充分重视和发挥普通高等学校的作用；(3) 注重先调查研究，并有切实的措施和步骤。会议明确提出，高等教育自学考试属于国家考试，其任务是通过考试，鼓励人们学习，检验学习成果，从中发现和选拔人才。

4月14日 黑龙江省工农教育委员会、黑龙江省经济委员会、黑龙江省编制委员会、黑龙江省财政厅、黑龙江省人事局、黑龙江省劳动局、黑龙江省总工会、共青团黑龙江省委员会等8个部门联合制定下发了《关于职工教育若干问题的意见》，对开展职工教育中亟待解决的11个问题作出明确规定：(1) 把职工教育作为一项重要考核指标纳入经济责任制，并逐级下达直至车间、班组和个人，作为评先进的重要条件；(2) 各级工农教育办的业务活动经费按职工总数多少，在每人每年一元钱标准内，由各级财政部门纳入年度预算，统筹安排；(3) 建立健全工农教育办事机构；(4) 专职教师、专职干部同生产科室人员、干部享有同等待遇，地区性职工学校教师同普通学校教师享受同等待遇；(5) 招收新工人和接班子女要进行德、智、体全面考核，择优录用；(6) 学徒工学习成绩优秀者可提前转正定级，不合格者延长学徒期；(7)"双补"对象未取得合格证者在职工升级时不能晋升，青年工人四级工升五级工以上的，技术要达到五级工以上应知应会，文化水平要达到高中以上，否则不能晋升；(8) 要把学习成绩作为职工评选先进的重要条件之一；(9)"双补"合格证，可作为录用、提拔干部文化程度的凭据；(10) 参加脱产学习的职工，学习期间工资照发，学习期间评定工资时，要与生产岗位职工一视同仁；(11) 脱产学习不超过一个月者仍享受原来奖金待遇，超过一个月者发给奖学金。

4月29日 全国第一所集体所有制民办大学——中华社会大学在北京成立。

4月30日 煤炭工业部报经国务院批准，将煤炭工业部干部学校改为北京煤炭管理干部学院，作为煤炭工业部培养训练管理干部的高等学校。

5月12日 水电部职工教育委员会成立，副部长张季农任主任。

5月17日 《人民日报》发表社论：《大力加强农村教育事业》。社论指出：加强农村教育事业，是一项迫切而重大的任务。我国农村教育事业，虽有很大成绩，但仍很落后。农村教育这种落后状态，同现代化建设的矛盾越来越突出了。当前主要应抓好以下工作：(1) 坚持在农村实行普及教育的方针，适龄儿童要入小学，不要中途退学。(2) 努力办好农民教育，在成年农民中扫除文盲和进行文化技术补课。(3) 有计划地发展农业职业教育和中等农业技术教育，并在普通中学设置农业课程。(4) 高等院校要多为农村培养农、林、医、师范等各种专门人才。社论还提出，要采取有效措施妥善解决实行生产责任制以后普及教育工作中出现的新问题。

6月8日 教育部印发《职工大学、职工业余大学考试试行办法》。规定：对学生学业成绩的考试，采取学校考试和省、市、自治区有关部门组织统一考试相结合的方针进行。入学考试要由省、直辖市、自治区教育（高教）厅（局）统一命题，并确定统一的评分标准和最低录取分数线。学生学完规定的课程，考试及格，毕业答辩和毕业设计成绩合格者，发给所学专业的毕业证书。

6月9日 教育部印发《县办农民技术学校暂行办法》，规定：农民技术学校是属于农业（包括林、副、牧、渔、工等）中等专业教育性质的学校，其任务是为农村人民公社、生产大队、生产队培养具有相当于中等农业科学技术水平的人才。《办法》对招生对象、教学要求、毕业生使用等作了具体规定。

6月17日 教育部给铁道部、石油部、纺织部、化工部、核工业部《关于职工大学备案的复函》中指出：为使校名反映职工教育特点，区别于其他办学形式并使规格基本一致，无论称“大学”、“学院”、“专科学校”，都应冠以“职工”或“业余”字样。

7月3日 教育部发出《关于一九八二年广播电视大学毕业生若干问题的通知》，对电大毕业生的学历、使用、工资待遇等作出如下规定：(1) 电视大学学员学完按教育部批准计划开设的课程，经考试取满学分，并经思想鉴定合格，获得毕业证书者，国家承认其具有高等学校专科毕业学历。(2) 毕业生原则上仍回原单位，由本单位根据工作需要逐步调整合适的工作，可以当干部（技术员），也可以当工人。(3) 毕业生原是国家职工的，工资待遇按普通高校毕业生工资标准执行。原高于这个标准的，按原工资标准执行。集体所有制职工工资待遇由各地参照确定。(4) 毕业生中非在职人员，国家不负责统一分配，各地可根据需要择优录用，录用后的使用、工资待遇由各地参照本通知研究确定。

7月8日 中央电视大学举办首届毕业生毕业典礼，教育部部长何东昌、广播电视部部长吴冷西在毕业典礼上讲了话。至本年，中央电视大学已招收三届学员，共80多万名。1979年招收的11.3万人，经过3年学习，有7.8万多人成绩合格，准予毕业。

8月30日至9月7日 英国艺术委员会总干事肖罗伊爵士及夫人应邀来华访问。参观了北京市化工局试剂总厂的职工学校，与有关方面的负责人座谈了职工教育情况，肖罗伊爵士介绍了英国职工教育的情况。

8月 教育部工农教育局改称成人教育司。

9月1日 胡耀邦同志在中国共产党第十二次全国代表大会上所作的《全面开创社会主义现代化建设的新局面》的报告中提出了教育的战略地位和今后任务。在报告的第二部分“促进社会主义经济的全面高涨”中提出：“在今后二十年内，一定要牢牢抓住农业、能源和交通、教育和科学这几个根本环节，把它们作为经济发展的战略重点。必须大力普及初等教育，加强中等职业教育和高等教育，发展包括干部教育、职工教育、农民教育、扫除文盲在内的城乡各级各类教育事业，培养各种专业人才，提高全民族的科学文化水平。”

9月9日 国务院批转教育部《关于举办职工中等专业学校的试行办法》，提出：开办职工中等专业学校应有一定规模，具备必要的办学条件。要保持办学的稳定性和连续性，切实保证教学质量。可采取脱产、半脱产、业余等多种形式办学。职工中等专业学校以业务部门管理为主，教育部门要在业务上进行指导。招生对象是年龄不超过35岁，具有初中毕业实际文化水平和两年以上工龄的正式职工。《试行办法》对审批手续、学制、教学计划、考试、领导班子和教师配备等作了具体规定。

10月3日 中共中央、国务院作出《关于中央党政机关干部教育工作的决定》，规定今后中央党政机关的所有干部都要分期分批参加轮训，干部教育工作要经常化、制度化、正规化，力争三五年内使干部队伍的政治、业务水平得到明显提高，以适应社会主义现代化建设的需要。所有干部，一般要做到每三年离职学习半年，成为一种制度。并提出开办二、三年制的干部专修科或学制较短的干部轮训班。

10月4日至6日 由联合国教科文组织亚太地区办事处主办、广东省成人教育协会承办的"扫盲及成人教育实地考察座谈会"在广州举行。参加座谈会的有孟加拉、印度、马来西亚、尼泊尔、菲律宾、泰国、巴基斯坦、日本、中国及联合国教科文组织亚太区办事处和联合国教科文组织的代表。

10月6日 教育部决定将"全国高等教育自学考试委员会"改为"全国高等教育考试指导委员会"，由教育部领导管理。考试指导委员会对各地委员会的工作进行指导，各地委员会对当地自学人员和成人高等学校学员进行考试和加以指导监督，把成人教育方面培养人才的规格统一起来，以保证质量。

10月16日至22日 全国职工教育管理委员会在北京召开青壮年职工文化技术补课座谈会。中共中央书记处书记邓力群会见全体代表时说，职工教育工作具有重大战略意义，是一项很有发展前途的事业，希望所有从事这一工作的同志，始终都能坚守自己的岗位，把搞好职工教育工作作为自己终生奋斗的事业。各级领导干部要切实重视和加强对职工教育工作的领导。

11月17日 农牧渔业部发出《关于加强农民技术教育工作的通知》，强调大力加强农民技术教育，普及农业科学技术，是我们面临的一项十分重要、十分紧迫的任务。

11月19日 《人民日报》发表题为《煤炭部抓教育措施有力——把教育作为经济发展的一个战略重点》的报道，介绍煤炭工业部党组采取有力措施促进教育发展的做法和经验。其中第4项措施是：成立北京煤炭管理干部学院，并在4所大学、3所中专设立中青年干部专修班，还资助几个主要产煤省成立煤炭干部学校。至此，全国煤炭系统已有53所干部培训学校，许多大型煤炭企业成立了教育培训中心。

11月30日至12月2日 北京市成人教育研究会召开第一届学术讨论会，参加会议的代表142人。中国成人教育协会会长臧伯平、中国教育学会副会长张健、全国职工教育管理委员会副主任浦通修等领导同志到会，并就有关成人教育的理论研究问题发表讲话。

12月2日 国务院办公厅转发农牧渔业部《关于迅速加强农业技

术培训工作的报告》，要求各地力争用两年左右的时间，把公社以上的农业干部、农村大小队干部，在乡的初、高中毕业生以及能工巧匠普遍轮训一次，以推动农业新局面的进一步发展。

12 月 4 日 第五届全国人大第五次会议修订并颁布实施的《中华人民共和国宪法》规定：国家发展各种教育设施，扫除文盲，对工人、农民、国家工作人员和其他劳动者进行政治、文化、科学、技术、业务的教育，鼓励自学成才。

12 月 10 日 五届全国人大五次会议批准的《关于第六个五年计划的报告》指出：大力提高广大干部、技术人员和工人的思想政治水平和现代科学文化、生产技能的水平，是摆在我们面前的一项战略任务。今后我们要着重举办各种形式的培训各级各类干部和工人的正规学院和正规学校，同时也要举办一些期限较短、课目较少的训练班，使职工教育比较快地走上正规化。除了国家现有的学校要承担职工培训任务以外，各行业和有条件的企业也应该举办学校和训练班。我们还希望共青团、工会、妇联等群众团体都来重视这项工作。正规地进行职工教育，应该有严格的入学标准和考核制度，有一定水平的切合实际需要的教材，有胜任教学工作的合格教师，能够对学员系统地进行马克思主义基本理论和各种专业知识的教育，能够使学员的政治和业务素质在学习以后确实有明显的提高。除了系统教育以外，还要根据广大职工中实际存在的思想认识问题，结合党和政府的各项方针政策和各个时期的任务，对职工进行切实有效的思想政治工作。

12 月 10 日 五届全国人大五次会议批准的《中华人民共和国经济和社会发展第六个五年计划（1981—1985）》第二十八章第三节中，规定了成人高等和中等专业教育事业的发展计划：分期分批地组织干部轮训，并逐步形成经常化、正规化的干部轮训制度。机关干部，每 3 年离职学习半年。逐步发展高等学校的干部专修科，培养训练中青年领导骨干。1985 年高等学校干部专修科的招生人数达到 1.5 万人。分期分批地培训具有中等文化程度的职工。5 年内，对现有高中或中专毕业程度的工人，要组织他们学习政治，学习文化，学习技术理论、工艺规程和操作技术，使相当一部分达到大专毕业水平。对企业管理人员，组织他们学习经营管理和专业技术知识，使之逐步成为经济工作的内行。大中型工厂的厂长，要基本达到《国营工厂厂长暂行条例》规定的标准，即具有中等以上文化科学知识，熟悉本行业生产经营业务，懂得有关经济法规，善于经营管理。对工程技术人员，要组织和鼓励他们进修提高，不断掌握国内外先进科学技术，充实专业知识。发展广播电视大学、函授大学、夜大学、职工大学、农民大学，提倡和鼓励自学成才。参加各类大学和自学的人员，经过国家统一的毕业考试，合格后，承认其相应的学力。

本年 成人高等学校 1 416 所，其中广播电视大学 29 所，职工大学 820 所，农民大学 4 所，独立函授学院 4 所，普通高校举办夜大学、函授大学 269 所，教育学院 35 所。成人高等教育在校生 117.2 万人。成人中等技术学校 48 385 所，其毕业生和结业生 88.59 万人，在校生 326.39 万人。成人中学 16 141 所（班），毕业生 12.81 万人，在校生 61.04 万人。成人初等学校在校生 756.6 万人，全年扫除文盲 210.6 万人。

1983 年

1 月 12 日 教育部发出《关于普通高等学校举办的函授、夜大学制发毕业证书的通知》，指出，凡经教育部审定公布的普通高等学校举办的函授、夜大学，其本科和专科学生的毕业证书，可参照教育部《关于高等学校制发毕业证书问题的通知》的规定和要求制发。《通知》还规定：(1) 毕业证书的封面式样与全日制毕业证书一致。(2) 毕业证书中除全日制的毕业证书内容外，应加上函授或夜大的字样以示区别。(3) 毕业证书中必须附有全部必修课程的名称及各科考试考查成绩。

2 月 1 日 国务院办公厅转发教育部《关于职工大学、职工业余大学、高等学校举办的函授和夜大学毕业生若干问题的请示》，提出：成人高等教育毕业生必须达到全日制高等学校同类毕业生水平，才能享受同等待遇。

2 月 22 日至 3 月 3 日 第二次全国党校工作会议在北京召开。会议研究了党校的改革问题，使党校尽快由短期轮训干部为主转向正规化培训干部为主，逐步实现正规化，为培养革命化、年轻化、知识化、专业化的党政工干部做出新贡献。

3月2日 邓小平在视察上海、江苏以后，同胡耀邦、姚依林等一起讨论了发展教育的问题。邓小平说："智力开发是很重要的，我说的是包括职工教育在内的智力开发，要更好地注意这个问题。"

3月5日 国务院召开教育部、财政部和国家计委等部门负责人会议，传达邓小平关于要大力发展高等教育的重要讲话精神，提出要办好电视大学，大力发展在职职工教育。

3月10日 教育部发出《关于授予高等学校举办的函授、夜大学本科毕业生学士学位试点工作的几点意见》，对授予学士学位的培养目标提出严格要求。北京普通高等学校的函授学院和夜大学对本科毕业生进行学士学位的试点工作，受到函授生、夜大生的欢迎，收到较好效果。

3月21日至4月1日 国家经委、全国职工教育管理委员会在北京召开全国工业交通工作会议。会议期间分别召开了职工教育、干部教育代表会议。国家经委主任袁宝华、教育部副部长浦通修分别发表讲话。会议对干部教育提出逐步实现经常化、正规化、制度化的要求。对工人，要求在继续完成"双补"的基础上，大力开展中级技术教育，增加中高级技术工人的比重，初步形成一支以中级技术工人为主体，技术等级比较合理，具有较高文化技术素质的工人队伍。

3月27日至4月2日 劳动人事部在北京召开全国培训工作会议，提出推行合同制，开展定向培训，培训单位根据用人单位需要设置专业。

3月 全国工业交通会议在北京召开。职工教育在会上被列入1983年工业生产交通运输工作八项任务之一。负责职工教育、干部培训工作方面的代表共176人参加了会议。会议期间，还召开了职工教育专业会。首都钢铁公司在会上介绍了如何围绕落实经济责任制，开展职工教育的经验。

4月6日 《人民日报》报道，胡乔木、邓力群、王首道为《人才》杂志改名为《自学》分别发表谈话或撰文，阐述自学的重要意义。

胡乔木指出，学校教育很重要，但不能代替自学，也不能排斥自学。自学的意义是不可估量的。职工通过自学可以成才，学生通过自学可以丰富知识。邓力群发表了《为自学者打开广阔的道路——祝〈自学〉杂志出刊》的文章。王首道在题为《青年们要珍惜好年华自学成才》的文章中强调，每年大学培养的人才是极其有限的，大量人才还得靠各部门去培养，靠青年们进行自学。

4月26日 教育部复文批准吉林省举办的龙井县黎明农民大学（专科）、敦化县农民专科学校、梨树县农民专科学校、扶余县农民专科学校四所农民专科学校备案，希望继续加强师资力量，充实教学设备，改善办学条件，提高教学质量，为农业现代化建设培养德才兼备的专业人才作出应有的贡献。

4月29日 国务院批转国家经委《关于加强工交、财贸系统经济管理干部学院建设若干问题的意见》，要求各省、自治区、直辖市人民政府，国务院各部委、各直属机关，贯彻执行国家经委《意见》，加强对经济管理干部学院的领导，加强学院建设。国家经委《意见》指出，经济管理干部学院担负着培训企业经理、厂长和经济部门厅（局）处长及其后备人员的任务，在“七五”期间要逐步做到：大中型企业的经理、厂长和党委书记的后备干部，一定要经过经济管理干部学院的培训后，再提拔任用。

5月3日 中共中央印发《中共中央关于实现党校教育正规化的决定》，提出：争取从“七五”计划期间开始逐步做到，凡是担任省、地两级党政主要领导职务的干部，必须经过中央党校培训；担任县级党政主要领导职务的干部，必须经过省、市、自治区党校培训；地市县党委所管主要领导干部也必须经过地市县委党校培训。

5月3日 国务院批转教育部、国家计委、劳动人事部、财政部等部门《关于成立全国高等教育自学考试指导委员会的请示》。该委员会的任务：拟定有关考试的方针政策；指导各省、市、自治区高等教育自学考试工作；按照培养人才的规划拟订开考专业的规划原则；拟订统一的考试标准，如考试计划、考试大纲等文件；逐步开展对考试工作的研究。委员会在教育部内设高等教育自学考试办公室，作为日常办事机构。

5月5日　《人民日报》转载《中国教育报》的报道，国务院批转教育部、国家计委《多层次多规格多形式发展高等教育》的报告。报告提出设想：第一，五年内扩大全日制高校年度招生人数；第二，采取其他形式举办高等教育，广播电视大学、函授大学、夜大学、厂办职工大学、县办农民大学、管理干部学院、教育或教师进修学院等，要在注重质量的原则下更快地发展。为实现上述设想，要积极提倡大城市、经济发展较快的中等城市和大企业举办高等专科学校和短期职业大学，为本单位、本地区培养人才。

5月6日　中共中央、国务院发出《关于加强和改革农村学校教育若干问题的通知》，指出：农村学校的任务主要是提高新一代广大农村劳动者的文化科学水平，普及初等教育，改革农村中等教育结构，发展职业教育。

5月7日至19日　全国高等教育工作会议在武汉举行。会议提出，要克服轻视专科和普通高校以外的多种形式高等教育的思想，热情支持短期职业大学、广播电视大学、函授大学、业余大学的发展。

5月16日　教育部发出《关于职工大学、职工业余大学一九八三年招生工作若干问题的通知》，规定：(1) 1983年的招生考试仍按教育部去年有关入学考试的规定办理。省、市、自治区可实行联合招生。面向全国招生的少数学校，其考生一般应分别参加所在省、市、自治区的入学统一考试，并按当地规定的录取分数线，择优录取。(2) 招生报考条件、对工龄的要求等，仍按教育部有关规定执行。注意在同等条件下，优先录取关键岗位的骨干工人入学，对地（市）级以上的劳动模范、先进工作者，在能够跟班学习的前提下，可适当照顾，允许集体所有制企业的正式职工报考。(3) 凡未按规定履行批准和备案程序的学校，未经教育部同意开设的本专科专业，均不能招生。(4) 对职工大学、职工业余大学招生工作中出现的舞弊事件，各地必须认真查处，追究责任；对违反规定入学的学员，经查证属实，应立即取消学籍。

5月17日　教育部办公厅发函，委托北京市工农教育办公室管理在京中央机关举办的职工大学、业余大学和干部学院，并对其招生、考试、教学等工作进行指导。

5月21日 全国总工会发出《关于在全国职工中开展读书活动的决定》，号召广大职工积极参加读书活动。

5月23日至26日 全国高等教育自学考试指导委员会在北京举行第一次全体会议。会议强调，坚持标准，确保质量，是自学考试成败的关键。委员会主任何东昌说，高等教育自学考试是一种国家考试性质的制度，所以要保证质量。会议讨论了制定自学考试计划的标准，强调既要参照普通高等学校教学计划的基本要求，又要充分注意到自学考试的特点。考试课程可以分为必考课、选考课两种，有些内容的考试可以用考查的办法。对基本理论、基本知识和基本技能的要求不应削弱。会议决定设立中文、英语、哲学、经济管理、法律、农科、数学、土建类、机械类、电类10个专业委员会。其任务是拟订本专业全国统一的自学考试标准，了解各地执行情况与问题，指导考试和自学工作，组织编写和审定自学教材和自学辅导书。

5月24日至30日 教育部在北京召开全国第二次教育科学规划会议，主要任务是讨论和初步落实“六五”期间国家重点课题，会后经反复协商、协调并报全国哲学社会科学规划领导小组和教育部最后批准，确定了36项“六五”规划的重点研究课题。其中有两项成人教育课题被列入“全国教育科学规划”之列，一项是“干部教育问题研究”，另一项是“成人教育概论”。

5月28日 国务院侨务办公室、教育部发出《关于电视大学、函授大学、夜大学招生工作中对归侨、归侨子女给予照顾的意见》，提出：今后电视大学、函授大学、夜大学在招生时，对归侨、归侨子女在不影响质量的前提下，在录取标准上适当给予照顾。

5月30日 教育部发布《职工大学、职工业余大学学生学籍管理暂行规定（草案）》，对职工大学、职工业余大学学生的入学与学籍、考试、升级、留级、转学、退学、休学、纪律、考勤、奖励和处分、毕业、结业、肄业等问题作出了26条规定。

6月12日 中国成人教育协会加入国际成人教育协会。

6月13日 教育部、国家计委、财政部、劳动人事部、全国职工教育管理委员会、共青团中央、全国妇联、全国总工会联合发出《关于省、市、自治区级以上先进人物升学深造的暂行规定》。

6月28日至7月3日 京、津、沪三市工农教育委员会办公室在上海石油化工总厂联合召开首次职工教育理论座谈会。三市的31名职工教育工作者参加了座谈会。与会同志就职工教育与经济发展的关系、职工教育体系、职工教育的正规化、职工教育培训中心建设等问题展开了热烈的讨论。

7月1日 中共中央批转中央宣传部、组织部、书记处研究室、国家经委、全国总工会、共青团中央、全国妇联共同制定的《国营企业职工思想政治工作纲要（试行）》，就正规办学、脱产轮训、对职工进行系统共产主义教育的有关问题作了明确规定。

7月7日 北京市工农教育办公室接待美国成人教育协会旅游参观团一行19人，在前门饭店座谈了成人教育问题。北京市工农教育办公室的同志向参观团介绍了北京的成人基础教育、专业人员的技术业务进修、教育工作者的培训提高等情况，并回答了参观团提出的有关问题。

7月16日 教育部、劳动人事部发出《关于广播电视大学毕业生若干问题的通知》，对广播电视大学毕业生的学历、使用和工资待遇等问题，作出明确规定。

7月23日 中共中央书记处书记邓力群向全国普通教育工作会议、全国工会职工教育工作会议和第三次全国文化宫、俱乐部工作会议的代表们讲话时，强调指出：全党必须重视和加强职工教育与普通教育，各行各业应进行持久的爱国主义教育。

7月26日 国务院批准国家经委的报告，决定对全国国营公交、商业、企业的经理和厂长进行统考。

7月30日 农牧渔业部、中国农学会、国家计委、广播电视部、教育部、中国科协、财政部、全国妇联、共青团中央联合发出《关于加强中央农业广播学校工作的通知》。

8月11日 铁道部在大连召开全路教育工作会议。铁道部党组决定，把教育列入重要议事日程。按照规划，80年代，铁道部系统将培养大学、中专、技校毕业生30万名，还将培训10万名干部和80万名技术工人。为了实现这些目标，铁道部准备通过五种渠道筹措资金，其中规定：把各项节约资金用于智力开发；从今年起，教育基建投资将从占全路基建投资和更新改造资金的2.3%增加到3%；争取一部分外汇用于教育；建立教育基金，资助做出显著成绩的教育单位。

8月24日 教育部成人教育司发出《关于授予高等学校举办函授、夜大学本科毕业生学士学位试点工作的意见》。确定在同济大学、华东师范大学、东北师范大学、哈尔滨工业大学等四所高等学校进行试点。《意见》认为：在高等学校函授、夜大学本科毕业生中试行授予学位，是我国成人教育史上的一件大事，对促进函授教育和夜大学大发展，鼓励自学成才，适应四化建设需要有着重大意义。

8月 财政部决定在北京成立中央财政管理干部学院。

8月 中国成人教育协会在哈尔滨召开了团体会员代表会，着重研究了如何开展成人教育理论研究活动。

9月10日 经中央批准调整后的全国职工教育管理委员会举行第一次会议，讨论新形势下如何进一步做好职工教育工作。

9月17日 中国第一所老年大学——山东省红十字会老年人大学在济南成立。办学宗旨是使离退休人员老有所学、增长知识、颐养身心、发挥余热、服务社会。教育对象主要是离退休职工，学制三年。主要开设老年卫生保健、老年心理学、科学讲座、时事政治、中国历史、书法、国画、摄影、花卉园艺等课程，供学员们选修。学完规定课程，经考核后发给证书。

10月1日 北京景山学校举行集会，传达邓小平给景山学校的题词：教育要面向现代化，面向世界，面向未来。

10月19日 经济管理干部国家考试指导委员会召开第一次会议，讨论通过了《关于对企业经理厂矿长进行国家统考的实施方案》。

10月29日至11月4日 全国职工教育管理委员会在北京召开职工教育理论座谈会，座谈会期间成立了中国职工教育研究会筹备组。

12月5日至6日 经济管理干部国家考试指导委员会在北京、沈阳、上海、南京、武汉、广州、重庆、昆明、西安和乌鲁木齐10个工业城市测验经理、厂长。

本年 成人高等学校1 306所，其中广播电视大学29所，职工大学841所，农民大学4所，独立函授学院3所，普通高校举办夜大学、函授大学378所，管理干部学院15所，教育学院36所。成人高等教育在校生112.8万人。成人中等技术学校46 775所，其毕业生和结业生45.41万人，在校生236.57万人。成人中学47 723所（班），毕业生306.65万人，在校生644.52万人。成人初等学校在校生917.3万人。全年扫除文盲306.74万人。全国参加各级各类系统培训的职工1 959万人，全员入学率为26.2%。

1984年

1月16日 《工人日报》发表题为《职工教育不合格，企业整顿不验收》的报道，介绍北京一轻总公司在企业整顿验收中，对所属单位的职工教育严格把关的情况。一轻总公司把职工教育作为验收的一项内容，不合格的，必须要进行补课，使职工教育在企业中的地位得到提高，引起各单位领导重视。

1月31日 《中国教育报》消息，中央广播电视大学接受中央组织部、教育部、劳动人事部的委托，开办党政干部专修科，在全国统一举行招生考试。专修科学制两年，学员学完规定的学分，国家承认其两年制大专学历，并发给毕业证书。

2月5日 《北京成人教育》杂志经过两年的内部试刊，正式在全国公开发行。薄一波和陆定一为《北京成人教育》杂志的公开发行题词。该杂志的宗旨是立足北京，面向全国，以宣传贯彻中央及北京市有关成人教育的方针、政策、决定，反映成人教育理论研究成果，介绍成人教育的管理、教学经验和先进事迹为主的综合性月刊，并兼顾广大自学者的需要。

3月5日 我国政府代表团与联合国发展计划署代表正式签署援助上海市虹口区业余大学项目。规定：联合国教科文组织提供虹口区业余大学20万美元购置计算机实验设备，并由校方派出有关人员出国考察。

3月9日 教育部、国家计委发出《关于加强成人高等、中等专业教育事业计划管理的暂行规定》，指出，成人教育事业计划是国民经济和社会发展计划的重要组成部分，成人高等、中等专业教育是为我国社会主义现代化建设培养各类高中级专门人才的一个重要方面，因此，必须切实加强对成人高等、中等专业教育事业计划的管理，要切实纳入国民经济和教育计划的轨道。

3月13日　教育部、财政部联合发出《关于成人高等学校1984年由省、市、自治区统一招生考试的通知》，各类成人高等学校实行由省、直辖市、自治区统一招生考试的新方法。成人高等教育招生计划纳入省、直辖市、自治区的招生计划。

3月21日　全国职工教育管理委员会、教育部、劳动人事部、全国总工会、共青团中央联合发出《关于一九八四年青壮年职工文化技术补课工作的几点意见》。

3月21日　北京市成人教育学院成立。这是一所市属大专院校，承担培养成人教育系统的干部、教师的任务，并负责编写或组织编写部分职工学校、职工中专、农民中专、职工大学和干部学校的教材及教学参考资料。

4月27日　国务院办公厅批转全国职工教育管理委员会、国家经委《关于加强职工培训，提高职工队伍素质的意见》，提出：职工教育部门必须面向生产、面向企业，以提高经济效益为中心，开展政治、文化、技术、业务培训。争取到1990年，初步形成一支在数量上能够基本满足需要，质量上能够掌握现代科学技术和经济管理知识、专业配套、年龄结构比较合理的干部队伍和专业技术人员队伍；形成一支以中级技术工人为主体、技术等级结构比较合理，具有较高政治、文化、技术素质的工人队伍。

4月　根据成人教育事业发展的需要，北京市人民政府决定将北京市工农教育办公室改为北京市成人教育局，内设办公室、人事保卫处、计划财务处、高等教育处、干部中专处、职工教育处、农村教育处和社会教育处。

5月14日　国际成人教育协会和中国成人教育协会联合在上海举办国际成人教育研讨会。出席会议的代表共67名，其中35名外国代表来自23个国家和地区。32名中国代表来自教育部和12个省市以及部属科研单位、高等院校。与会代表考察了上海的工厂、农村、学校、图书馆、博物馆，并就成人教育理论、实践、体制等问题进行了交流和探讨。这是我国首次召开的成人教育国际性会议。

5月15日 教育部、国家计委、财政部颁发《高等学校举办干部专修科、中等专业学校举办干部、职工中专班的试行办法》，规定：干部专修科主要招生对象是年龄在40岁以下的有培养前途的现职优秀中青年干部。干部、职工中专班主要招收年龄在35岁以下的有培养前途的现职中青年干部和优秀工人。

8月3日至5日 全国经理、厂长第一次统考在北京、上海等64个大中城市举行，工业、商业、建筑、运输等7个行业的9 019名经理、厂长参加了考试。

8月 教育部成人高等教育管理业务从成人教育司分出，增设高等教育三司。

9月4日 《中国教育报》公布新中国成立35年来我国教育事业取得的巨大成就。其中，各类成人高校1 196所，在校生达到112.84万人，已毕业200万人；各类成人中等学校96 600所，在校生974.75万人，已毕业290万人。全国共扫除文盲1.5亿人。文盲人数占全国人口的比例已由1949年的80%下降到1982年的23.5%，青壮年农民中的文盲比例已下降到30%左右，职工中文盲比例已下降到5%。

9月8日 联合国教科文组织向四川省巴中县颁发1994年成人教育“野间扫盲奖”。巴中县有100多万人口，1949年文盲占全县总人口的90%以上。35年来，该县重视扫盲工作，使文盲占全县总人口的比例下降到10%以下。这次巴中县获奖是我国第一次荣获国际扫盲奖。

9月9日 中国老年教育协会成立。协会是由老年教育工作者自愿组成的群众性教育团体。其主要任务是，举办老年大学，研究有关老年教育的方针、政策、经验，组织有关老年教育和社会教育的调查、咨询活动，关怀青少年教育，举办有关社会教育事业和为老年教育工作者服务的事业等。该协会由中国老龄问题全国委员会领导。

11月3日 中国职工教育研究会在厦门举行成立会，并举行了第一次年会。该研究会是群众性的学术团体，它在全国职工教育委员会的指导下，通过各种形式探索职工教育的客观规律，对全国职工教育管理委员会起咨询作用。

11月3日 中国继续工程教育协会在北京成立，国务院副总理方毅到会祝贺并讲话。协会的宗旨是促进大专以上文化程度或中级以上技术职务的在职科技人员不断进行知识更新。

11月20日至12月8日 河南省工农教育委员会、省教育厅在职工进行“双补”教育的关键时刻，组织了75人的检查团，检查了全省40多个行业系统、17个地市、140多个县区、1 600多个局委、厂矿的职工教育工作，评出了13家职工教育先进单位。

11月25日至29日 中共中央组织部在陕西省西安市召开干部中专教育工作座谈会，讨论修订了《关于干部中专教育若干问题的暂行规定》，交流了干部中专教育的情况和经验。

11月 全国铁路教育工作会议在四川峨眉召开，讨论建立健全职工教育体系和实施岗位职务培训等问题。会后，印发《关于建立健全职工教育体系的意见》，明确规定：铁路职工教育实行铁道部、铁路局（工程局、工厂）、铁路分局（工程处、工厂）、站段（队）四级办学，四级管理，并对各级的管理、办学进行了分工。之后，在铁道部的领导下，铁路运输企业站段建立了站段、车间、班组三级职工教育培训网，从而形成了从铁道部到一线作业班组的一个完整的、覆盖全员的职工教育培训体系。

12月1日 经中共辽宁省委、省出版总社批准，《辽宁职工教育》改为《职工教育》，向全国公开发行，由辽宁省职工教育研究会、辽宁省职工教育研究室主办。

12月7日至10日 共青团中央、教育部、中国科协联合在北京召开第二次全国青年自学经验交流会。中共中央书记处书记胡启立在会上发表长篇讲话。他说，必须变单一模式的正规教育为多渠道、多层次、多种形式的教育，在学习观念上必须变“一次求学”为“终身求学”。会议要求全社会关心和支持青年自学，破除“正规教育”束缚，广开学路，广开才路，鼓励自学成才。

12月18日 《中国教育报》刊登记者对首钢的访问及《一个现代化企业对人才的需求》。文章介绍了首钢对人才的需求与培训的情况以及举办职后教育的指导思想和做法：面向生产，为公司的技术进步和提高经济效益服务；坚持干什么学什么，缺什么补什么，有针对性地进行培养；在办学形式上，以业余为主，专业培训为主，厂矿处室办的短训班为主，充分发挥下属单位办学的积极性。

12月29日 中共中央批转中央组织部、宣传部《关于加强干部培训工作的报告》，指出大规模地培训在职干部，提高干部队伍的政治、业务素质和经营管理水平，是实现干部队伍革命化、年轻化、知识化、专业化的根本途径之一。为了加强对干部培养工作的领导，决定成立中央干部教育工作领导小组。

本年 成人高等学校1 157所，其中广播电视大学29所，职工大学850所，农民大学4所，管理干部学院54所，教育学院218所，独立函授学院2所。成人高等教育毕业生16.39万人，在校生129.29万人。成人中等学校48 076所，其中成人中专3 171所，成人中学44 905所。成人中等学校毕业生289.76万人，在校生598.68万人。成人初等学校275 233所，其中职工小学3 630所，农民小学271 603所。全年扫除文盲299.22万人。

1985年

1月12日至29日 全国政协教育组和教育部联合进行社会力量办学情况调查。调查组建议：(1) 国家尽快制订社会力量办学管理条例；(2) 加强对社会力量办大专班的管理，明确社会力量办学应以助学和短期培训为主；(3) 社会力量办学由学校发结业证书，不必由国家承认学历；(4) 社会力量办学单位要配备与办学规模相应的管理队伍。

1月30日 全国职工教育管理委员会、教育部、劳动人事部、中华全国总工会联合召开首都职工教育教师座谈会，庆贺教师节的建立。袁宝华在会上指出："职工教育的老师是整个教师队伍的一部分，他们为提高职工队伍和企业素质付出了辛勤的劳动，应该得到全社会的尊重。"

2月13日 中华全国总工会公布《全国职工自学成才奖励暂行条

例》。规定：经自学达到或相当大专文化水平，并在科技、学术研究、技术改进和提出合理化建议等方面有卓越贡献者，均可申请奖励。

2月17日 国家教委发出《关于开展中等教育自学考试工作若干问题的通知》。要求各地从实际情况出发，本着“积极稳妥”的精神，有计划、有步骤地开展中等专业自学考试工作。

3月12日 铁道部教育局、劳动人事局联合颁发《铁路行车工种逐步实施职务培训的规定》和《铁路新工人培训工作办法》，在全国各行业中较早开展岗位职务培训的工作。

3月19日至29日 联合国教科文组织在法国首都巴黎召开了第四次国际成人教育大会。参加会议的有来自联合国教科文组织的成员国代表、联合国各组织系统的代表、与联合国教科文组织有正式关系的国际范围的非政府组织代表以及观察员。我国首次派出以教育部副部长高沂为团长的中国成人教育代表团参加会议。

3月28日 教育部、财政部发出《关于中央部门部属高等学校举办函授和夜大学实行收费的通知》，决定从1985学年度起，中央部门部属高等学校的函授和夜大学实行收费制度。《通知》规定，每人每学年的收费标准为：理工农医类（含体育），函授为170元，夜大学为340元；文法财经类（含外语、艺术），函授为120元，夜大学为240元。城镇社会待业青年，按上述收费标准的二分之一收费。

4月12日 《人民政协报》报道，根据中国民主促进会提供的资料，几年来，各民主党派兴办的各类学校和培训班共有1 732所，在校学员共498 270人，已毕业的学员有590 457人，合计超过100万人。统计数字表明，各民主党派办学，已经成为社会兴办教育的一支重要力量。

4月26日 教育部印发《高等学校在校外举办干部专修科的暂行规定》，对高等学校举办干部专修科必须具备的基本办学条件、教学要求、招生计划的安排和学员的学籍管理、招生对象及入学考试等作出了具体规定。

5月11日至16日 中国职工教育研究会在浙江省舟山和宁波市召开《职工（成人）教育学》编写工作会议。来自京、津、沪等地的30余位代表、专家，讨论、制订了《职工（成人）教育学》编写的指导思想、原则和体系等问题。

5月15日至20日 中共中央、国务院在北京召开全国教育工作会议。邓小平作了题为《各级党委和政府要把教育工作认真抓起来》的讲话，指出“我们国家，国力的强弱、经济发展后劲的大小，越来越取决于劳动者的素质，取决于知识分子的数量和质量”。国务院副总理万里作了题为《搞好体制改革，推动教育事业更加蓬勃发展》的讲话。与会代表认真学习了邓小平和万里的讲话，讨论了《中共中央关于教育体制改革的决定（草案）》。

5月27日 中共中央发布《关于教育体制改革的决定》。《决定》共分五个部分，其中强调要改革有关劳动人事制度，实行“先培训，后就业”的原则，实行从业人员考核合格证书制度。关于成人教育方面的改革问题，《决定》指出，有关干部、职工、农民的成人教育和广播电视教育是我国教育事业极为重要的组成部分，国家教育委员会应就改进和加强这方面的工作作出专门的决定。

5月27日 全国职工教育管理委员会、教育部、劳动人事部、中华全国总工会、共青团中央联合发出《关于做好青壮年职工文化补课总结工作的通知》，指出：到1984年8月底累计，文化补课已合格1 584万人，占应补人数的56.5%；技术补课已合格1 190万人，占应补人数的54.2%。《通知》还拟定了“青壮年职工文化技术补课工作总结参考提纲”。

5月28日至6月3日 教育部成人教育司在北京召开全国职工高中有关学科教学大纲审定会议。北京、上海、黑龙江、湖北等13个省、市教育厅（局）以及人民教育出版社、上海教育出版社等单位共48名代表参加了会议。

6月2日 《光明日报》报道，目前，全国有84万干部离职，正在各级党校、干校、大专院校和中专学校学习。其中，正副县级以上干部约3.8万人，专业技术干部33万人，行政管理干部47万多人。现在，我国已有培训干部的学校10 531所，可同时培训干部128万人。其中，各级党校2 700多所，各类干部学校近6 000所，党校和干校同时能容纳学员90万人。另有大专院校的干部专修科或培训班771所，承担培训干部任务的中专学校1 087所。

6月4日至11日 中华全国总工会在哈尔滨召开全国职工读书、自学活动经验交流会。会议首次颁发了自学成才奖，50名自学成才的职工获得奖章、奖状、奖金，另有245名读书、自学活动积极分子受到表彰。同时受到表彰的还有17个读书、自学活动先进集体，20个职工教育先进单位。会议期间，中共中央政治局委员胡乔木、书记处书记郝建秀在中南海怀仁堂接见了出席会议的部分代表。

6月5日至10日 全国第一次成人（职工）教育期刊协作会在上海召开。19个省、市、自治区的29家成人教育期刊的35位代表参加了会议，交流了办刊经验。

7月2日至30日 中国职工教育研究会在大连举办全国大型企业职工教育管理干部研究班。参加学习的有来自20多个部、委、局、总公司系统的98名大型企业培训中心主任、教育处长。袁宝华同志专程到研究班听取反映和意见，并作了题为《职工教育的形势任务和改革》的报告。

7月8日 《中国教育报》报道，全军将实行干部中等专业教育自学考试制度。考试对象为已达到初中毕业文化程度、具有两年以上本专业工作实践的现职干部。考试实行全军统一领导，按业务系统开考的原则。经自学考试获得毕业证书者，国家承认其中专学历。

7月8日 《北京自学考试报》公开发行。该报是由北京市高等教育自学考试委员会主办的专业性旬报。

7月上旬 劳动人事部在北京召开全国职业技术培训工作会议。会议提出，逐步建立适合我国国情的职业技术培训网，解决好培训同就业的关系；要大力加强技工学校工作；各地可试行技术岗位证书制；加强对学徒工进行基本操作技能训练和专业理论教育。会议决定成立中国职业技术培训学会。

9月2日至7日 建设部在北京怀柔县召开城乡建设教育工作会议。这次会议是为了贯彻落实全国教育工作会议精神而召开的。到会的各省、直辖市、自治区建设厅、建委负责人及院校领导交流了发展建设教育事业的经验，讨论并原则通过了《城乡建设教育发展规划纲要》和《关于大力发展城乡建设职业技术教育的决定》等文件。

9月8日 全国首届教师节前夕，上海市市长江泽民出席了上海第二工业大学庆祝教师节大会。江泽民在讲话中说："搞四个现代化，主要靠技术进步，而技术进步的关键是人才。培养人才是当务之急，要开辟多种渠道办学，完全靠全日制大学是不够的，还要办好职工高校。职工教育是整个教育事业当中一个非常重要的组成部分，希望各企业的领导眼光放远点，要重视智力投资，支持职工学习。"

9月8日　吉林省荣获联合国教科文组织颁发的"野间扫盲奖"荣誉奖。

9月10日　电子工业部在北京召开"庆祝教师节"大会，表彰了电子工业系统职工教育先进单位51个，先进集体13个，先进工作者212名，以及从事职工教育工作30年以上的老同志。

9月17日至23日　来自吉林、陕西、山东、江苏、上海、河北、山西、湖北、湖南、广东、安徽、四川以及成都市的40多位代表，在成都市举行了农民职业技术教育座谈会。大家交流了各地的办学经验，就如何办好乡镇农民职业技术教育的一些问题进行了讨论。

10月18日至26日　国家教委在南京主持召开高等函授教育管理工作研究会。会议提出，教育质量是高等函授教育的生命线，教育管理工作必须为保证和提高教学质量服务。据统计，目前全国共有257所高校举办了高等函授教育，在校函授生达24.3万多人。

10月31日　由全国职工教育管理委员会和劳动人事部联合召开的全国工人技术业务培训工作座谈会在湖北宜昌结束。会议探讨交流了新形势下如何改革工人技术培训工作的经验。

10月　全国10城市商业职工教育第九次协作会在北京举行。沈阳市畜牧局、西安市饮食公司、北京市商业系统的代表在会上介绍了经验。大会根据相互协作的原则，协商签订了8个协作项目。

12月5日至8日　全国老年大学经验交流会在北京召开。李鹏、薄一波、宋任穷、严济慈等领导在人民大会堂接见了参加会议的全体代表。全国已办起老年大学60所，老年学校10所，共有3万多名老年人参加学习，学员主要是离退休干部、工人和农民。

12月17日至21日　国家教委在北京召开全国成人高等教育招生工作会议，部署1986年各类成人高等学校的招生工作。会议决定1986

年各类成人高等学校实行全国统一招生考试。会议提供的资料表明，全国已有各类成人高等学校 1 216 多所，在校生 170 多万人，总规模已超过普通高等教育。“六五”期间，共培养了 93 万多名专科以上的毕业生。

12 月 27 日 国务院工资制度改革小组、国家教委联合发出《关于成人教育学校教职工工资制度改革问题的通知》。规定：国家机关和事业单位按照国家规定，经主管部门和教育部门批准举办的，成为学校建制的成人教育学校，可以从 1985 年 7 月 1 日起，参照同层次的普通学校教职工工资制度改革方案，进行工资改革。人员范围仅限于专职教师、职员和正式工人。

12 月 31 日 国家教委发出《关于设置成人高等学校由国家教育委员会审批的通知》。为了加强对成人高校的宏观管理，改变原来由各省级人民政府和国务院各部委审批的办法，改由国家教育委员会审批。

本年 成人高等学校 1 216 所，其中广播电视大学 29 所，职工高等学校 863 所，农民高等学校 4 所，管理干部学院 102 所，教育学院 216 所，独立函授学院 2 所。成人高等教育毕业生 34.7 万人，在校生 172.5 万人。成人中等学校 49 322 所，其中成人中专 4 189 所，成人中学 45 133 所。成人中等学校毕业生 284.27 万人，在校生 546.96 万人。成人初等学校 278 450 所，其中职工小学 2 037 所，农民小学 276 413 所。全年扫除文盲 351.67 万人。

1986 年

1 月 31 日 全国水利电力职工教育委员会与全国水利电力工人技术教育学会合并，组成全国水利电力职工教育学会。

2 月 1 日 成人教育指导协调工作委员会在北京成立。委员会由国家教委、国家计委、国家经委、国家科委、财政部、劳动人事部、农牧渔业部、广播电影电视部、中央组织部、中央宣传部、中华全国总工会、共青团中央、全国妇联、全国职工教育管理委员会和中国科协等

15 个部门有关方面的负责同志组成。其主要任务是：(1) 贯彻执行中共中央、国务院、国家教育委员会制定的有关成人教育的方针、政策、法令，并检查贯彻落实情况；(2) 在国家教委领导下，对各部委、有关部门、各省、自治区、直辖市的成人教育工作起指导和协调作用；(3) 调查研究成人教育工作中的重大问题，提出改进意见；(4) 组织成人教育质量的检查和评估；(5) 互通情况，交流经验。

2 月 18 日　《中国教育报》报道：国家教委在全国成人高校招生工作会议上提出，我国成人高等教育通过试点，逐步建立学历证书、专业合格证书和单科合格证书三种制度。其中，专业合格证书主要是给那些从事专业技术和行政管理的在职人员，经过学习考核后达到相应学历层次专业知识水平的一种证明。对于取得这种证书的人，在其所从事行业的一定范围内，应同获得专科文凭的人一样对待。

2 月 19 日　全国职工教育管理委员会和中华全国总工会在北京举行新闻发布会，表彰为发展我国职工教育事业做出显著贡献的 800 名先进教师。会议提供的资料表明，我国有职工 1.2 亿人，在“六五”期间，全国培训职工上亿人次，大批领导干部、管理干部和科技人员参加了各种专业培训，对 3 000 多万青壮年职工进行了政治轮训和文化、技术补课。

3 月 12 日至 16 日　全国职工教育工作会议在北京召开。会议总结了 5 年来贯彻落实中共中央、国务院《关于加强职工教育工作的决定》的基本经验，研究部署了“七五”期间职工教育工作，讨论了按照岗位职务的需要实行定向培训制度问题。会议提出，“七五”期间，应使“先培训、后就业”、“先培训、后上岗”逐步形成制度，并在干部、工人中实行岗位合格证书。

4 月 2 日至 7 日　中央广播电视大学在杭州召开全国电视大学校长联席会议。据统计，全国有 372 个市（地）、70%的县办起了电视大学的分校和站，共有 3 万多教学班，在校正式生 67 万人，开设有 148 门课程，22 个专业门类，至本年共有 4 届毕业生，人数达 61.3 万人。

4 月 12 日　第六届全国人大第四次会议批准《中华人民共和国国民经济和社会发展第七个五年计划》。提出：要大力发展成人教育，五年内，各类成人高等学校要为国家培养具有专科以上水平的专门人才

210万人，要比“六五”期间增长1.5倍。成人中等职业技术教育也要有一个比较大的发展。《计划》强调，要加强对在职人员的培训，提高他们的科学、文化和业务素质。职工教育，要在基本完成“双补”的基础上，开展职工的岗位培训，积极发展职工中等专业教育，并有计划地培养高级技工；干部教育，要充分利用现有的各种教育形式，提高各类干部的政治、文化、业务水平；农民教育，要在扫除文盲的基础上，积极发展初等、中等文化教育和各种形式的职业技术教育。

5月30日 农牧渔业部发出《关于改革和加强农民职业技术教育和培训工作的通知》。目前，我国县一级建立的农民职业技术教育基地有3 500多处。中央农业广播学校已发展到有8个省级和2 300多个县(场)级分校，24 000多个乡镇基层教学班，在校正式学员达到83万名。估计1985年全国参加各种技术学习的乡村干部和农民达到2 500万人，比1980年增长了十几倍。《通知》明确了大力改革和加强农民职业技术教育工作的八项措施。

6月15日 全国高等教育自学考试指导委员会、中国残疾人福利基金会联合发出《高等教育自学考试残疾人应考者奖励暂行办法》。规定：获得高等教育自学考试专、本科毕业证书和获得数门单科合格、成绩优异、具有突出事迹的残疾人，可申请奖励。获奖者由全国高等教育自学考试指导委员会、中国残疾人福利基金会联合颁发奖状、奖章，并发给500元奖金。

6月16日至20日 国家教委在北京召开全国高等函授教育工作会议。研究拟订新时期高等函授教育的任务、工作方针和政策措施，讨论修改《普通高等学校函授教育工作条例》等文件。据统计，到1985年底，普通高等学校举办函授教育学校共311所，在校函授生达36万人。

6月28日 中共中央总书记胡耀邦为北京教育学院题写校名。

6月28日 全国政协副主席钱正英为全国水利职工教育学会会刊《水利职工教育》题词：“职工教育是行业建设的根本。希望各级领导：舍得给教育投资，舍得给教育时间，舍得派得力干部办教育，舍得抽骨干学习。”

7月1日 国家教委主办的中国教育电视台在北京试播成功。中国教育电视台台长邹时炎在讲话中指出：卫星电视教育当前的主要任务是培训中小学师资，发展成人高等教育、中等职业技术教育和继续教育。

7月20日 国家经委、全国职工教育管理委员会联合发出《关于“七五”期间加强职工培训，提高职工队伍素质的意见》，把职工教育从以往的文化“补课”式教育提高为专业技能和业务知识培训。

8月15日至20日 国家经委、中央组织部在甘肃省兰州市召开全国大中型企业领导干部培训工作会议，研究部署“七五”期间全国大中型企业领导干部专业培训工作，讨论《“七五”期间全国大中型企业领导干部岗位职务培训规划要点》。

9月8日 山东省五莲县荣获联合国教科文组织颁发的国际扫盲奖“娜杰达·克·克鲁普斯卡娅奖”。

10月28日 中国科协、国家教委、农牧渔业部、共青团中央、全国妇联联合发出《关于“七五”期间加强农村青年实用技术培训工作的通知》。

11月3日 《光明日报》报道，清华大学从1987年开始，开展从在职人员中招收“论文博士”的试点工作。到目前为止，已从工厂企业和研究单位招收了17名学生，作为培养对象。

12月1日至5日 国家教委、国家计委、国家经委、劳动人事部、中央组织部、全国职工教育管理委员会在山东省烟台市联合召开全国成人教育工作会议。会上，国家教委副主任邹时炎就《关于改革和发展成人教育的决定（草案）》作了说明。国务院副总理兼国家教委主任李鹏到会听取了会议情况的汇报并作了重要讲话。李鹏在讲话中阐述了成人教育包括的五个方面内容，明确提出了关于改革和发展成人教育的五条指导方针，并指出：“成人教育应以提高本职工作能力为重点，提倡学用结合、按需施教，干什么学什么，缺什么补什么。”

12月15日 中央组织部、中央宣传部、国家教委联合发出《关于加强干部中等专业教育的意见》。提出对干部中专教育进行改革，实行干部中专的毕业证书、专业证书和单科证书三种证书制度，并分别举办干部中专的全科班、专修班和单科班三种班次。

本年 成人高等学校1 420所，其中广播电视大学29所，职工高等学校952所，农民高等学校5所，管理干部学院165所，教育学院262所，独立函授学院7所。成人高等教育毕业生45万人，在校生

185.57 万人。成人中等学校 27 402 所，其中成人中专 4 700 所，成人中学 22 702 所。成人中等学校毕业生 158.66 万人，在校生 364.19 万人。成人技术培训学校 32 754 所，毕业生 403.64 万人。成人初等学校 300 857 所，其中职工初等学校 3 130 所，农民初等学校 297 727 所。全年扫除文盲 239 万多人。

1987 年

1 月 23 日　国家教委发出《关于成人中等专业学校招生工作有关问题的通知》。要求各类成人中等专业学校都应参加所在省、直辖市、自治区组织的统一招生考试，少数部委所属面向本系统招生的学校，经国家教委有关部门同意，可由部委组织统一招生考试。成人中等专业学校主要招收具有一定实践经验的初中毕业文化程度或同等学力的干部、职工、农民和其他劳动者。

1 月 24 日　国家经委、中央组织部、国家教委印发《关于开展全国大中型企业领导干部岗位职务培训工作的报告》。同期，国家经委、中央组织部印发《“七五”期间全国大中型企业领导干部岗位职务培训规划要点》。

1 月　为适应香港、澳门回归祖国后对人才的需求和满足港澳同胞接受高等教育的要求，广东省高等教育自学考试指导委员会办公室，委托香港经纬顾问研究有限公司在港澳地区协助办理自学考试宣传、辅导和报考工作。

2 月 7 日　国家教委印发《普通高等学校函授教育暂行工作条例》。指出：举办函授教育，是高等学校的基本任务之一。高等学校举办的函授教育包括本科、专科、单科进修以及大学后的继续教育。《条例》共有“总则、教学、科研、教师、函授生、函授辅导站、组织管理、经费、附则”等九章。

2 月 21 日　在全国工交财贸系统第三期经济管理干部学院院长研究班学员座谈会上，国务院副总理李鹏强调，我国经济管理干部要以岗位培训为主，长期坚持下去。

2月27日至28日 国家教委、河北省人民政府在涿州市召开河北省农村教育改革实验区工作会议。会议确定以河北的阳原县、完县、青龙满族自治县为农村教育改革实验区，探索在贫困农村使教育与经济协调发展，经济开发与智力开发密切结合，逐步改变贫穷落后面貌的途径。

4月17日 国家教委发布《成人中等专业学校暂行条例》，共有"总则，建校条件，办学形式与学习年限，建校审批程序，招生，证书、学历，附则"等七章。

4月25日 由亚太地区成人教育总会资助和中国教育国际交流协会组织的"中国成人教育协会十省市成人教育行政管理考察团"，在广州开始举办为期6天的成人教育行政管理研讨班。

6月23日 国务院批转国家教委《关于改革和发展成人教育的决定》。《决定》指出，成人教育是当代社会经济发展和科学技术进步的必要条件。大力发展成人教育，对于把我国建设成为高度民主、高度文明的社会主义现代化国家具有重要的战略意义。成人教育是我国教育的重要组成部分，在整个教育事业中，它与基础教育、职业技术教育、普通高等教育同等重要。成人教育能够直接有效地提高劳动者和工作人员的素质，从而可以直接提高经济效益和工作效率；同时，成人教育对于培养有理想、有道德、有文化、有纪律的社会主义公民，发扬民主、健全法制、促进安定团结，也有着直接的作用。《决定》明确了成人教育的五项主要任务，并提出把开展岗位培训作为成人教育的重点。

7月8日 国家教委发布《关于社会力量办学的若干暂行规定》。指出：社会力量办学是我国教育事业的组成部分，是国家办学的补充，应予以鼓励和支持。

8月25日 中华全国总工会在北京举行新闻发布会，表彰全国职工读书自学活动先进个人、先进集体。

9月7日 国家教委、中国联合国教科文组织全国委员会和新疆维吾尔自治区人民政府联合召开了第21届国际扫盲日大会。

9月8日 湖南省荣获联合国教科文组织颁发的"野间扫盲奖"荣誉奖。

9月 全国职工教育管理委员会撤销。成人教育由国家教委统管，工人培训由劳动人事部直接管理，企业干部培训由国家经济体制改革委员会管理。

10月28日 国家教委、国家经委、财政部、劳动人事部和世界银行联合举办的管理教育国际研讨会在北京召开。

11月 国务院第二次援藏工作会议和自治区第三次教育工作会一致明确了西藏教育工作的方针：重点加强基础教育，优先发展师范教育，积极发展职业教育和成人教育，巩固提高高等教育。第一次将发展成人教育明确地提到了显著的位置，自治区开始将成人教育列入教育事业发展规划，成人教育得到逐步的发展。

12月15日 国家教委、国家科委、国家经委、劳动人事部、财政部和中国科协等部门联合发布《关于开展大学后继续教育的暂行规定》。明确："大学后继续教育的对象是已具有大学专科以上学历或中级以上专业技术职务的在职专业技术人员和管理人员，重点是中青年骨干。""大学后继续教育的任务是使受教育者的知识和能力得到扩展，以更好地满足岗位、职务的需要，促进我国科技进步、经济繁荣和社会发展。"

12月30日 国家教委、农牧渔业部、财政部联合颁发《乡（镇）农民文化技术学校暂行规定》。随着农村经济体制改革的不断深入，乡（镇）农民文化技术学校（成人文化技术学校）应运而生。《暂行规定》对乡（镇）农民文化技术学校的性质、任务、培养目标、教学工作、教师队伍、办学经费、领导管理、审批条件及审批程序等方面提出了明确的要求。

本年 成人高等学校1 399所，其中广播电视大学39所，职工高等学校915所，农民高等学校5所，管理干部学院168所，教育学院268所，独立函授学院4所。成人高等教育毕业生48.13万人，在校生185.8万人。成人中等学校17 264所，其中成人中专4 742所，成人中学12 522所。成人中等学校毕业生134.24万人，在校生310.76万人。成人技术培训学校4 304所，毕业生762.79万人。成人初等学校174 807所，其中职工初等学校1 787所，农民初等学校173 020所。全年扫除文盲158.37万多人。在农村有1 459万青壮年农民正在接受中、初等农业技术培训。

1988 年

1月7日 新华社报道，我国大中型企业厂长经理全国统考工作已基本结束。到1987年底，全国参加统考的厂长经理已达17.6万人，其中大中型企业厂长经理有5.9万人，占应参加考试总数的98%；预算内小型企业厂长经理11.6万人，占应考人数的81%。

1月9日 上海市人大常委会通过《上海市职工教育条例》，自1988年7月1日起施行。《条例》以法规形式对职工教育的指导方针、政策、任务、途径、管理、办学原则、师资、经费、设施以及职工学习的权利和义务、企事业单位的职责等作出了规定。

1月13日 国家教委召开第四次成人教育指导协调委员会会议。会议提出1988年成人教育的五项任务是：（1）提高在岗劳动者素质，大规模开展岗位培训；（2）下放权限，推动各种形式联合办学，进一步提高办学质量和效益；（3）抓好农村扫盲和实用技术教育的有机结合；（4）搞好成人高等学校招生改革的试点工作；（5）把社会力量办学的积极性引导到开展职业技术教育和岗位培训的轨道上来。

1月16日 国家教委同意北京大学、中国人民大学、南开大学、天津大学、吉林大学、上海交通大学等21所高等学校试办函授、夜大学专科起点本科班，并规定招生对象为年龄在40岁以下，具有专科毕业后两年以上工作实践、专业对口的优秀在职人员。学制一般为三年。

1月29日 国家教委发出《关于做好1988年各类成人高等学校招生改革试点工作的几点意见》。指出：本年成人高等学校在部分省、直辖市、自治区进行招收“预科生”、“资格生”与“往届生”等招收“三生”改革试点工作。

2月5日 国务院发布《扫除文盲工作条例》。《条例》共17条，其中规定，凡15周岁至40周岁的文盲、半文盲公民，除不具备接受扫盲教育能力的以外，不分性别、民族、种族，均有接受扫盲教育的权利和义务。已实现基本普及初等义务教育，尚未完成扫除文盲任务的地方，应在五年以内实现基本扫除文盲的目标。《条例》对扫盲的方式、教材、脱盲标准、领导体制、经费、教师、检查验收等方面作出了规定。

3月3日 国务院发布《高等教育自学考试暂行条例》，包括总则、考试机构、开考专业、考试办法、考绩管理、社会助学、毕业人员的使用与待遇、考试经费、奖励与处罚、附则，共10章42条。规定：高等教育自学考试是对自学者进行以学历考试为主的高等教育国家考试，是个人自学、社会助学和国家考试相结合的高等教育形式。中华人民共和国公民，不受性别、年龄、民族、种族和已受教育程度的限制，均可依照本条例的规定参加高等教育自学考试。1988年，全国已有30个省、直辖市、自治区开展自学考试，开考75个专业，报考人数达350万人。

3月25日 国务院代总理李鹏在七届全国人大一次会议上作政府工作报告，指出过去5年来，成人教育初步形成体系，在职职工的岗位培训得到加强；各级政府和教育部门要采取切实措施，进一步开展职业技术教育和成人教育，扩展专业培训内容，提倡继续教育，鼓励自学成才；在企业里坚持职工岗位培训制度；在农村中，必须继续抓紧扫除青壮年文盲的工作，把农村教育与普及科学知识和推广农业生产先进技术结合起来。

3月30日 北京市大兴县九届三次人代会通过决议在全县实施"绿甜战略"。"绿甜战略"就是要开发、利用大兴地区树多、果园多、沙漠草场多"绿"的优势和菜多、瓜果多，尤其是西瓜多而甜的优势来发展大兴的经济。"绿甜战略"首先要求在果树行业实行"绿色证书"制度，要求在果树生产上实行承办者必须取得技术资格，即"绿色证书"制度。

3月 上海出现了街道一级社区教育委员会，即闸北区新疆路街道和彭浦新村街道的"街道社区教育委员会"，该委员会由区政府派出机构——街道办事处牵头，由街道辖区内工厂、商店、机关、部队、学校、派出所等单位参加，其目的是支持和促进本地区教育事业的发展。

4月9日 国家教委发布《成人高等学校设置的暂行规定》，分总则、设置标准、学校名称、审批验收、检查处理和附则，共6章32条，规定了成人高等学校的任务、设置要求、学校审批权等。

4月11日 农牧渔业部、国家教委、国家计委、财政部、商业部、劳动人事部、公安部、林业部联合发出《关于农业中等专业学校招收农村青年不包分配班的若干规定》，打通人才通向农村的渠道。

4月26日 国家教委批准江苏省无锡市为中等城市综合改革试点城市。批复指出，中等城市要努力办好和改革职业技术教育和成人教育，培养当地建设所需要的中级人才。

5月13日至17日 国家教委中学教育司在安徽省祁门县召开农村普通中学改革座谈会。会议认为：农村中学教育要完成为当地经济建设和社会发展服务的任务，必须做到基础教育、职业技术教育、成人教育三教统筹，协调发展，调整改革中等教育结构。

5月14日 国家教委发出《关于促进成人高等教育联合办学的意见》。要求成人高等教育突破条块分割的限制和封闭办学的模式，加强横向联系和协作，开展多种形式的联合办学。其主要方式是：(1) 从改革教学计划和教学大纲入手，促使广播电视、函授等远距离教育相互沟通；(2) 以联合求效益，增强职工高等学校和管理干部学院的活力；(3) 中小城市广播电视大学（电视师范学院）、短期职业大学、教育学院和师范专科学校实行联合办学；(4) 改革基层教育管理体制，县一级地方和企事业单位统筹设立办学机构；(5) 各级政府应加强对成人高等教育联合办学的指导。

5月16日 国家教委发出《广播电视大学暂行规定》。指出：广播电视大学是我国高等教育事业的组成部分，其主要任务是举办以高等专科为主的学历教育，同时，为高等教育自学考试及社会各界的职业技术教育、岗位培训、专业培训、继续教育提供教学服务。

9月8日 贵州省松桃苗族自治县荣获联合国教科文组织颁发的"国际阅读协会扫盲奖"荣誉奖。

9月9日至14日 在新加坡召开的亚太成人教育总会执委会会议上，一致通过中国成人教育协会加入亚太成人教育总会，成为其正式团体会员。

10月17日 国家教委发出《关于社会力量办学几个问题的通知》。明确社会力量办学管理体制问题，指出，社会力量办学属地方教育事业，主要应为本地区经济建设和社会发展服务，社会力量举办面向社会招生的各级各类学校（举办具有颁发国家承认学历证书的各级各类学校除外）或教育管理机构，均由其所在地教育行政部门统一管理。《通知》还对跨省（市）设分校招生和学历文凭等问题作了规定。

11 月 1 日 中国教育电视台开通第二个卫星电视频道，开播第二套电视教育课程。

11 月 2 日 国家教委在北京召开全国扫除文盲工作会议。国家教委表彰了 100 个扫盲先进县，其中获国际扫盲奖的是：1984 年荣获“野间扫盲奖”的四川省巴中县；1985 年荣获“野间扫盲奖”的吉林省；1986 年荣获“娜杰达·克·克鲁普斯卡娅奖”的山东省五莲县；1987 年荣获“野间扫盲奖”的湖南省；1988 年荣获“国际阅读协会扫盲奖”的贵州省松桃苗族自治县。

11 月 7 日 国务院学位委员会发出《关于授予成人高等教育本科毕业生学士学位的暂行规定》，并在通知中规定 1987 年以前毕业的学生一律不补授学位。

11 月 25 日 第一次全国农民教育联系点协作会、第一次扫盲和扫盲后教材编写研讨会同时在河南省平顶山市召开。

11 月 29 日至 12 月 2 日 国家教委、河北省人民政府联合在石家庄召开河北省农村教育改革试验区第三次会议。

12 月 国务院批转国家教委“三定”方案，其中原成人教育管理部门成人教育司、高教三司以及高等教育自学考试指导委员会办公室合并为成人教育司（全国高等教育自学考试指导委员会办公室）。新机构自 1989 年 4 月 1 日起运行。

12 月 铁道部全路基层站段教育室经验交流会在武汉召开。会上总结了自 1984 年 5 月以来哈尔滨铁路局开展创建“标准化教育室”活动的情况。会后印发了《铁路基层站段教育室标准化规范》，标准化教育室活动在全路普遍开展起来。

本年 电子工业部成立电子工程师进修大学，对电子行业科技管理干部实施继续教育。电子工业部颁发《电子工业科技人员继续教育考核办法（试行）》。

本年 全国成人高等学校共 1 373 所。其中职工高等学校 888 所，农民大学 5 所，管理干部学院 171 所，教育学院和教师进修学院 265

所，独立函授学院4所，广播电视大学40所。另有600多所普通高等学校开办了函授、夜大学。成人高等学校招收本、专科学生45.07万人，普通高等学校函授、夜大学招生24.76万人，共招生69.83万人。成人在校生共172.76万人。本专科毕业生为75.39万人，单科班、进修班、培训班及其他班结业人数为58.24万人。成人高等学校教职工19.43万人。成人中等学校16 308所，其中成人中等专业学校5 014所，成人中学11 294所，成人中等学校在校生298.13万人，毕业生126.18万人。成人技术培训学校40 979所，毕业生1 062.74万人。全国各类成人初等学校18.55万所，在学人数达到1 609.5万人。全年共扫除文盲144.23万人。

1989年

1月 国家教委"七五"重点科研项目《教育辞典》分册《成人教育辞典》出版发行，此辞典共收词目2 340余条，范围涉及成人教育基础理论、扫盲教育、干部教育、职工教育、农民教育、继续教育、社会教育、远距离教育、成人教育史、外国成人教育史等方面。

2月12日至17日 国家教委在北京召开1989年工作会议。会议指出，成人教育要抓好岗位培训，做好几个行业和一批企业的试点工作。各省、自治区、直辖市制订的年度扫盲计划要认真落实，实现本年脱盲410万的目标。

2月 全国铁路安全工作会议上形成"新职、转岗、晋升人员未经培训合格不得上岗"的规定（简称"双卡死"制度）。

3月8日 全国妇联、农业部、林业部、国家科委、国家教委、国家民委、水利部、商业部、广播电影电视部、中国科协、中国农业银行、国务院贫困地区经济开发领导小组联合发出通知，决定在全国各族农村妇女中开展"学文化、学技术、比成绩、比贡献"（简称"双学双比"）的竞赛活动。

4月18日 劳动部印发《关于开展工人岗位培训工作的意见》。指出：岗位培训是按照岗位需要，以提高职工本职工作能力为目的的教育训练活动。工人岗位培训一般分为：取得岗位资格的培训；根据科技进步和生产发展需要进行的各种适应性专项培训。开展岗位培训要贯彻按需施教、学用一致的原则，强调针对性、实用性。

4月28日 国家教委成立农村教育综合改革试验领导小组。

5月7日 北京市科学技术委员会、北京市成人教育局、北京市政府农林办公室联合下发《关于开展“绿色证书”培训工作的意见》，对广大农村劳动者进行有组织、有计划的实用技术和操作技能的培训，并对通过考核取得具有承包或进行田间作业资格的“绿色证书”的做法给予了充分的肯定。要求各区县成立领导小组，负责“绿色证书”培训的协调领导工作，做好培训规划和计划，并对培训工作给予必要的人力、物力和财力支持。

5月16日至19日 国家教委在甘肃庆阳地区召开西部农村教育座谈会，国家教委副主任王明达出席会议并讲话，甘肃省副省长刘恕介绍了甘肃农村教育改革和发展的经验。

5月17日至19日 第四次世界继续工程教育大会在北京召开，组织成立了“国际继续工程教育协会”。

5月23日 国家教委发出关于在全国建立“百县农村教育综合改革试验区”的通知。

6月13日 国家教委发布《全国自学考试考籍管理试行办法》和《关于高等教育自学考试免考课程的试行规定》。《全国自学考试考籍管理试行办法》对自学考试的报名与考试、转专业、专考、停考和寄考、毕业、考籍档案、奖励和处罚等方面作出了具体规定。

7月17日至8月5日 国家教委农村教育综合改革试验办公室与中央教育行政学院共同举办农村教育综合改革实验县工作研讨班。职业技术教育研究班同时举办。

7月25日至30日 国家教委成人教育司在安徽省铜陵市举办第二次扫盲和扫盲后教材编写研讨会。

8月1日至5日 国家教委成人教育司、中国教科文组织全委会秘书处联合在黑龙江省牡丹江市召开扫盲人员培训工作研讨会。

8月20日 农业部、国家科委、国家教委、林业部、中国农业银行联合发出通知，试行《关于农科教结合，共同促进农村、林区人才开发与技术进步的意见（试行）》。指出：积极推进农村以及林区各类教育的协调发展，做到"三教统筹"，互相促进；加快建立和完善农村、林区成人教育体系；广泛开展对乡小学、初中、高中毕业生的实用技术培训和岗位培训；统筹安排好共同的培训任务和技术推广项目。

8月25日 国家教委成立城市教育综合改革领导小组。城市教育综合改革实验工程正式启动。

9月6日至8日 国家教委在甘肃省兰州市召开全国扫盲工作会议。会议表彰了100名全国扫盲先进工作者。同时，由国家教委、中国联合国教科文组织全委会、中国成人教育协会、甘肃省人民政府联合举行第23届"国际扫盲日"纪念活动。

9月25日 国家教委发出《关于在一百个企业进行教育综合改革实验的通知》，确定在全国102个国有大中型企业进行教育综合改革实验。

10月3日 李鹏为中央广播电视大学创建10周年题词。

10月19日 李铁映发表署名文章：《努力办好广播电视大学》。

11月21日至28日 国家教委成人教育司受中国教科文组织全国委员会秘书处委托，在武汉召开老年教育国际研讨会。

12月27日 国家教委、劳动部、人事部、国家经济体制改革委员会、中华全国总工会联合发出《关于开展岗位培训若干问题的意见》。明确指出：岗位培训是对从业人员按岗位需要在一定政治、文化基础上进行的以提高政治思想水平、工作能力和生产技能为目标的定向培训。《意见》对岗位培训的指导思想、目的要求、实施、考核和发证、岗位培训的宏观管理与分工等进行规范要求，并就健全和完善岗位培训提出相应的四项政策措施。

本年 成人高等学校1 333所，其中广播电视大学39所，职工高等学校848所，农民高等学校5所，管理干部学院172所，教育学院265所，独立函授学院4所。成人高等教育毕业生49.93万人，在校生174.11万人。成人中等学校14 357所，其中成人中专4 970所，成人中学9 387所。成人中等学校毕业生134.21万人，在校生272.58万人。

成人技术培训学校 41 982 所，毕业生 1 539.64 万人。成人初等学校 214 310所，其中职工初等学校 5 115 所，农民初等学校 209 195 所。全年扫除文盲 200.13 万人。

1990 年

1月8日 国家教委、中共中央宣传部、文化部、广播电影电视部、农业部、林业部、解放军总政治部、共青团中央、全国妇联、中国科协等 10 个单位在北京联合召开迎接“国际扫盲年”全国电话会议。会议宣布由召开会议的 10 个单位联合成立全国扫盲工作协调小组，加强扫盲工作的组织领导。

2月25日 为维护治理整顿期间工人队伍稳定，安定企业和社会秩序，全面提高工人队伍素质，为国民经济进一步发展做好准备，劳动部办公厅转发天津市劳动局等部门《关于切实抓好停产、半停产和生产任务不足企业的工人培训工作的通知》。

2月28日 中共中央宣传部、国家计委、中华全国总工会联合发出《关于在企业职工中进行基本国情和基本路线教育的通知》。

3月10日 国家教委发出通知，决定将成人教育指导协调工作委员会和职业技术教育委员会合并为成人教育和职业技术教育协调工作委员会。其主要任务是：协调各部委、有关部门的成人教育和职业技术教育工作；对涉及部门之间的有关成人教育和职业技术教育的重大问题进行磋商或提供建议、意见、方案，供国家教委参考；互通情况，交流经验。

3月14日 国家教委、中共中央宣传部、文化部、广播电影电视部、农业部、林业部、解放军总政治部、共青团中央、全国妇联、中国科协等 10 个单位联合发出《关于建立扫盲领导机构联合开展扫盲工作的通知》。提出了 6 项措施和要求：（1）成立各级扫盲工作协调领导机构；（2）在各级政府领导下，各部门、团体分工协作，齐抓共管；（3）认真贯彻迎接国际扫盲年全国电话工作会议精神；（4）逐级制定和落实扫盲计划，制定扫盲档案；(5) 实行督促检查制度；(6) 全国扫除文盲工作协调小组于9月前总结交流各地开展国际扫盲年活动经验，表彰先进单位和个人。

4月13日 国家教委发出通知，决定在中央广播电视大学内设立中国燎原广播电视学校，利用卫星电视，面向农村，为乡（镇）农民文化技术学校、职业技术教育中心、农村职业中学等提供教学服务，以配合"燎原计划"的实施。

6月4日 国家教委印发《关于农村中小学参加扫盲工作的通知》。要求各级教育部门积极动员农村中小学教师和小学高年级以上的学生利用暑假、寒假和课余时间积极参加当地的扫盲工作，把"堵"盲和扫盲作为农村中小学的工作内容。

6月5日 国家教委发出《关于普通高等学校成人教育治理整顿工作的若干意见》。根据全国人大七届三次会议《政府工作报告》提出的"以整顿成人高等学历教育为重点，努力提高成人教育水平"的要求，国家教委决定对成人高等教育进行治理整顿。《意见》强调，高校成人教育进行治理整顿的目的，是进一步端正办学指导思想，正确贯彻党的教育方针，加强管理，控制规模，保证质量，坚决制止"三乱"（乱招生、乱收费、乱发文凭）现象。

6月9日至15日 全国省、自治区、直辖市党校校长会议在北京举行。12日，江泽民发表《关于党校建设的几个问题》的讲话，指出党校作为干部增强党性锻炼的熔炉，应当大有作为，也是能够大有作为的。

6月23日 经国务院批准，劳动部发布《工人考核条例》。制定本条例的目的是为了考察工人的思想政治表现和生产工作成绩，鉴定实际技术业务水平，调动工人生产劳动和学习政治、技术业务的积极性，全面提高工人队伍素质。《条例》规定了考核的种类、内容、主管部门、实施和罚则等。

6月27日 国家教委举行新闻发布会，宣布于1990、1991年对成人高等教育进行治理整顿。整顿重点是成人高等学历教育，目的在于贯彻党的教育方针，端正办学思想，维护成人高等学历教育的严肃性。

7月9日 国家教委印发《全国农村教育综合改革实验区工作指导

纲要（试行）》。《纲要》制定的基本宗旨是为了指导和推进农村教育改革，实施燎原计划，使农村教育综合改革实验区的教育改革有所遵循。《纲要》阐明了农村教育综合改革的方针和任务，其中重要的任务是调整教育结构，把普及九年义务教育和发展职业教育与成人教育、搞好各类短期技术培训结合起来，逐步建立和完善三教并举、相互沟通、布局合理的农村教育体系。《纲要》要求各地结合实际情况，进一步修订计划，落实措施，使农村教育综合改革实验不断深化，健康发展，为全国的农村教育改革、实施燎原计划提供经验，作出示范。

8月17日至20日　国家教委在北京市怀柔县召开1990年全国扫除文盲工作会议，总结交流经验，表彰76名全国扫盲先进工作者，研究部署1991年度的扫盲工作。会议要求发扬“愚公移山”的精神，再接再厉，进一步把我国扫盲工作推向前进。

8月22日至24日　中国成人教育协会在北京举行第二届理事会，何东昌任会长。

9月5日至8日　由亚太地区成人教育总会、澳门成人教育协会、澳门扫盲协会联合举办的“亚太地区扫盲功能及扫盲策略”研讨会在澳门召开。广东省成人教育协会、职工教育研究会及珠海、汕头、佛山、梅州等市成人教育协会应邀派代表参加会议，并提交了论文。

9月8日　河南省西平县荣获联合国教科文组织颁发的国际扫盲奖“娜杰达·克·克鲁普斯卡娅奖”。

10月30日　国家统计局发布《关于1990年人口普查主要数据的公报》（第一号）。截至1990年7月1日零时，我国总计人口达11.6亿，其中大陆人口11.3亿。大陆人口中，文盲、半文盲人口为1.8亿，与1982年第三次人口普查数据比较，文盲、半文盲占总人口的比例已由22.81%下降为15.88%。

10月31日　国家教委发出《关于开展成人中等专业学校评估工作的通知》。规定：凡经省（市、自治区）、计划单列市人民政府或国务院部委批准的职工、干部、农民和广播电视函授中等专业学校，都应分期分批参加批准建校的省或部委组织的评估。评估工作要贯彻治理整顿的精神和成人教育“一要改革、二要发展”的方针，通过评估使学校全面对照检查各项工作，全面掌握、了解学校在办学、教学、管理等方面的实际情况和差距，进一步加强对学校的领导，支持学校的建设和发展，提高教学质量；使教育行政部门了解各类成人中等专业学校办学的基本情况，及对国家教委颁发的有关方针、政策的执行情况，加强宏观调控，认真总结经验。《通知》对评估的内容、结论、程序及结果的处理办法等作出了规定。

11月5日至8日 由上海市科技协会与英国文化委员会主办，上海市业余科技学院与英国诺丁汉理工学院共同承办的中英继续工程教育研讨会在上海召开。来自北京、天津、湖北、广东、上海等10个省、市的学术团体、高等学校研究所等50个单位的60余位代表出席。

11月7日至10日 全国妇联在湖南怀化召开全国妇女扫盲暨首次“巾帼扫盲奖”颁奖大会。“巾帼扫盲奖”由全国妇联和国家教委共同颁发。

11月10日至12月5日 国家教委成人教育司和中国成人教育协会委托华东师范大学成人教育学院、上海第二教育学院举办首次省、自治区、直辖市成人教育处长、部委职工教育处长岗位培训试点班。

12月13日至17日 中国继续工程教育协会在武汉市召开第二次全国企业继续教育研讨会，提议将1991年定为继续教育宣传年。

12月22日至25日 国家教委在北京召开全国岗位培训工作座谈会。总结交流了开展岗位培训工作的经验，研究了岗位培训的现状和问题，进一步强调要把岗位培训作为成人教育的重点，推动岗位培训的深入开展。要求岗位培训要从实际出发，与企事业的发展目标紧密结合，做到突出重点，保证质量，坚持实验，逐步推广，形成制度。

本年 机械电子工业部印发《机械电子工业部科技人员继续教育暂行规定》，对继续教育的内容与方式、实施继续教育的培训基地、科技人员继续教育的权利和义务等作出了规定。颁发《关于进一步开展职工岗位培训的决定》，对岗位培训的地位与作用、开展岗位培训的指导思想、主要内容等作出了规定。

本年 成人高等学校1 321所，其中广播电视大学40所，职工高等学校835所，农民高等学校5所，管理干部学院172所，教育学院265所，独立函授学院4所。成人高等教育毕业生48.88万人，在校生166.64万人。成人中等学校11 910所，其中成人中专4 942所，成人中学 6 968 所。成人中等学校毕业生111.62万人，在校生 247.26 万人。成人技术培训学校 46 591 所，毕业生 1 545.38 万人。成人初等学校258 134所，其中职工初等学校 3 744 所，农民初等学校 254 390 所。全年扫除文盲 399 万多人。

1991 年

1 月 24 日至 26 日 国家教委在北京召开1991 年教育工作会议。会议指出："八五"计划期间，尤其是"八五"计划前期，成人教育要把重点放在进一步调整教育结构，深化教育改革，充实改善办学条件和大力提高教育质量上来，同时在数量上有选择地发展。会议确定本年度成人教育的工作要点是：拟定乡镇农民文化技术学校发展规划；整顿成人高等教育，健全完善教学和管理制度，提高教育质量；加强岗位培训工作，制定广播、电视、函授教育和社会力量办学的有关政策、法规，研究自学考试办法。

1 月 《中国成人教育信息报》开始筹办，编辑部设在北京成人教育科学研究所。

2 月 6 日 人事部副部长蒋冠庄在新闻发布会上宣布：我国确定1991 年为继续教育宣传年。

2 月 18 日 全国水利职工教育学会与中国水利高等教育学会、全国水利职业技术教育学会合并，正式成立中国水利教育协会。

2 月 26 日 国家教委发出《关于成人高等学校治理整顿工作的意见》。指出：成人高等教育是我国教育事业的重要组成部分，独立设置的成人高等学校是成人高等教育的重要基地。治理整顿的指导思想是巩固成人高等学校的现有成果，促进成人高等学校的改革和发展。通过治理整顿，逐步达到学校布局合理，完善办学条件，优化专业结构，加强内部管理，保证规格质量，提高办学效益的目的。

4 月 9 日 七届全国人大四次会议批准《国民经济和社会发展十年规划和第八个五年计划纲要》。提出：今后十年，成人教育要积极发展，要十分重视扫盲工作，争取到2000年基本扫除青壮年文盲。

4月23日至27日 国务院学位委员会办公室在湖北武汉召开全国普通高校授予成人高校本科毕业生学士学位工作座谈会。

5月10日 铁道部、铁道部政治部、全国铁路总工会联合表彰路局、分局、站段三级120名重视教育的企业第一管理者。铁道部政治部主任韩杼滨主持，铁道部部长李森茂讲话，颁发证书和金质“铁路教育”奖章。《中国劳动报》评论说：“这是解放四十年来第一次向企业家颁发教育奖章，具有开拓性的意义。”

5月27日至31日 建设部教育工作会议在天津召开。这次会议是继1985年建设部教育工作会议后综合普通教育、成人教育为一体的全国大型会议，全国各省、市建委主管教育的领导同志和有关单位代表200多人参加了会议。建设部部长侯捷作了报告，副部长叶如棠作了会议总结，国家教委副主任王明达出席会议并讲了话。人事部、国家计委、国家教委有关部门负责同志出席了会议。会议讨论了建设教育事业十年规划和“八五”计划等，并表彰了全国建设教育先进集体和个人。

6月6日 国家教委印发《关于大力发展乡（镇）、村农民文化技术学校的意见》，对农民文化技术学校的办学指导思想、主要任务、领导管理机构、教学改革、学校基本建设、建立检查评估奖励制度等作了规定。要求：各省、地、县要认真制订“八五”期间乡（镇）、村农民文化技术学校的发展计划，明确办学指导思想和任务，积极进行教学改革，健全学校领导管理机构，努力加强学校基本建设，并建立检查评估奖励制度。

6月11日 国家教委发出关于委托北京市进行国家考试试点工作的函和批复：根据进一步搞好社会力量举办高等教育的需要，我委同意你市对社会力量举办的高等教育进行国家考试的试点工作。请于1991年9月底前提出试点方案，经我委批准后在你市试行。

6月12日 国家教委发布施行《中等专业教育自学考试暂行规定》，共10章41条。明确规定：中等专业教育自学考试是对自学者进行以学历考试为主的中等专业教育国家考试，是个人自学、社会助学和国家考试相结合的中等专业教育形式。中等专业教育自学考试的任务是：通过国家考试，促进个人自学和社会助学活动，推进在职专业教育和从业人员就业前的专业培训。

6月12日 国务院学位委员会、国家教委发出《关于整顿普通高等学校授予成人高等教育本科毕业生学士学位工作的通知》。

6月14日 国家教委印发《关于加强岗位培训管理工作的意见》，明确提出：开展岗位培训应以行业为主导，充分发挥行业的业务优势和主导作用。企事业单位是开展岗位培训的主体，对本单位岗位培训负有主要责任，在岗位培训中应有充分的主动权和自主权；国家教育、人事、劳动等管理部门，对岗位培训工作负有制定方针、政策，进行宏观指导和协调的责任；省、自治区、直辖市教育、劳动、人事行业主管部门和工会等在同级人民政府的指导下，结合各地的实际情况，参照国家有关部门职责分工的原则，分工管理，协调配合，抓好岗位培训工作。

7月20日 国家教委发出通知：选定北京市昌平县等34个县为全国电化教育综合实验县。通知明确了电化教育综合实验的目的、八项任务和要求，以及实施意见。

7月28日至8月5日 全国教育科学"八五"规划重点课题评审会及调整后的全国教育科学规划领导小组第一次（扩大）会议在北京举行，《岗位培训制度研究》被评为国家重点课题。

8月31日 国家教委发出《关于加强自学考试工作的意见》。要求坚持"改革、完善、提高、发展"的工作方针，根据经济建设发展的需要，有计划、有步骤地发展应用型专科的自学考试工作，逐步调整开考专业结构，以专科学历考试为主，同时努力发展中专自学考试，积极探索开展非学历教育的多种证书考试，推进在职专业教育和大学后继续教育；严格考试管理，加强对考试理论和考试工作各环节的研究，提高科学管理水平和考试质量，积极稳妥地发展自学考试事业。

9月9日 为纪念国际扫盲日，联合国教科文组织在巴黎总部颁发扫盲奖，黑龙江省荣获"野间扫盲奖"荣誉奖。

10月17日 国务院发出《关于大力发展职业技术教育的决定》，明确提出大力发展职业技术教育的方针任务，要求重视并积极发展对在职人员进行职业技术培训的成人教育，积极推进农村教育综合改革，实施"燎原计划"，实行农科教结合，统筹规划基础教育、职业技术教育和成人教育。

10月28日 国家教委印发《关于进一步加强扫除文盲工作的意见》，强调各级政府和有关部门要进一步按照《扫除文盲工作条例》要求，切实加强领导和管理，把扫盲列入国民经济和社会发展计划，制定和完善实施《扫除文盲工作条例》的办法和细则，把扫盲工作列入各级政府、有关部门任期目标，实行行政领导负责制。建立和健全政府统一领导，各有关部门齐抓共管，社会力量积极参与的制度，还要建立定期布置、检查、验收和奖励的制度。要因地制宜，分类指导，分期分批地完成扫盲任务。

11月13日至17日 国家教委在河南郑州市召开全国扫盲、农村成人教育会议，总结交流"七五"期间扫盲、农村成人教育的情况和经验，拟定"八五"期间扫盲、农村成人教育规划目标，研究落实国家教委《关于进一步加强扫除文盲工作的意见》提出的要求和有关政策措施，讨论修改《扫盲教育教学大纲》和农村成人初等文化技术教育《实用语文》、《实用数学》、《实用科技》三科的教学大纲、《编写扫盲和扫盲后教材的指导思想和基本原则》、《扫除青壮年文盲单位考核验收办法》等6个文件。会上表彰了52个全国扫盲先进单位，50名先进工作者和102名全国先进农村成人学校。

11月 国家教委制定了《关于大力发展乡(镇)、村农民文化技术学校的意见》，对乡(镇)、村农民文化技术学校的办学指导思想、主要任务、学校建设、领导管理、教学改革和师资队伍建设等方面提出了明确的要求。

11月 全国人大常委会副委员长朱学范，全国政协副主席钱伟长、程思远、侯镜如，中国统配煤矿总公司总经理胡富国等20多位领导同志，联合发起建立"孙越崎科技教育基金"。时年98岁高龄的原煤炭工业部顾问孙越崎老先生，长期从事工矿事业并做出了卓越贡献。建立该项基金的目的是培养工矿战线青年学者，奖励工矿科学研究优秀成果。

本年 成人高等学校1 256所，其中广播电视大学42所，职工高等学校776所，农民高等学校5所，管理干部学院175所，教育学院254所，独立函授学院4所。成人高等教育毕业生62.08万人，在校生147.6万人。成人中等学校11 452所，其中成人中专4 721所，成人中学6 731所。成人中等学校毕业生132.84万人，在校生257.91万人。

成人技术培训学校228.624所，毕业生4 260.67万人。成人初等学校155 461所，其中职工初等学校2 171所，农民初等学校153 290所。全年扫除文盲530.34万人。

1992年

1月16日 国家教委发出《全国教育事业十年规划和“八五”计划要点》。《要点》将“积极发展成人教育”列入20世纪90年代教育发展的主要目标，要求坚持多种形式、多种途径的办学路子，大力开展岗位培训和继续教育，不断提高企业职工队伍的技术和专业水平，提高广大农民运用农业新技术的能力。要在继续整顿成人高等学历教育的基础上，办好成人高等学校，切实提高教育质量。要十分重视扫盲工作，争取到2000年全国基本上扫除青壮年文盲。

2月26日 劳动部印发《关于加强工人培训工作的决定》，要求充分重视加强工人培训的重要意义，并对培训的指导思想、目标、任务、考核、投入等作出规定，明确提出要逐步实行“先培训，后就业；先培训，后上岗”。

3月20日 国务院总理李鹏在七届全国人大五次会议上作的《政府工作报告》中指出：继续采取有效措施，进一步完善成人教育体系。

4月24日 国务院批转全国企业管理干部培训工作领导小组《关于对国营企业领导干部进行岗位任职资格培训的意见》。

5月13日 国家教委印发《关于搞好城市教育综合改革的意见》，同年10月4日，国家教委下发《关于扩大城市教育综合改革试点工作的通知》。两个文件确定北京市等47个城市为全国教育综合改革试点城市，石家庄市等55个城市为各省、自治区、直辖市教育综合改革试点城市。

5月13日 国家教委发出《关于加强成人高中教育的意见》，提出：成人高中教育的任务是使已经具有初中毕业文化程度的从业人员和社会青年，经系统学习达到高中毕业水平。其课程由文化课和专业课或职业技术课两部分组成。从业人员分文、理科设置课程，社会青年参加成人高中学习，不分文理科。成人高中可采用业余、半脱产、脱产等学习形式。业余学习年限一般为三年。毕业证书由地、市以上教育行政部门统一印制并验印，学校颁发。

8月6日 为加强普通教育系统党的干部培训和党建研究工作，经市委批准成立北京教育党校，在北京教育行政学院加挂北京教育党校的牌子。

8月11日 国家教委作出《关于表彰全国成人高等、中等专业先进学校和全国普通高校成人高等教育先进单位的决定》，对80所成人高等学校，40所普通高校成人教育办学单位和180所成人中等专业学校授予先进学校或先进单位称号。

8月11日至14日 全国成人高等教育工作会议在北京举行。会议总结了十一届三中全会以来成人高等教育的成就和基本经验，研究并确定了在加快经济建设和改革开放的新形势下，进一步改革和发展成人高等教育的指导方针及政策措施。会议代表还讨论修改了国家教委提交会议的主文件《关于进一步改革和发展成人高等教育的若干意见》。会议指出，要继续把岗位培训作为重点，积极发展大学后继续教育，进一步完善包括本科、专科、第二专业教育直至在职硕士、博士学位的成人高等学历教育体系。鼓励社会力量以兴办职业技术教育、社会文化生活教育、基础教育、继续教育和助学性质的高等教育为主，面向学校所在地区招生，为地方经济、社会发展服务。

10月12日 中国共产党第十四次全国代表大会在北京开幕。江泽民总书记在题为《加快改革开放和现代化建设步伐，夺取有中国特色社会主义事业的更大胜利》的政治报告中指出，科技进步、经济繁荣和社会发展，从根本上说取决于提高劳动者的素质，培养大批人才。我们必须把教育摆在优先发展的战略地位，努力提高全民族的思想道德和科学文化水平，这是实现我国现代化的根本大计。要优化教育结构，大力加强基础教育，积极发展职业教育、成人教育和高等教育，鼓励自学成才。各级政府要增加教育投入。鼓励多渠道、多形式社会集资办学和民间办学，改变国家包办教育的做法。各级各类学校都要全面贯彻党的教育方针，全面提高教育质量。到20世纪末，基本扫除青壮年文盲，基本实现九年制义务教育。进一步改革教育体制、教学内容和教学方法，加强师资队伍的培养和建设，扩大学校办学自主权，促进教育同经济、科技的密切结合。

10月6日至17日 联合国教科文亚太文化中心（ACCU）、国家教委成人教育司、中国联合国教科文组织全国委员会等机构与联合国教科文组织亚太地区总办事处（PROAP）合作，在大连市辽宁师范大学国际文化交流中心举办第十届亚太地区扫盲后继续教育教材编写研讨班。

10月21日 国家教委印发《关于试行农村成人初等文化技术教育〈实用语文〉、〈实用数学〉、〈实用科技〉三科教学大纲的通知》，同时印发了《关于编写扫盲后农村成人文化技术教材的指导思想和基本原则》。

10月22日 根据国务院《扫除文盲工作条例》中“扫除文盲实行验收制度”的规定，国家教委印发《关于试行〈扫除青壮年文盲单位考核验收办法〉的通知》，对扫除文盲单位的标准、申报、验收制度、验收单位的组织领导、验收的内容和方法、验收的发证和备案等相关内容做了详细的规定；同时印发了《个人脱盲考试内容》。

10月26日 国家教委发布《高等教育自学考试命题工作的规定》，对命题要求、考试标准等作出明确规定。

10月27日 国家教委印发《关于制订中等专业教育自学考试课程自学考试大纲的意见》，对制订大纲的原则、体例结构和编写要求，考试大纲制订的组织、审批和有关要求作了规定。

10月29日 国家教委发出《关于试行〈扫除文盲教育教学大纲〉的通知》，同时印发了《关于编写扫盲教材的指导思想、基本原则和要求》。

11月22日 全国妇联、国家教委发布《关于授予全国扫除妇女文盲先进个人和先进集体“巾帼扫盲奖”荣誉称号的决定》。

11月22日至26日 全国扫盲与农村成人教育工作会议在湖北宜昌市举行。

12月17日 国家教委发布《成人高等专科教育制订教学计划的原则意见》，对成人高等专科教育的培养目标和基本要求、制订教学计划的原则、教学计划的结构和原则安排、计划审批和适用范围等作出明确规定。

12月18日 国家教委发布《关于〈成人高等学校设置的暂行规

定〉中有关问题的补充规定》，对学校专业设置和规模、学校领导班子、教师队伍、校舍场地、教学仪器设备、图书资料、基建投资与教育事业费等作出了详细的补充规定。

12月23日 中国建设教育协会成立大会暨第一届理事会议在山东烟台举行。会议通过了中国建设教育协会章程，确认了第一届常务理事会成员，聘任了协会名誉理事长和顾问。同时还召开了第一届常务理事会第一次会议，制订了1993年工作要点。建设部部长侯捷给大会发了贺信，副部长叶如棠在大会上讲话，指出：中国建设教育协会是政府和教育机构与学校之间的纽带，作为政府的助手，组织学校和教育机构、基地开展协作、交流、研究和咨询，发挥服务功能和政府委托的管理职能，推动建设教育事业改革和发展。

本年 成人高等学校1 198所，其中广播电视大学44所，职工高等学校726所，农民高等学校5所，管理干部学院168所，教育学院251所，独立函授学院4所。成人高等教育毕业生51.77万人，在校生147.87万人。成人中等学校10 847所，其中成人中专4 776所，成人中学6 071所，成人中等学校毕业生97.21万人，在校生243.25万人。成人技术培训学校284 112所，毕业生4 958.51万人。成人初等学校157 038所，其中职工初等学校1 385所，农民初等学校155 653所。全年扫除文盲523.31万人。

1993年

1月7日 国务院办公厅转发国家教委《关于进一步改革和发展成人高等教育的意见》，提出成人高等教育改革和发展的总体目标是：(1) 动员社会各方面的力量大力支持，积极兴办多种形式、层次、规格的成人高等教育；(2) 把高等层次岗位培训、大学后继续教育作为成人高等教育的重点，完善学历教育和高层次岗位培训两个体系，增加投入，建立起能够适应不断变化的经济、社会需要的新的办学机制；(3) 建立分级管理、分级负责的管理体制，形成科学的管理、调控制度。

2月9日 国家教委、国务院贫困地区经济开发领导小组、财政部发出《关于大力改革与发展贫困地区教育，促进经济开发，加快脱贫致富步伐的意见》，提出到本世纪末，力争基本扫除青壮年文盲；使所有技术性较强的岗位的从业者都能受到必要的职业技术教育和培训；大多数贫困县逐步形成电教网络等目标。

2月12日 国家教委制定并发布《关于成人高等教育毕业证书统一印制及加强管理的若干规定》，宣布从1993年起，国家承认学历的成人高等教育毕业证书由国家教委统一印制，省、自治区、直辖市、计划单列市或国务院有关部委教育行政（主管）部门审核、验印，由学校颁发。

2月13日 中共中央、国务院印发国家教委制定的《中国教育改革和发展纲要》，明确提出“成人教育是传统学校教育向终生教育发展的一种新型教育制度，对不断提高全民族素质，促进经济和社会发展具有重要作用”。要把大力开展岗位培训和继续教育作为重点，重视从业人员的知识更新。国家建立和完善岗位培训制度、证书制度、资格考试和考核制度、继续教育制度。大力发展农村成人教育。成人学历教育要加强和普通学校的联系与合作。

2月20日 国家教委发出《关于进一步改革成人中等专业学校招生工作的通知》，要求学校根据各地、部门（行业）经济发展对人才的需求和办学条件、师资力量等实际情况，拟定招生专业和招生计划，并对招生条件、考试科目等作出规定。

2月20日 国家教委推广《福建省教委扫盲工作“八到村”经验》。“八到村”即把扫盲的组织领导、宣传发动、计划任务、“双线”承包、乡规民约、检查督促、建档立卡、考核验收八项工作落实到行政村，再进一步落实到自然村和居民小组。

3月1日至4日 中国全民教育国家级大会在北京和河南郑州举行。会议通过了《中国全民教育行动纲领》，提出全民教育目标及措施。

3月8日 国家教委发出《普及九年义务教育评估验收办法》和《县级扫除青壮年文盲单位检查评估办法（试行）》，建立对普及九年义务教育县（市、区）和扫除青壮年文盲县（市、区）评估验收制度。

4月20日 国家教委、人事部联合发出《关于继续开展〈专业证书〉教育的通知》，提出试行成人高等教育“专业证书”制度，符合我国国情。为适应用人部门的实际需要，加快成人高等教育的改革步伐，有必要继续开展“专业证书教育”。

5月28日 国家教委印发《成人教育管理干部六类岗位规范（试行）》。六类成人教育管理干部是：独立设置成人高等学院（校）长，普通高等学校成人教育处（学院）处（院）长，省、自治区、直辖市教育行政部门成人教育处处长，县成人教育办公室主任（科、股长），企业职工教育处处长（培训中心主任、教育科长），省、自治区、直辖市业务部门教育处处长等。《规范》对六类成人教育管理干部的基本职责、政治思想与职业道德、知识要求、能力要求、文化程度、经历和身体素质要求等方面进行了规范和说明。

6月5日至9日 全国农村成人学校人口教育经验交流会在山西运城召开。

6月8日 国际成人教育协会在沈阳召开1993年国际成人教育研讨会。会议以“成人教育与经济发展”为主题，讨论了终身教育思想理论、扫盲教育、环境保护教育及卫生保健教育等问题，交流各国成人教育的经验。

7月8日 《人民日报》报道，全国人才流动网络初步形成。近10年来各级人才交流机构共为全国重点建设项目工程输送人才约10万人，为国有大中型企业输送人才22万人，为三资企业输送人才12万人，为乡镇企业和农业生产第一线输送人才近80万人。

7月16日 国家教委印发《普通高等学校函授教育辅导站暂行规程》，对函授辅导站设置条件、手续、负责人遴选与任用、函授辅导站的主要职责、管理人员和辅导教师的聘用与职责、经费等作了规定。

7月27日 国家教委印发《关于加强高师函授、卫星电视教育、自学考试相沟通培训中学教师教学和管理工作的意见》，就提高认识、明确分工、把“三沟通”培训落到实处等提出要求。

8月1日 国务院发布《关于修改〈扫除文盲工作条例〉的决定》，对国务院1988年2月5日颁布的《扫除文盲工作条例》中扫盲的组织工作、基本扫除文盲单位标准、巩固扫盲成果等条款作了修改和补充。

8月17日 国家教委印发《民办高等学校设置暂行规定》，内容包括总则、设置标准、设置申请、评议审批、管理、变更与调整、其他，共7章35条。在总则中明确指出，民办高等学校是我国高等教育事业的组成部分，要正确引导兴办民办高等学校，维护民办高等学校的合法权利。

9月1日 国家教委发出《关于在九十年代基本普及九年义务教育和基本扫除青壮年文盲的实施意见》，提出了实施“两基”的目标、原则和步骤以及深化管理体制和教育教学改革，增加投入和加强教师队伍建设等方面的意见和要求。

10月18日 江泽民在中央农村工作会议上发表讲话时指出：“要坚定不移地实施科技、教育兴农的发展战略。要重视农村教育工作，重点是扎扎实实地普及九年义务教育，扫除青壮年文盲，同时大力发展农村职业技术教育和农村成人教育。”

10月19日 中国成人教育协会少数民族成人教育委员会、中国成人教育协会成人教育期刊工作委员会、中国成人教育协会成人教育科研机构工作委员会在民政部社会团体登记备案。

10月 北京市成人教育局受国家教委委托，选定15所民办高等学校、15个专业对国家学历文凭考试开始进行试点，旨在鼓励支持民办高等教育健康发展，提高民办高等学校质量。

12月13日至17日 国家教委在广东江门市召开全国城市教育综合改革研讨会。会议强调，成人教育要加强高等学历教育管理，大力开展岗位培训。

12月18日 国家教委印发《关于各类成人高等学校举办第二专业专科学历教育的实施意见》和《关于成人高等学校试办“双招”专科学历教育班的实施意见》，对第二专业专科学历和“双招”班的审批、招生、教学计划、颁发证书等问题作了规定。

12月29日 《中华人民共和国公司法》第一章第十七条规定：公司应该采取多种形式，加强职工的职业教育和岗位培训，提高职工素质。

12月30日 国家教委印发《关于各类成人高等学校评估工作的意见》和《成人高等学校评估的基本内容和准则》。指出，逐步建立各类成人高等学校评估制度，是我国成人高等教育的一项重大改革，是强化成人高等学历教育质量控制的重要措施。进行办学方向、办学水平和教学质量评估，是建立学校评估制度的基础。评估工作应根据国家对各类成人高等学校办学的相关规定，制定科学的评估方案，明确评估标准、评估指标体系和评估办法。评估方案应具有方向性、科学性和可行性，有利于提高教育质量，促进教育改革。另外要求建立国家、地方和学校三级评估体制，并对具体的评估办法和程序等作了详细的规定。

本年 成人高等学校 1 183 所，其中广播电视大学 45 所，职工高等学校 714 所，农民高等学校 5 所，管理干部学院 166 所，教育学院 249 所，独立函授学院 4 所。成人高等教育毕业生 44.12 万人，在校生 186.29 万人。成人中等学校 10 662 所，其中成人中专 4 783 所，成人中学 5 879 所，成人中等学校毕业生106.82万人，在校生 275.4 万人。成人技术培训学校 298 295 所，毕业生 5 706.80 万人。成人初等学校 159 435 所，其中职工初等学校 1 959 所，农民初等学校 157 476 所。全年扫除文盲 548.17 万人。

1994 年

2 月 6 日 江泽民为《现代科学技术基础知识（干部选读）》撰写题为《用现代科学技术知识武装起来》的序言，指出：现代科学技术的发展日新月异，新发明、新理论层出不穷，知识更新异常迅速。我们只有锲而不舍地努力学习，不断汲取新的知识，充实自己，才能提高决策水平和领导艺术。

3 月 4 日至 7 日 全国党校工作会议在北京召开，江泽民在同与会代表座谈时提出：全党同志要努力学习，各级领导干部更要带头努力学习。“以其昏昏，使人昭昭”，是不能担当改革开放和社会主义现代化建设的领导重任的。

3 月 14 日 国务院办公厅转发农业部《关于实施“绿色证书工程”的意见》，就实施“绿色证书工程”的重要性和必要性，指导思想和原则，目标和任务，实施步骤、组织与管理，加强组织领导等提出要求，强调通过实施“绿色证书工程”，对具有初、高中文化程度的农民进行岗位培训，培养一支能够起示范带头作用的农民技术骨干队伍。“绿色证书”是农民从事某项农业技术工作所必须具备的知识、技能及其他条件的资格证明。“绿色证书”制度是通过立法、行政等手段，把农民从业的技术资格要求、培训、考核、发证等固定下来，并制定配套政策，成为农民从业和培训的规程。

3 月 15 日　北京市成人教育局分别会同北京市有关委办局联合印发了《北京市乡镇企业职工培训工程实施方案》、《北京市中高层次紧缺人才培训工程实施方案》和《北京市转岗人员培训工程实施方案》。乡镇企业培训的目标是：到 1997 年全市为乡镇企业培训 1 万名大专毕业生，5 万名中专毕业生，专业技术人员新增 1 万人和对 50 万名职工进行岗位培训，简称“1515 工程”。北京市中高层次紧缺人才培训工程的目标是：集中力量培训 15 万当前紧缺的现代企业管理、涉外商务、金融保险、房地产开发与经营、城建工程项目管理、财税审计、涉外法律、外经外贸、农村经济管理、旅游和专业外语、计算机应用技术等方面的高层次、复合型和外向型人才。培训对象主要是具有大专以上文化程度的管理、技术人员和后备干部。北京市转岗人员培训工程的目标是：在 1997 年前，对全市百万转岗人员进行职业道德、文化和专业知识、工作能力和操作技能的培训，提高其择业竞争上岗的能力，以适应新旧经济体制转换和建立现代企业制度的需要，加快首都改革和建设步伐。

4 月 20 日　国家教委印发《关于改革和发展成人中等专业教育的意见》。提出 90 年代成人中等专业教育的发展目标是：全面提高成人中等专业教育水平，建立规模适度、布局合理、结构优化、质量和效益较高、具有地方、行业特色及较强职业性和开放型的成人中等专业教育体系。到 2000 年，全国大多数县（市）、区要建立成人（农民）中等专业学校或成人教育中心。并提出改革学校内部管理体制和运行机制，扩大办学自主权，突破单一学历教育模式等 8 项具体改革措施。

5 月 6 日　中共中央发出《关于新形势下加强党校工作的意见》，指出：党校办学水平的提高和事业的发展，关键在于解放思想、实事求是、深化改革。党校改革的重点是教学和科研改革，根本的问题是根据新的情况进一步贯彻好理论联系实际的方针。

6月14日　1994年全国各类成人高校招生录取工作集体办公会在北京市举行。国家教委副主任王明达到会讲话。

6月14日　江泽民在《振兴民族的希望在教育》一文中指出，在我们这样一个有近12亿人口、资源相对不足、经济文化比较落后的国家，依靠什么来实现社会主义现代化建设的宏伟目标呢？具有决定性意义的一条，就是把经济建设转到依靠科技进步和提高劳动者素质的轨道上来，真正把教育摆在优先发展的战略地位，努力提高全民族的思想道德素质和科学文化素质，这是实现我国现代化的根本大计。我国的基本国情之一，是在经济比较落后的条件下办大教育。我们必须立足于这个实际，深化教育改革，使教育结构和教育体制适应社会主义市场经济发展和社会全面进步的要求。财政再困难，也必须舍得投资，把义务教育办好，这是提高全民素质的奠基工程。高等教育要通过改革，进一步提高教育质量和办学效益。要大力发展各种层次的职业教育和成人教育，使大部分人的思想文化素质和职业技能得到提高。调整教育结构的关键环节，是要多办一些各类职业学校，培养大量各种初级、中级人才。这既有利于学生的分流，又能满足当前经济社会发展的多方面需要。各级教育部门和学校的广大教育工作者需进一步解放思想，实事求是，积极探索社会主义市场经济条件下教育的新体制和发展的新路子，努力建设有中国特色的社会主义教育体系。

6月14日至17日　中共中央、国务院在北京召开全国教育工作会议。提出要落实教育优先发展战略，贯彻实施《中国教育改革和发展纲要》，强调各级各类教育都要贯彻党的教育方针，坚持社会主义办学方向，实现教育同生产劳动相结合。李鹏在全国教育工作会议上作主题报告，在谈到大力发展职业教育和成人教育时指出："要特别重视电视教育，提高电视教材的制作水平，这是一种花钱少效益高的办学方式。"

6月18日至20日　国家教委在北京召开"九十年代基本普及九年义务教育和基本扫除青壮年文盲督导工作会议"。

6月　建设部在北京召开劳务培训试点工作会议，并印发《关于开展建筑施工劳务资格培训，实行劳务资格证书制度试点工作的通知》，指出：试点的目的是研究如何贯彻落实“先培训，后输出”的要求，对从事建筑施工的劳务人员，进行施工基础知识、职业道德与工种基本技能的培训，探索建立劳务培训及实行资格证书制度的政策、办法及管理制度，逐步规范建筑劳动力市场。《通知》对开展劳务培训试点工作进行了布置。与此同时，建设部还发布了《建筑施工劳务技工和劳务普工培训、考核标准（试行）》，并组织专家编写了《建筑施工劳务培训读本》，作为劳务培训教材正式发行。

7月3日 国务院发出《关于〈中国教育改革和发展纲要〉的实施意见》。强调大力发展以扫盲和岗位培训及继续教育为重点的成人教育。成人学历教育要向多样性、职业性方向发展。大力加强在职干部的培养提高和继续教育工作。另外，《实施意见》指出成人教育应面向社会需求，在政府的统筹管理下，主要依靠行业、企事业单位、社会团体和公民个人举办，鼓励社会各方面联合举办。政府通过专项补助和长期贷款等形式给予必要的扶持。

7月5日 八届全国人大八次常务委员会会议通过《中华人民共和国劳动法》。其中第八章第六十六条规定：国家通过各种途径，采取各种措施，发展职业培训事业，开发劳动者职业技能，提高劳动者素质，增强劳动者的就业能力和工作能力。

8月23日 中共中央印发《爱国主义教育实施纲要》，并发出通知指出：爱国主义历来是动员和鼓舞中国人民团结奋斗的一面旗帜，是推动我国社会历史前进的巨大力量，是全国各族人民共同的精神支柱。在新的历史条件下，加强爱国主义教育，继承和发扬爱国主义传统，对于振奋民族精神，增强民族凝聚力，团结全国各族人民自力更生，艰苦创业，为建设有中国特色社会主义宏伟事业而奋斗，具有重要的现实意义和深远的历史意义。

8月23日 国务院发布实施《残疾人教育条例》，共9章32条。规定县级以上政府部门应为残疾人开设广播电视课程，对残疾人进行扫盲、文化知识和技能培训，鼓励帮助残疾人自学成才。

9月1日 国家教委发出《关于在90年代基本普及九年义务教育和基本扫除青壮年文盲的实施意见》。明确“全国基本扫除青壮年文盲”的目标是，到20世纪末，在90%以上人口地区扫除青壮年文盲，使青壮年人口中文盲率降到5%以下。实施原则是，坚持普及初等教育、扫盲教育、扫盲后继续教育统筹规划；学文化与学技术相结合；广泛动员社会力量支持、参与扫盲教育；把扫除妇女文盲、少数民族地区、贫困和边远地区文盲工作作为重点；坚持标准，注重质量。步骤为，90年代每年扫除文盲不少于400万人。并强调深化管理体制和教育教学改革，促进"两基"健康发展；努力增加投入，加强师资队伍建设，保证"两基"顺利实施；加强"两基"工作的领导与监控等。

9月24日 经国务院批准，成立了全国扫盲工作部际协调小组。主要负责扫盲工作的宏观指导和检查，动员全社会关心、支持和参与扫盲工作。国家教委主任朱开轩任组长。

10月8日 国家教委印发《关于加强成人教育管理干部岗位培训工作的意见》。提出到20世纪末，全国基本建立起成人教育管理干部岗位培训制度；明确现阶段成人教育管理干部岗位培训的主要任务：(1) 大力开展多样化的适应性培训，努力提高成人教育整个管理队伍的管理水平和适应能力；(2) 认真抓好各级各类成人学校院校长的资格性培训，提高成人学校主要管理者的政治、业务素质和履行岗位职责的能力，达到岗位规范的要求。

10月10日至13日 建设部组织的首次注册建筑师考试（试点）在沈阳建筑工程学院举行，700多人参加考试。美国、英国以及香港地区的观察团到现场观察。10月13日，美国全国建筑师注册管理委员会与中国方面就双方互相承认对方注册建筑师资格、互派人员考察等事宜达成会议纪要。

10月17日 国家教委办公厅印发《普通高等学校函授教育评估基本内容和准则》、《普通高等学校夜大学评估基本内容和准则》、《普通高等学校函授教育评估指标体系（试行)》和《普通高等学校夜大学评估指标体系（试行)》等文件。

10月28日至30日 民革、民盟、民建、民进、农工民主党、致公党、九三学社、台盟八个民主党派和全国工商联、中华职业教育社联合在北京召开了"全国民办教育研讨会"。

11月2日 全国扫盲工作部际协调小组在北京召开第一次会议。会议强调，扫除文盲是我国的一项大政，是提高民族素质、实现社会主义现代化和小康目标的重要条件。一定要在各级政府的领导下，动员全社会的力量，确保20世纪内，在我国实现基本扫除青壮年文盲的目标。本着分工协作、齐抓共管的精神，各有关部门团体就扫盲工作进行了初步分工，要求充分发挥各部门的优势，齐心协力，团结一致，共同为我国在20世纪末实现基本扫除青壮年文盲的目标而努力。会议通报了吉林省基本扫除青壮年文盲工作验收情况和国家教委的表彰奖励决定。

11月3日 建设部印发《建设劳务资格鉴定和证书制度试行办法》，决定在建设系统各行业试行劳务资格鉴定和证书制度。

11月 经上海市人民政府批准，全国第一所社区教育学院——上海金山社区教育学院成立。该校的宗旨是“立足社区，依靠社区，服务社区，促进社区发展”，是集学历教育、职业培训、继续教育、社区服务功能为一体的综合性新型高等教育机构。

11月30日至12月3日 全国组织工作会议在北京召开。江泽民发表讲话，胡锦涛作主题报告。会议着重研究和部署了培养、选拔德才兼备的领导干部，加强各级领导班子建设的工作。

12月9日 劳动部印发《就业训练规定》，包括总则、组织与管理、就业训练中心、非劳动部门办就业训练、考核与发证、经费、罚则、附则，共8章51条。

12月29日 《中华人民共和国监狱法》规定，监狱应当根据不同情况，对罪犯进行扫盲教育、初等教育和初级中等教育；罪犯的文化和职业技术教育，应当列入所在地区教育规划。

12月30日 国家教委办公厅发出《关于全国高等教育自学考试指导委员会办公室与国家教委考试中心合并及有关问题的通知》。

本年 成人高等学校1 172所，其中广播电视大学46所，职工高等学校703所，农民高等学校4所，管理干部学院170所，教育学院245所，独立函授学院4所。成人高等教育毕业生45.53万人，在校生235.2万人。成人中等学校9 567所，其中成人中专4 811所，成人中学4 756所，成人中等学校毕业生126.27万人，在校生324.43万人。成人技术培训学校344 829所，毕业生6 625.38万人。成人初等学校163 423所，其中职工初等学校1 115所，农民初等学校162 308所。全年扫除文盲486.18万人。

1995 年

1 月 12 日 国家教委印发《关于公布首批普及九年义务教育和扫除青壮年文盲县（市、区）名单的决定》。

1 月 17 日至 20 日 建设部召开了全国建设教育工作会议。会议的主题是进一步学习、贯彻《中国教育改革和发展纲要》和全国教育工作会议精神，落实教育优先发展的战略地位，确立建设教育改革和发展的任务目标和指导思想，构建面向 21 世纪建设教育新格局，建立和完善能动的建设教育运行机制。建设部党组全体同志出席了会议，侯捷部长讲了话，毛如柏副部长作了题为《抓住机遇，深化改革，为全面提高建设队伍的素质而奋斗》的工作报告。

1 月 24 日 国家教委办公厅发出《关于转发黑龙江省〈强化政府行为，加大工作力度，坚持不懈地扫除剩余文盲〉经验材料的通知》。

1 月 28 日 全国高等教育自学考试指导委员会召开在京委员座谈会，国家教委副主任王明达到会。会议就调整自学考试专业设置、修改考试计划和大纲、统一编写自考教材、建立助学指导服务中心、加强教学管理和科研等进行了研讨，并希望在年内出台自学考试改革方案。

1 月 28 日 水利部发布《水利行业职工教育条例》，共有总则，管理体制和职责，办学发证与使用，教师和管理干部，职工的学习权利和义务，经费与基地建设，监督与奖惩，附则等八章。

1 月 建设部监理司通知，从 1 月开始进行监理工程师注册工作。已取得监理工程师证书的人员，需经注册后，方能受聘于监理单位，以监理工程师的名义从事监理工作。

2 月 5 日 国务院学位委员会发出《关于进一步做好在职人员以研究生毕业同等学力申请硕士学位工作若干问题的通知》。

2 月 22 日至 24 日 国家教委在安徽省合肥市召开安徽、江苏、山东、河南、四川等省扫盲工作座谈会。会议指出，“两基”要并重并举，扫盲要责任到乡，工作到村，验收到县。会议强调，“两基”是 20 世纪内全国教育工作最重要的、经常性的中心任务，要年年摆在中心位置上。

2月23日 国家教委发出《关于进一步加强普通、成人高等学校招生全国统一考试管理工作的意见》，提出要提高贯彻执行国家的招生考试政策的自觉性，防微杜渐，采取有力措施，使考风考纪不断得以加强的若干具体措施。

3月7日 国家教委印发《关于加强广播电视、函授中等专业教育管理的意见》，提出90年代要建立规模适度，布局合理，结构优化，质量和效益较高，具有地方、行业特色及较强职业性和开放型的成人中等专业教育体系及成人中专改革等八项措施。

3月18日 第八届全国人民代表大会第三次会议通过并发布《中华人民共和国教育法》，自1995年9月1日起施行。《教育法》提出，成人教育是传统学校教育向终身教育发展的一种新型教育制度，规定"国家实行职业教育和成人教育制度"，"国家鼓励发展多种形式的成人教育，使公民接受适当形式的政治、经济、文化、科学、业务教育和终身教育"。

3月20日 中共中央组织部、国家经贸委、国家教委、财政部、人事部联合印发《关于加强干部培训管理的若干规定》。目的是在各级党委和政府的领导下，大规模地开展干部培训工作，提高干部队伍素质，促进改革开放和社会主义现代化建设。《规定》明确坚持政事分开，党委和政府机关一般不得直接举办培训班；实行举办干部培训班要履行申报审批制度；要求中央、国家机关各部门要抽调领导干部脱产参加学习培训。同时规定举办公务员培训班，要按《国家公务员暂行条例》和《关于加强人事部门及其所属单位办班管理的通知》等有关规定审批；社会团体举办培训班，要由当地的教育行政部门按国家有关规定审批。另外对收费和颁发证书的管理也提出了具体要求。

3月22日 建设部和人事部联合颁发了《房地产估价师执业资格制度暂行规定》，规定国家实行房地产估价人员执业资格认证和注册登记制度，房地产估价师执业资格实行全国统一考试制度。首次考试将在1995年9月5日和6日举行。

3月24日 全国扫盲工作部际协调小组办公室第一次会议在国家

教委召开。会议通报了1994年扫盲工作进展，部署1995年扫盲工作任务，研究分工协作，要求各部门齐抓共管，分工协作，加大力度，推动扫盲工作任务的落实和完成。

4月17日 国家教委印发《成人中等专业学校校长岗位规范（试行）》。对校长的基本职责、基本素质和基本任职条件作出规定。这个岗位规范成为成人中等专业学校校长岗位培训的依据。

5月6日 中共中央、国务院作出《关于加速科学技术进步的决定》，提出科教兴国的战略。《决定》指出：科教兴国，是指全面落实科学技术是第一生产力的思想，坚持教育为本，把科技和教育摆在经济、社会发展的重要位置，增强国家的科技实力和将科学技术向现实生产力转化的能力，提高全民族的科学文化素质，把经济建设转移到依靠科技进步和提高劳动者素质的轨道上来，加速实现国家的繁荣昌盛。

5月26日 江泽民在《实施科教兴国战略》一文中指出，科学技术人员是新的生产力的重要开拓者和科学知识的重要传播者，是社会主义现代化建设的骨干力量。实施科教兴国战略，关键是人才。人类生产及社会服务自动化、信息化、智能化水平正在不断提高，许多繁重、重复的体力劳动正在被各种自动化机械和计算机所取代，对劳动者知识和技术水平的要求越来越高。大大提高我国劳动者中科技人才的比例，提高劳动者队伍的整体素质，对于我国社会主义现代化建设事业具有重大意义。

6月8日 全国妇联、国家教委发出《关于举行第三届“巾帼扫盲奖”评比表彰活动的通知》。

6月8日 全国高等教育自学考试办公室召开“自学考试教育规律研讨会”，国家教委副主任王明达出席会议并讲话。

6月8日 国家教委副主任王明达出席了共青团中央召开的“中国大中学生志愿者扫盲与科技文化服务行动”电话会议并讲话。

6月12日 中华全国总工会、国家教委、国家科委、人事部、劳动部共同组织发起的“全国职工自学成才奖”评选揭晓。

6月14日 国家教委颁发《关于深入推进农村教育综合改革的意见》，进一步明确了农村教育综合改革的指导思想和方针任务；强调要继续调整农村教育结构，坚持“三教统筹”，在切实保证“两基”重中之重地位的同时，大力发展职业教育和成人教育；必须加强农科教结合的力度，促进农村经济的发展。要求各级政府要采取有力措施坚持不懈地把农村教育综合改革推向深入。

6月14日 国家教委发出《关于做好普通高等学校函授、夜大学教育评估工作的通知》，明确了评估的对象、依据、内容和重点、工作步骤、时间安排、对评估结果的处理等有关事宜。

6月26日至29日 全国煤炭科技教育大会在北京召开，国务委员宋健出席会议并讲话。会议号召全行业广大干部职工，认真贯彻执行煤炭工业部党组《关于加快实施科教兴煤战略的决定》，依靠提高人才素质和科技进步，振兴煤炭工业。

7月1日至3日 由电子工业部、劳动部、中华全国总工会、共青团中央、中国残疾人联合会联合主办的"长虹杯"全国家电维修技能大赛在北京举行。党和国家领导人邹家华、倪志福、李沛瑶、曾培炎等为大赛题词。全国人大常委会副委员长李沛瑶，电子工业部部长胡启立、副部长曲维枝，共青团中央书记处第一书记李克强、书记袁纯清，全总副主席张丁华，劳动部副部长林用三，中残联理事长邓朴方参加了大赛闭幕式，并为获奖选手颁奖，此次比赛获得前五名的选手被授予"全国技术能手"称号，并得到团中央和总工会的表彰。

7月11日 由国家教委和团中央组织的"扫盲和科技文化服务行动"首都大、中学学生志愿者出征仪式在清华大学举行。与此同时，全国各地的近百万名大、中学生志愿者陆续起程。

7月13日 国家教委对《北京市国家文凭考试学生毕业问题的请示》批复：参加国家文凭考试的学生，修完教学计划规定的全部课程(包括由自考机构统一组织考试的课程和学校负责考试的课程)，各门课程考试成绩合格，准予毕业，由北京市高等教育自学考试委员会发给自学考试毕业证书（可在证书上加盖学校印章），不另外印制国家文凭考试毕业证。参加国家文凭考试取得毕业证书的毕业生，国家承认其大学专科学历，享受国家规定的高等教育自学考试毕业生的同等待遇。

8月1日 国家教委发出关于印发《示范性乡（镇）成人文化技术学校规程》的通知。要求各省、自治区、直辖市根据本地实际情况，制定"九五"规划，在加快乡（镇）成人文化技术学校基地建设的基础上，有计划地建立一批高标准、高质量的示范性乡（镇）成人文化技术学校。到2000年，各省、自治区、直辖市要有10%左右的乡（镇）成人文化技术学校达到示范校的标准。《规程》对示范性乡（镇）成人文化技术学校的建制、认定、办学条件、经费标准等作出规定，力求促进此类学校的健康发展。

8月14日 国家教委发出《关于广播电视大学招收高等专科“注册视听生”试点的通知》，对招生、学籍管理和教学管理、试点专业、试点学校等作了规定。

8月 中国岗位培训制度研究丛书共12辑，由中国人事出版社出版。

9月4日至15日 联合国第四次世界妇女大会在北京举行。大会的主题是“以行动谋平等、发展与和平”，次主题是“教育、健康、就业”。

9月5日 为贯彻国家教委《关于加强成人教育管理干部岗位培训工作的意见》，推动培训工作的有效开展，提高成人教育管理干部的政治、业务素质及履行岗位职责的能力，国家教委成人教育司决定组织编写、出版有关成人教育管理干部的岗位培训教材，包括《成人教育基础》、《成人教育政策法规》、《成人教育行政管理实务》、《独立设置成人高校管理实务》、《成人中等专业学校管理实务》、《普通高校成人教育管理实务》、《社会力量办学管理实务》、《企业成人教育管理实务》、《农村成人教育管理实务》等。

9月6日 《中国教育报》报道：为了扩大广播电视大学的开放办学，主动适应经济建设对人才的需求，国家教委决定从1995年秋季开始，在10个省、自治区和计划单列市进行招收高等专科“注册视听生”试点工作。

9月8日 国务院副总理李岚清、国家教委主任朱开轩在由联合国教科文组织举办的“国际扫盲日”纪念仪式上讲话，号召进一步开展扫盲工作。

9月23日 国务院发布《中华人民共和国注册建筑师条例》，共6章37条，规定了注册建筑师的任职条件、培训及考核办法等。

11月1日 人事部颁布《全国专业技术人员继续教育暂行规定》。

明确继续教育的对象是事业、企业单位从事专业技术工作的在职专业技术人员，继续教育的任务是使专业技术人员的知识和技能不断得到增新、补充、拓展和提高，以完善知识结构，提高创造能力和专业技术水平。在90年代初，人事部曾提出建立继续教育“三化”（科学化、制度化、经常化）和“五有”（有规划、有制度、有组织、有经费、有考察）的管理体系。

11月8日　江泽民在《讲学习，讲政治，讲正气》一文中指出，要加强领导，首先必须加强对干部特别是领导干部的教育，努力提高他们的素质、责任感和工作水平。改革开放和现代化建设越深入，越要加强对干部的教育。在党的建设中，必须把教育干部摆在突出的位置，作为关键的一环来抓。江泽民号召各级领导干部应自觉地加紧学习，争取掌握更多的现代科学文化知识。应该学会毛泽东同志所提倡的“挤”和“钻”的精神，先挤出时间来学习，然后再钻研进去。

11月9日　国家教委印发《关于成人高等学校试办高等职业教育的意见》，对培养目标、招生对象、专业设置、毕业文凭、试点学校及审批程序等方面作了规定。强调成人高等学校试办的高等职业教育是培养德、智、体全面发展的、实用性、技能性较强的生产、工作第一线的专科层次技术（含管理、操作、服务）人才，毕业生应掌握职业岗位所要求的专业（技术）理论，具有较高的职业技能和实际工作能力。

11月11日至14日　首次全国一级注册建筑师考试在全国31个考场进行，共9 100人参加了考试，来自美国、英国、日本、韩国、新加坡等国家及中国香港地区的考试观摩团，观摩了考试工作。

11月23日　北京市高等教育自学考试创建15周年暨国家学历文凭考试首批毕业生颁证大会在北京召开。

12月7日　国家教委办公厅印发《关于实施“燎原计划百、千、万工程”的意见》。文件提出为深入推进农村教育综合改革，推动燎原计划的实施，国家教育委员会决定组织实施“燎原计划百、千、万工程”。即在全国上千个乡、上万个村推广上百项农村实用技术。

12月14日至15日　全国高等教育自学考试指导委员会第四次会议在北京举行。会议通过了新一届全国自学考试委员会章程。

12月25日　国家教委、财政部发出《关于扫盲工作经费问题的通知》，要求各地应加强对扫盲工作的领导，妥善解决扫盲经费，确保按规划完成扫盲任务。中央财政决定安排扫盲奖励专款用于扫盲表彰、奖励工作。各级人民政府也应当对在扫盲工作中成绩显著的单位和个人予以表彰、奖励。实施“国家贫困地区义务教育工程”项目的地方，可以根据扫盲工作的情况，在其安排的配套资金中适当安排一部分用于扫盲工作，具体数额由各地自定。

本年 成人高等学校 1 156 所，其中广播电视大学 46 所，职工高等学校 694 所，农民高等学校 4 所，管理干部学院 166 所，教育学院 242 所，独立函授学院 4 所。成人高等教育毕业生 63.61 万人，在校生 257.01 万人。成人中等学校 10 924 所，其中成人中专 4 904 所，成人中学 6 020 所，成人中等学校毕业生139.08万人，在校生 317.16 万人。成人技术培训学校 398 796 所，毕业生 7 698.19 万人。成人初等学校 167 487 所，其中职工初等学校 1 078 所，农民初等学校 166 409 所。全年扫除文盲 434.47 万人。

1996 年

2 月 16 日 国家教委发出《关于农村成人学校和中小学参加扫盲工作的通知》，要求在各级政府的统筹下，发挥社会各方面的力量，进一步做好组织发动工作。各地要创造条件，调动中小学师生参加扫盲工作的积极性。

2 月 26 日 国家教委召开新闻发布会，公布第二批 471 个基本普及九年义务教育和扫除青壮年文盲县、市、区名单。

2 月 28 日至 3 月 1 日 全国扫盲工作会议在浙江省温州市举行。会议宣布，“八五”期间，全国共扫除文盲 2 598 万人，平均每年扫盲约 520 万人。

2 月 29 日 国家教委印发《普及九年义务教育和扫除青壮年文盲工作表彰奖励办法》。制定《办法》的目的是为了推动 90 年代全国基本普及九年义务教育和基本扫除青壮年文盲目标的基本实现，调动地方人民政府实施“两基”的积极性。《办法》规定了对普及九年义务教育和扫除青壮年文盲工作出色的省和县进行表彰的条件及申报与审批办法。

3月5日 第八届全国人大第四次会议通过的《关于国民经济和社会发展“九五”计划和2010年远景目标纲要》指出，优先发展教育，提高国民素质，是我国现代化事业的百年大计。要积极发展电视教育、函授教育、业余进修和自学辅导等多种办学形式。成人教育重点放在岗位培训和继续教育上，发展多种形式的职前、职后和转岗培训教育。

3月14日 国家教委发出《关于广播电视大学举办“专升本”教育试点的通知》。提出：从长远看，“专升本”教育应采用开放办学的模式。《通知》还就1996年8所学校试点招收1 500名新生的具体事宜进行了规定。

3月20日 国家教委和全国扫盲部际协调小组成员单位在北京人民大会堂举行仪式，宣布设立“中华扫盲奖”及“中华扫盲奖锡山奖”，旨在表彰奖励在扫盲工作中做出突出成绩的先进单位和个人。江苏省锡山市人民政府捐款250万元资助“中华扫盲奖”的设立，支持全国扫盲奖励活动，决定在“中华扫盲奖”下设立“中华扫盲奖锡山奖”。

3月27日 国家教委发出《关于加强社会力量办学管理工作的通知》，对提高认识，加强管理，抓紧做好规范学校名称的工作，加强学校简章和招生广告管理，收费和财产管理等作出规定。社会力量办学是我国社会主义教育事业的组成部分，是加快教育事业发展的重要途径，是当前教育体制改革的重要内容。各级教育行政部门要认真贯彻“积极鼓励，大力支持，正确引导，加强管理”的方针，把社会力量办学纳入本地区教育事业的发展规划和部门管理工作的范围，制定和完善有关规章，及时研究、解决办学中出现的问题，切实加强领导和管理。要根据本地区社会力量办学发展的实际情况，确定一名负责同志抓社会力量办学的管理工作，设置必要的管理机构，明确主管处、科、室的职责，配备和充实管理人员，落实管理责任和管理经费，保证本地区社会力量办学的健康发展。另外要求建立健全社会力量办学的审批制度；继续抓紧做好规范学校名称的工作；加强对招生广告的审核和管理；加强对学校教育质量的检查和评估；加强对学校收费及财产、财务的管理和监督。另外提出要在年内开展一次对社会力量办学的全面检查。

3月27日 国家教委印发《高等教育自学考试实践性环节考核管理试行办法》。对自学考试实践性环节考核的组织领导、报名及考核地点、考核要求、考籍管理、考核纪律等事项作了规定。

4月2日至6日 全国广播电视大学教育工作会议在安徽省屯溪举行。会议讨论了广播电视大学"注册旁听生"、"专升本"教育试点及法规建设等工作。

4月10日 国家教委印发《全国教育事业"九五"计划和2010年发展规划》，提出：以普及九年义务教育和扫除青壮年文盲为重点，积极发展职业教育和成人教育，适度发展高等教育，优化教育结构，努力提高教育质量和办学效益，形成具有中国特色、面向21世纪的社会主义教育体系的基本框架。

4月22日 国家教委发出《关于社会力量办学管理经费问题的意见》。

5月10日 国家教委发布《高等教育自学考试社会助学工作的意见》和《高等教育自学考试开考专业管理办法》。

5月24日 国家教委办公厅发出《关于扩大广播电视大学高等专科"注册视听生"试点学校的通知》，扩大青海省等进行广播电视大学高等专科"注册视听生"试点。

5月28日 全国社会力量办学管理座谈会在北京召开。会议强调，各级教育行政部门要认真贯彻"积极鼓励、大力支持、正确引导、加强管理"的方针，进一步推动社会力量办学的健康发展。

6月6日 国家经贸委印发《"九五"期间全国企业管理人员培训纲要》，对管理人员培训的指导思想、任务、措施、管理和基地等作出规定。提出"九五"期间，各地区、部门经济管理干部院校、企业管理培训中心和企业培训基地的建设，要坚持稳定规模、提高质量、发挥优势、办出特色的方针。

8月19日 中共中央印发《1996—2000年全国干部教育培训规划》，重点对进一步学习邓小平建设有中国特色的社会主义理论作了部署，并提出干部院校、培训中心要积极推进改革，按需施教，直接有效地为社会主义现代化建设事业服务；干部培训部门要加强指导协调，提供有效服务等要求。

8月28日 国家教委、财政部联合印发《扫盲工作先进地区奖励办法》。同日，国家教委印发《"中华扫盲奖"评选奖励办法》。

9月9日 国家教委、财政部联合作出决定，表彰全国扫除文盲工作先进的江苏、广东、山东、安徽等四省人民政府及100个先进地区和县（市）。

9月10日 首届"中华扫盲奖"颁奖仪式在人民大会堂举行。98个扫盲先进单位和200名扫盲先进个人荣获"中华扫盲奖"。国务院副总理李岚清向获奖者致贺信。国家教委主任朱开轩主持颁奖仪式。

9月12日 国家教委印发《中等专业教育自学考试改革与发展的意见》，提出在"九五"期间要针对制约中专自考发展的不利因素，通过调整开考专业、规格标准、课程设置和理顺管理机制、下放开考权限等措施，调动各级自考办和有关部门的积极性，采取有力措施，积极发展考试规模。

10月1日 《中华人民共和国老年人权益保障法》公布实施。规定了老年人有继续接受教育的权利，明确了国家发展老年教育，鼓励社会办好各类老年学校的方针。

10月7日至10日 中共十四届六中全会在北京召开。全会审议并通过《中共中央关于加强社会主义精神文明建设若干重要问题的决议》。指出精神文明建设的指导思想是：以马克思列宁主义、毛泽东思想和邓小平建设有中国特色社会主义理论为指导，坚持党的基本路线和基本方针，加强思想道德建设，发展教育科学文化，以科学的理论武装人，以正确的舆论引导人，以高尚的精神塑造人，以优秀的作品鼓舞人，培育有理想、有道德、有文化、有纪律的社会主义公民，提高全民族的思想道德素质和科学文化素质，团结和动员全国各族人民把我国建设成为富强、民主、文明的社会主义现代化国家。

10月8日至10日 全国高等教育自学考试工作会议在北京举行。会议就在新形势下进一步改革和加强自学考试工作，促进更多的人自学成才，进行了研究和部署。

10月18日 国家教委发出《关于成人中等专业学校招收应届初中毕业生有关问题的通知》，规定应届初中毕业生报考成人中等专业学校，需参加省、自治区、直辖市统一组织的初中毕业生升学考试，并由省级招生部门划定最低录取分数线，由高分到低分录取。通知还对单独编班、招生学校审批等事项作出规定。

10月30日 劳动部、国家经贸委印发《企业职工培训规定》，内容包括总则、企业和职工的责任、培训保障、法则、附则，共5章30条。对企业职工培训的目的、实施原则、企业和职工的责任、培训保障条件等作出了具体规定。

12月31日 国家教委办公厅发出《关于调整函授、卫星电视教育、自学考试相结合的中学师资培训工作的通知》。

12月 国家教委成人教育司委托华东师范大学举办新中国成立以来首期普通高等学校成人教育学院院长资格性岗位培训试点班。

本年 宁夏“231”工程领导小组获得教科文组织颁发的“国际扫盲奖”表扬奖。“231”工程是1990年9月由宁夏回族自治区党委和人民政府正式提出的，其主要内容是：扫文盲、扫科盲，学文化、学技术、学经营管理，造就一代新型农民（即“231”）。自治区主要领导亲自领导实施这项工程，把扫除文盲和扫盲后继续教育作为自治区党委、政府的一项智力开发工程，纳入宁夏经济发展规划之中，摆在政府工作的重要位置。

本年 成人高等学校1 137所，其中广播电视大学45所，职工高等学校680所，农民高等学校4所，管理干部学院164所，教育学院240所，独立函授学院4所。成人高等教育毕业生77.15万人，在校生265.57万人。成人中等学校10 453所，其中成人中专5 070所，成人中学5 383所。成人中等学校毕业生147.84万人，在校生369.72万人。成人技术培训学校442 768所，毕业生8 337.02万人。成人初等学校163 139所，其中职工初等学校1 546所，农民初等学校161 593所。全年扫除文盲406.78万人。

1997 年

1月7日 国家教委办公厅印发《自学考试改革与发展规划

(1996—2000年)》，提出，自学考试改革与发展的目标和任务是“扩大服务面向，提高教育质量”；学历层次以专科为主，适当发展本科，并以培养应用型人才为主；进行专业调整，修订专业考试计划，实行模块式课程；改革考核重点和命题体制等。

1月26日 国家教委在1997年教育工作会议上公布全国第三批实现“两基”的县（市、区）名单。1996年，全国又有26个省、自治区的457个县（市、区）和其他实施义务教育的行政区划单位基本达到现阶段“普九”和扫盲的各项要求。

2月3日 国家教委印发《1997年全国各类成人高等学校招生规定》和《1997年全国各类成人高等学校举办大学专科起点本科班招生规定》。

4月16日 北京市第十届人民代表大会常务委员会第三十六次会议通过《关于修改〈北京市职工教育条例〉的决定》，修改过的《条例》继续保留了原条文中的一些重要内容：大型企业事业单位用于职工教育的校舍面积，应当不低于职工人均0.3平方米的标准；专职教师应当不少于职工总数的3‰；企业事业单位必须保证职工教育经费，职工教育经常费用按照不低于职工工资总额的1.5%提取。

5月30日 全国扫盲工作部际协调小组会议在北京举行。会议就配合国家教委在1997年工作要点中提出的“继续广泛动员全社会积极参与扫盲工作，力争年内全国完成扫除400万文盲的任务”等问题，进一步达成了共识。

6月25日 《中国教育报》报道：历时近两年的全国普通高校函授、夜大学教育评估工作告一段落。参加评估的是经国家教委审批、备案，具有举办函授、夜大学本专科教育办学资格的841所普通高校。684所函授单位中229所为优良校，446所为合格校；549所夜大学中202所为优良校，338所为合格校。

7月31日 国务院发布《社会力量办学条例》，自1997年10月1日施行。提出国家对社会力量办学实行“积极鼓励、大力支持、正确引导、加强管理”的方针。

9月8日 第二届“中华扫盲奖”颁奖仪式在北京举行。同日，国家教委发出《关于表彰第二届“中华扫盲奖”获奖个人和单位的决定》。

9月12日 中国共产党第十五次全国代表大会在北京召开，江泽民在报告中提出，培养同现代化要求相适应的数以亿计高素质劳动者和数以千万计的专门人才，发挥我国巨大人力资源的优势，关系21世纪社会主义事业的全局。要切实把教育摆在优先发展的战略地位，尊师重教，加强师资队伍建设。发挥各方面的积极性，大力普及九年义务教育、扫除青壮年文盲，积极发展各种形式的职业教育和成人教育。

10月14日 国家教委印发《关于实施〈社会力量办学条例〉若干问题的意见》。就《社会力量办学条例》的宣传贯彻、《条例》的适用范围、教育机构的审批、备案等问题作出规定。

11月21日 国家教委发布《关于表彰全国成人高等教育评估优秀学校的通知》。

11月26日至27日 全国高等教育自学考试指导委员会工作会议在北京举行。会议就高等教育自学考试在改革和发展过程中所面临的保证考试质量，调整开考专业，落实“教考职责分离”原则，推进自学考试面向农村等问题提出建议。

12月4日 国家教委办公厅、劳动部办公厅联合发出《关于实行社会力量办学许可证制度有关问题的通知》。为了贯彻《社会力量办学条例》，加强对社会力量办学的管理，《通知》对办学许可证作出了详细的规定，指出，办学许可证为教育机构办学的合法凭证；办学许可证自1998年5月1日起启用；各级教育行政部门、劳动行政部门要按规定的职责，完善教育机构的审批、备案制度。县级以上地方人民政府教育行政部门按国家规定的审批权限审批教育机构，由审批机关报上一级教育行政部门备案；县级以上教育行政部门对审批的教育机构定期予以公告，并对抄送备案的社会培训机构会同同级劳动行政部门定期予以公告。

12月9日 国务院办公厅转发农业部、国家教委等11个单位《关于进一步办好农业广播电视学校的意见》，明确了农业广播电视学校的发展目标和任务，提出了办好农业广播电视学校的政策措施。

12月19日 国家教委印发《国家教委关于进一步推进城市教育综合改革的若干意见》。明确城市教育综合改革是在经济体制和科技体制改革全面展开和逐步深化的条件下，为促进教育与经济、科技的紧密结合，适应整体推进教育改革的客观需要而提出的一项重大改革；它是城市现代化建设和构建城市现代教育体系的基础性工作。并从城市教育综合改革面临的形势，城市教育综合改革的指导思想和目标，推进城市教育综合改革的主要工作，进一步落实城市教育综合改革四个方面提出政策性意见。

本年 成人高等学校1 107所，其中广播电视大学45所，职工、农民高等学院668所，管理干部学院161所，教育学院229所，独立函授学院4所。成人高等教育毕业生89.2万人，在校生272.45万人。成人中等学校10 858所，其中成人中专5 113所，成人中学5 745所。成人中等学校毕业生155.92万人，在校生351.23万人。成人技术培训学校454 549所，毕业生8 579.26万人。成人初等学校193 651所，其中职工初等学校1 087所，农民初等学校 192 564 所。全年扫除文盲403.54万人。

1998年

1月16日 国家教委1998年教育工作会议在南京举行。会议继续把扫除青壮年文盲、做好“普九”工作列为年度工作要点。

1月24日 江泽民在《实事求是、脚踏实地地前进》一文中指出，“面对新形势新任务，加强学习尤其具有紧迫的重要性。人非生而知之。不知，就要学习，学而后知不足。不学习，怎么能知之？我一直强调，我们的省委书记、省长、部长要多读点书，多学习。不读书，不学习，很多问题就搞不清楚。自己都搞不清楚，如何做领导呢？马克思主义的书要坚持读，各方面知识都要不断学。当今世界是一个开放的世界。我们不可能在一个封闭的环境中建设和发展自己。现代经济的运行特别是国际经济、金融的运行十分复杂，瞬息万变，参与、管理、驾驭的难度都很大。不学习，不实践，就难免发生这样那样的问题。经济也好，政治也好，文化也好，都有不依人的意志为转移的内在规律，我们只有正确地认识和掌握它们，并正确地加以运用，才能顺利推进我们的事业。”

3月10日 全国人大九届一次会议第三次全体会议通过国务院机构改革方案，中华人民共和国国家教育委员会更名为中华人民共和国教育部。

3月25日至28日 全国广播电视大学教育工作会议在北京举行。中央广播电视大学校长韦钰在开幕式上作了题为《把一个充满活力的现代远距离教育带入新世纪》的讲话。

4月2日 江泽民在《推动乡镇企业进一步发展》一文中指出，加快人才培养，造就一支高素质的乡镇企业管理队伍。企业的竞争，关键是人才的竞争。乡镇企业发展很快，企业管理者素质跟不上，这是当前一些乡镇企业不适应市场竞争的重要原因。要加大人才培养的力度，有一套促进优秀人才脱颖而出的机制，有一套培训人才的办法，有一套激励他们贡献聪明才智的政策。要搞好企业领导班子的建设，注意培养一大批吃过苦，在第一线经受过考验又懂得市场经济的企业管理人才。企业领导者要加强学习，发扬艰苦创业的好传统，努力提高自身素质。

4月15日 教育部发出《关于动员各类学校大力开展再就业培训的通知》。要求各类学校面向产业结构调整的需要，大力开展对下岗、转岗人员的再就业培训。要面向产业调整的需要，大力开展对下岗、转岗人员的再就业培训，是贯彻教育为社会主义现代化建设服务的重要措施；要结合当地实施再就业工程的要求，做好再就业培训工作，按照“实际、实效、实用”的原则开展再就业培训，并尽量减免学费；要支持鼓励各类学校在开展再就业培训中发挥优势，办出特色；要在当地政府的统筹下与教育行政部门加强合作。

5月4日 北京大学百年庆典在人民大会堂举行。江泽民、李鹏、朱镕基、李瑞环、李岚清参加庆典。江泽民在讲话中指出：“当今世界，科学技术突飞猛进，知识经济初见端倪，国力竞争日趋激烈。邓小平同志反复教导我们，科学技术是第一生产力；必须尊重知识，尊重人才。他的这些重要思想是我们实施科教兴国战略的理论基础。全党全社会都要高度重视知识创新、人才开发对经济发展和社会进步的重大作用，使科教兴国真正成为全民族的广泛共识和实际行动。”

6月1日至5日 中国科学院第九次院士大会、中国工程院第四次院士大会在北京召开。江泽民在会见部分院士时强调，知识经济的基本特征，就是知识不断更新，高新技术迅速产业化。要加快知识创新，加快高新技术产业化，关键在人才，必须有一批又一批的优秀年轻人脱颖而出。

6月2日 江泽民在《领导干部要在思想、作风建设中作出表率》一文中指出，各级领导干部必须坚持不懈地学习、学习、再学习。加强学习的问题，我所以对领导干部和全党同志反复倡导和强调，是因为它太重要了，关系党和国家工作全局，关系改革和建设事业的长远发展。自觉、刻苦地学习，不断吸取新知识新经验，也是领导干部保持好的思想、好的作风的前提条件。当今世界，一些发达国家正在向知识经济前进。知识在经济发展和社会进步中的作用，比以往任何一个历史时代都重要千百倍，从学习的角度来说，当今时代，是要求人们必须终身学习的时代。在这种世界大势之下，领导干部如果不更加奋发地学习，不努力用科学的理论武装自己，不努力掌握先进的科学技术知识，不善于实现知识的不断更新，就必定会落后，就不可能肩负起党和人民交给自己的历史任务。这应该成为每个领导干部非常清醒和自觉的认识。在领导干部的学习方面，除了加强理论学习，还要加强对党的历史，对中国历史的学习，加强对经济、政治、法律、科技、文化等各方面知识的学习。年轻干部风华正茂，处在最佳的学习年龄，尤其要刻苦学习。各级领导干部的学习水平不断得到提高，党和国家的事业就能够更好地向前发展。

6月11日 中华全国总工会、教育部、科学技术部、人事部、劳动和社会保障部印发《全国职工自学成才奖励条例》，共6章13条。规定了自学成才的奖励条件、申报办法、评审程序和待遇及使用等事项。

6月24日 上海明德学习型组织研究所成立，这是国内成立最早的学习型组织研究机构。

6月25日 教育部发出《关于加强普通高等学校高等教育自学考试社会助学管理工作的通知》，规定普通高等学校在加强管理和保证质量的前提下，可以举办以业余形式为主的社会助学班，同时提出严格执行“教考分离”原则，招生广告（简章）必须真实等要求。

7月21日 国务院办公厅下发了《关于印发教育部职能配置内设机构人员编制规定的通知》，决定：在教育部内设立职业教育与成人教育司，统筹管理普通及成人中等职业教育、中等职业学历教育、成人文化技术教育等。

8月3日 教育部印发《关于认真做好“两基”验收后巩固提高工作的若干意见》，提出了坚持“‘两基’为‘重中之重’方针”，“突出重点，抓好薄弱环节”，“加强领导，优先保证‘两基’经费投入”，“全面贯彻教育方针”，“加强教师队伍建设”等意见。

8月17日 全国高等教育自学考试指导委员会在北京宣布：目前高等教育自学考试专业已经调整为224个，新的专业目录和专业规范已经公布。从2002年开始，开考专业和有关要求按照新专业的计划、大纲、教材执行。

8月22日 为纪念国务院《高等教育自学考试暂行条例》颁布10周年，高等教育自学考试研讨会在北京召开。教育部部长陈至立出席会议并讲话。

8月29日 《中华人民共和国高等教育法》规定，国家鼓励企事业组织、社会团体及其他社会组织和公民等社会力量依法举办高等学校；高等教育采用全日制和非全日制教育形式；国家支持采用广播、电视、函授及其他远程教育方式实施高等教育。

9月8日 教育部举行“国际扫盲日”庆祝活动暨第三届“中华扫盲奖”颁奖大会。同日，教育部发布《关于表彰第三届“中华扫盲奖”获奖个人和单位的决定》。

11月26日 教育部发出《关于实施高等教育自学考试专业调整有关问题的通知》。指出教育部制定的《高等教育自学考试专业目录》和《高等教育自学考试专业基本规范》是对高等教育自学考试专业设置进行宏观管理，规范开考专业并保证总体规格和质量标准的规章性文件，文件同时对各地专业调整和开考管理等工作提出了具体要求。

12月11日 教育部印发《关于贯彻十五届三中全会精神，促进教育为农业和农村工作服务的意见》，提出，进一步推动农村教育综合改革，促进农科教结合和“三教”统筹；打好农村“两基”攻坚战，提高农村人口的文化素质；积极发展农村职业教育和成人教育，普及和推广科学技术，培养高素质劳动者和初中级专门人才。

本年 成人高等学校962所，其中广播电视大学45所，职工高等学校567所，农民高等学校3所，管理干部学院153所，教育学院190所，独立函授学院4所。成人高等教育毕业生82.57万人，在校生282.22万人。成人中等学校 10 887 所，其中成人中专 5 068 所，成人中学 5 819 所。成人中等学校毕业生 182.79 万人，在校生 419.66 万人。成人技术培训学校 464 850 所，毕业生 8 682.41 万人。成人初等学校 185 006 所，其中职工初等学校1 304所，农民初等学校 183 702 所。全年扫除文盲 320.89 万人。

1999 年

1 月 11 日至 12 日 教育部 1999 年度工作会议在北京举行。1 月 28 日，教育部印发《教育部 1999 年工作要点》，强调成人教育以岗位培训和继续教育为重点，继续加强再就业培训工作。在经济发达的地区，推进建立学习化社区的试点，扎实做好"两基"及验收后的巩固提高工作，加大对贫困地区"两基"工作的支持力度。

1 月 13 日 国务院批转教育部《面向 21 世纪教育振兴行动计划》，提出了跨世纪教育改革和发展的施工蓝图，明确了到 2000 年和 2010 年我国教育发展的目标；强调"积极发展职业教育和成人教育，培养大批高素质劳动者和初中级人才，尤其要加大教育为农业和农村工作服务的力度"，"成人教育要以岗位培训和继续教育为重点"，"开展社区教育的实验工作，逐步建立和完善终身教育体系"，实施"现代远程教育工程"，形成开放式教育网络，构建终身学习体系。

4 月 5 日 教育部发出《关于暂停和限制部分成人高等学校 1999 年招生的通知》。强调为了促进成人高校改善办学条件，提高办学质量和效益，根据各学校 1998 年办学条件统计数据与国家规定的办学条件标准对照，并与有关部门核对后，确定了 1999 年暂停招生和应限制招生规模的成人高等学校。

4 月 27 日 教育部印发《关于 2000 年三片地区扫盲工作主要指标要求的意见》，《意见》中明确：省级单位青壮年人口中的非文盲率应达到 85%以上。县级单位中，2000 年前普及九年义务教育的县青壮年人口中的非文盲率要达到 95%以上，普及初等义务教育的县青壮年人口中的非文盲率要达到 85%以上。经省人民政府验收的县，其人口之和应占全省人口总数的90%以上，脱盲人员的复盲率控制在5%左右。各省（自治区）85%的乡镇和60%以上的行政村要建立农民文化技术学校或教学点。健全扫盲教育管理机构，配备专职扫盲人员，多渠道筹措扫盲教育经费。

5月6日 教育部印发《关于高等学校以函授、夜大学方式举办本专科教育的意见》，对举办此类教育的高等学校的办学资格、办学条件、范围和专业、备案手续、检查监督等作出规定。

6月15日 江泽民在《教育必须以提高国民素质为根本宗旨》一文中指出，终身学习是当今社会发展的必然趋势。一次性的学校教育，已经不能满足人们不断更新知识的需要。我们要逐步建立和完善有利于终身学习的教育制度。学校要进一步向社会开放，发挥学历教育、非学历教育、继续教育和职业技术教育等多种功能。普通教育、职业教育、成人教育和高等教育要加强相互衔接和沟通，为学习者提供多种多次受教育的机会。要以远程教育网络为依托，形成覆盖全国城乡的开放教育系统，为各类社会成员提供多层次、多样化的教育服务。中华民族具有崇尚教育的优良传统，21世纪的中国应该成为人人皆学之邦。

6月15日至18日 中共中央、国务院在北京召开改革开放以来第三次全国教育工作会议，颁布《关于深化教育改革全面推进素质教育的决定》。《决定》指出，实施素质教育应当贯穿于幼儿教育、中小学教育、职业教育、成人教育、高等教育等方面，应贯穿于学校教育、家庭教育、社会教育等各个方面。在不同阶段和不同方面应当有不同的内容和重点，相互配合，全面推进。

7月19日至20日 终身学习和成人教育法制建设学术报告会在上海电视大学举行。《成人教育法制建设研究》是“九五”期间国家级重点研究项目《面向21世纪中国成人教育发展研究》的子课题，在历时两年的研究中已形成一批研究成果。为推动课题研究深入进行，报告会邀请日本国文部省生涯教育局课长冈本薰和产业教育协会会长仓内史郎到会介绍日本终身学习有关情况。

8月16日 联合国教科文组织总干事费德里科·马约尔先生给江泽民主席致函祝贺，内容如下：“我高兴地向您通报：国际扫盲奖评审团在其最近举行的会议（1999 年 7 月 5—8 日，巴黎）上，决定授予万宝山镇（黑龙江省）农民文化技术学校世宗王扫盲奖的表扬奖。为宣传各获奖国家扫盲工作的成绩，并引起人们的重视，我建议有关国家政府在 9 月 8 日——国际扫盲日举办一次由国家元首出席的仪式。中国在扫盲方面已经取得了长足的进展，我与联合国教科文组织都认为扫盲对各国至关重要。识字不仅是一个人与他人沟通的重要手段，也是建立知情社会所必需的。而且，它还是一项基本人权。联合国教科文组织当然会不遗余力地协助各国政府共同推进这一崇高的事业。”

9 月 5 日　教育部印发《关于表彰第四届“中华扫盲奖”先进个人和单位的决定》。

9 月 8 日　北京市朝阳社区学院揭牌仪式在和平里南口校区隆重举行。朝阳社区学院是在朝阳区职工大学的基础上，整合了朝阳师范学校和电大朝阳分校的教育资源，成立的北京市第一家社区学院，它属于地区性成人高校，国民教育系列，区属全额拨款事业单位。

9 月 10 日　教育部在哈尔滨市举行了国际扫盲奖颁奖仪式。

9 月　在上海教育工作会议上，上海市市长徐匡迪提出“努力把上海建成适应新时代的‘学习型城市’”，它预示着：在未来这座特大城市里，1 500 万市民从孩子到成人，将“人人都有学习机会，人人都能发展成才，人人都有社会服务，人人都有完美人生。”

9 月　董明传、尤文等同志的《中国岗位培训制度研究》荣获全国第二届教育科学优秀成果一等奖。

10 月 13 日　教育部印发《关于积极推进农村乡镇自学考试服务体系建设的意见》，强调建设乡镇自学考试工作服务体系是当前的重要工作，并对各级教育行政部门的责任、统筹规划、建立服务体系、队伍和制度建设、经费筹措和设施配置等问题作出规定。

10 月 18 日至 22 日　由中国联合国教科文组织全国委员会和联合国教科文组织国际扫盲教育研究所联合主办的“第三届亚洲扫盲论坛”在北京举行。

10 月　关世雄被评选为“国际成人教育名人”。北京市成人教育学会出席了“1999 年国际成人教育名人授奖大会”，并领取了奖章及匾额。关世雄是北京市成人教育事业的开拓者和奠基人之一，具有丰富的成人教育实践经验，在成人教育理论研究和学科体系建设及国际交流合作方面做出了较大贡献。

11月3日 教育部办公厅印发《关于普通高等学校函授、夜大学本专科专业设置的补充意见》，对普通高等学校函授、夜大学本专科专业的设置、调整、报批等工作提出了规范性要求。

11月18日 教育部、财政部印发《关于奖励全国扫除文盲工作先进地区和单位的决定》。在各级党委和政府领导下，全国各地认真贯彻落实《中国教育改革和发展纲要》和《扫除文盲工作条例》的要求，使我国的扫盲工作取得了显著成效，有24个省（自治区，直辖市）达到了现阶段国家规定的基本扫除青壮年文盲的要求。为了鼓励进步，按照规定，教育部、财政部决定对四川等11个省（自治区，直辖市）人民政府和新疆生产建设兵团进行奖励。

12月1日 教育部办公厅发出《关于扫盲达标地区抓紧做好扫盲后巩固提高工作的通知》。

12月10日 教育部和中国联合国教科文组织全国委员会在北京联合召开“全民教育2000年监测评估”国家评估组第三次会议。教育部有关负责人在会上宣布，20世纪90年代中国政府基本实现了在1990年宗迪恩世界全民教育大会上的承诺。

12月28日 全国妇联、教育部、科技部印发《关于实施“女性素质工程”的意见》。就实施“女性素质工程”的目标任务、妇联干部队伍的培养教育、实施工程的措施等提出了建设性意见。

本年 黑龙江省安达市万宝山镇农民文化技术学校获得联合国教科文组织颁发的世宗王奖表扬奖。

本年 成人高等学校871所，其中广播电视大学45所，职工高等学校507所，农民高等学校3所，管理干部学院146所，教育学院166所，独立函授学院4所。成人高等教育毕业生88.82万人，在校生305.49万人。成人中等学校10 442所，其中成人中专5 165所，成人中学5 277所。成人中等学校毕业生170.42万人，在校生367.3万人。成人技术培训学校534 215所。成人初等学校180 103所，其中职工初等学校964所，农民初等学校179 139所。全年扫除文盲299.27万人。

2000 年

1 月 24 日　教育部现代远程教育工程项目——“明天女教师培训计划”首期培训班结业典礼在北京举行。教育部部长陈至立出席结业典礼并讲话，副部长韦钰为参加首期培训的 60 名广西壮族自治区贫困县乡镇中小学女教师颁发了学业证书。

2 月 1 日　江泽民发表《关于教育问题的谈话》，从国运兴衰、民族复兴的高度，对事关我国教育发展方向、教育方针和教育思想的一系列重大问题作了论述。

2 月 17 日　教育部印发《2000 年全国各类成人高等学校招生规定》，指出：经教育部审定核准的广播电视大学、职工高等学校、农民高等学校、管理干部学院、教育（教师进修）学院、独立设置的函授学院和以函授部、夜大学、教师班、成人脱产班形式举办成人本、专科学历教育的普通高等学校仍实行全国统一招生，并继续由教育部颁布复习考试大纲，统一组织命题。

2 月 28 日至 3 月 1 日　全国高等教育自学考试指导委员会在北京召开会议。会议主题是：全面贯彻第三次全教会和《中共中央国务院关于深化教育改革全面推进素质教育的决定》的精神，总结近年来的工作，确定今后一个时期自学考试的工作任务，深化自学考试改革，完善自学考试教育制度，为适应社会多层次、多形式的教育需求开辟更为广阔的途径。教育部部长陈至立在会议开幕式上作了题为《提高认识，深化改革，积极发展高等教育自学考试事业》的讲话，要求各级政府和教育行政部门必须充分认识高等教育自学考试在发展我国高等教育事业中的地位和作用，切实加强对自学考试工作的领导，要将自学考试的发展列入当地教育事业的发展规划，要定期研究自考工作，解决自考发展中的问题和困难，采取切实有效的措施，为高等教育自学考试事业的发展创造一个良好的外部环境和条件。全国高等教育自学考试委员会副主任王明达在会上作了

《全国自学考试工作情况报告》，回顾了自学考试近5年来开展的主要工作。

3月6日 教育部印发《中小学教师继续教育工程方案（1999—2002年）》和《关于实施“中小学教师继续教育工程”的意见》。“中小学教师继续教育工程”主要面向全体中小学教师，突出骨干教师培养，以提高教师实施素质教育的能力和水平为重点，以提高中小学教师的整体素质为目的。“工程”包括新任教师培训、教师岗位培训、骨干教师培训、提高学历培训、计算机全员培训、培训者培训等6项行动计划。为了有效地解决“工程”实施中的重要问题设立基础建设项目。《关于实施“中小学教师继续教育工程”的意见》要求各级各类师范院校、综合大学、中小学校、教学研究、电化教育、教育科研等部门，要在各级教育行政部门领导下，团结一致，齐心协力，锐意改革，不断创新，共同开创中小学教师继续教育的新局面，为建设高质量的教师队伍和实施科教兴国战略做出更大贡献。

3月21日 《人民日报》报道，截至1999年底，全国实现“两基”的县（市、区）累计达2 430个，人口覆盖率达到80%，距离2000年基本实现“两基”目标只差5%。

3月26日至30日 全国人大财经委员会、国务院发展研究中心、中华职业教育社、中国成人教育协会等18个单位联合举办的“中国加入WTO与加快实施科教兴国战略”高级研讨班在人民大会堂举行了隆重的开学典礼。

4月7日 国家民委印发《国家民委所属院校成人高等学历教育管理试行办法》，对管理机构与职能、专业申报与招生、教学管理、学生管理等方面作了具体的规定。

4月17日 教育部发出《关于在部分地区开展社区教育实验工作的通知》，明确了开展社区教育实验工作的目的意义、工作目标和工作具体要求。确定在北京市朝阳区、上海市闸北区、天津市河西区、江苏省苏州市、山东省济南市历下区、山西省太原市杏花岭区、四川省成都市青羊区、福建省厦门市鼓浪屿区启动社区教育实验工作。《通知》指出，进行社区教育实验工作的目的，是通过在部分有条件的地区开展社区教育实验，积累有关开展社区教育的经验，总结社区教育的管理体制、运行机制等方面的规律和特点，探索通过社区教育构建终身教育体系、建设学习化社会的办法和途径。

4月 铁道部下发《关于铁路运输企业开展全员培训工作的意见》，规定“每个职工每两年都有一次不少于10个工作日的培训机会”，为职工培训时间提供了制度保证，从2000年到2006年，铁路职工培训率始终保持在50%以上，适应了铁路加强管理和技术创新、全面提高职工队伍素质的需要。

5月12日 教育部在北京召开第二次现代远程教育国际合作研讨会。韦钰副部长在会上就如何加强中外合作，推动我国远程教育的发展作了讲话。与会代表就如何进一步加强国际合作，推动西部教育发展进行了探讨。

5月12日 教育部、财政部发布《关于奖励全国扫除文盲工作先进地区的决定》，对云南等7个省（区）人民政府进行奖励。希望这些地区再接再厉，继续扫除剩余文盲，加强扫盲后巩固提高工作，为提高广大农村劳动者素质，做出更大的成绩。

5月24日至28日 中国成人教育杂志理事会第二次会议暨全国终身学习理论与实践研讨会第二次会议在宁波召开。来自全国各地近百人参加了会议。

5月26日至29日 全国广播电视大学教学工作会议在北京举行。会议明确了广播电视大学今后一段时期教学工作的指导思想和基本思路。

6月5日 党中央作出《中共中央关于面向21世纪加强和改进党校工作的决定》，提出：进一步加强和改进党校工作是党的事业全局和党的自身建设的迫切需要；党校要加大各级领导干部特别是跨世纪中青年领导干部的培训轮训力度，适度扩大办学规模；以全面培养领导干部政治家素质为目标，建立和完善教学新布局，深化教学改革，提高教学质量；加强重大现实和战略问题的调查研究，充分发挥党校的马克思主义理论阵地作用；从造就马克思主义理论家教育家的高度，努力建设一支政治强、业务精、作风正的高素质党校教师和干部队伍；努力改善办学条件，积极推进教学手段和基础设施的现代化建设；明确党校教育的重要地位，进一步发展和完善党校教育体系；切实加强和改进各级党委对党校工作的领导。

6月9日 江泽民在全国党校工作会议上的讲话中指出："我们正处在一个重要的历史时期，改革和建设的任务千头万绪，不学习就会落后于时代进步的潮流，也会落后于人民群众。为了做好党的工作，每一个领导干部都必须学习、学习、再学习。各级党委都要从党的事业的大局来考虑干部的学习问题，合理安排好工作与学习的时间，保证中青年领导干部到党校进行脱产培训轮训。干部在党校学习的状况，应作为干部使用和选拔的重要依据，把对干部的培训轮训与对干部的使用结合起来。这一工作，坚持下去，必有好处。"

6月14日 教育部印发《关于贯彻全国教育工作会议精神，进一步改革和完善高等教育自学考试制度的意见》，指出：要发挥自学考试制度的优势，促进终身学习体系的形成。高等教育自学考试是我国高等教育的重要组成部分，今后五年的工作目标是以全面提高教育质量、推进素质教育为宗旨，适应终身学习的需要，充分发挥自学考试的特点，深化改革，完善自学考试制度，提高教育质量，积极探索并扩大服务领域，为适应多层次、多形式的教育需求开辟更为广阔的途径。《意见》还对建设适应自学考试改革发展需要的工作机构和队伍作出了具体的部署。

6月28日至29日 中央思想政治工作会议在北京召开。江泽民在讲话中，提出并阐述了如何认识社会主义发展的历史进程、如何认识资本主义发展的历史进程、如何认识我国社会主义改革实践过程对人们思想的影响、如何认识当今的国际环境和国际政治斗争带来的影响等当前直接影响干部群众思想活动的重大问题。并指出，面对新形势新情况，思想政治工作在继承和发扬优良传统的基础上，必须在内容、形式、方法、手段、机制等方面努力进行创新和改进，特别要在增强时代感，加强针对性、实效性、主动性上下工夫，这要成为今后加强思想政治工作的重点。

7月27日 济南市第十二届人民代表大会常务委员会第十五次会议通过《济南市农村成人教育若干规定》。

10月10日至12日 教育部职业教育与成人教育司在济南召开全国社区教育实验工作研讨会，以此推动社区教育实验工作的进一步深入。

10月11日 中国共产党第十五届中央委员会第五次全体会通过《中共中央关于制定国民经济和社会发展第十个五年计划的建议》，在其中第九部分“大力开发人才资源，加快发展教育事业”中指出：教育是培养人才的基础，对经济和社会发展具有先导性、全局性的作用，要适度超前发展。发展教育，要面向现代化、面向世界、面向未来，走改革和创新之路。更新教材内容，改进教学方法，改革考试制度，着力推进素质教育，重视培养创新精神和实践能力，促进学生德智体美全面发展，提高人才培养质量。提高教育现代化、信息化水平，大力发展现代远程教育。合理调整和配置现有教育资源，加强学科建设，根据人才需求结构调整专业设置。优化教师结构，建设高素质的教师队伍。继续深化教育管理体制和办学体制改革，积极鼓励多种形式的社会办学。增加国家对教育的投入。继续普及九年义务教育和扫除青壮年文盲，扩大高中阶段教育和高等教育规模。积极发展各类职业教育和培训。完善继续教育制度，逐步建立终身教育体系。

10月30日 教育部发布《关于表彰第五届“中华扫盲奖”先进个人和单位的决定》。

11月4日至8日 由全国社区教育委员会、国家“九五”重点课题“社区教育理论与实验研究”课题组、武汉市教育委员会联合主办的“2000年海峡两岸三地社区教育研讨会”在武汉召开。会议代表约140人。其中，台湾、香港代表15人。会议期间，大陆和台湾、香港地区的学者、同行在一起共同交流社区教育的实践经验和理论成果，研讨实践和理论上遇到的问题，对我国社区教育的发展起到了积极的推动作用。

11月6日 中央广播电视大学与TCL集团在北京举行现代远程教育合作项目签约仪式暨新闻发布会，宣布双方合资组建“中央广播电视大学远程教育技术有限公司”。

11月11日 中共中央政治局常委胡锦涛在上海视察了卢湾区五里桥街道社区文化中心、长宁区程桥二村居民区和桑城花园小区。对街道社区党建和加强文化建设及市民学习基地，满足社区成员的学习需求，创建学习型社区，构建终身教育体系，提高市民素质和社区文明程度给予充分肯定。

11月28日 教育部发出《关于在高等教育自学考试社会助学中加强德育工作的意见》，提出：加强德育工作是新形势下社会助学活动中的一项重要任务；要充分认识和切实保证德育在素质教育中的作用和地位；加强思想品德教育课程建设；充分发挥党团组织、学生会作用，开展形式多样的德育活动；加强德育工作的领导，保障德育工作实践。

12月22日 北京市教育委员会印发《关于深化企业教育综合改革，建立现代企业教育制度，创建学习型企业的若干意见》，提出"推进学习型企业的建设"，并将《北京市创建学习型企业评估指标》作为附件正式下发。

本年 武汉市终身教育推进委员会成立。为更好地发挥教育为经济和社会发展服务的作用，提高广大市民的素质，经武汉市人民政府研究同意，决定成立武汉市终身教育推进委员会。

本年 成人高等学校772所，成人高等教育在校生353.64万人，成人高等教育毕业生88.04万人。全国高等教育自学考试报考1 369.13万人次，取得毕业证书人数48.89万人。全国高等学校中举办的各类成人非学历教育结业生达252.12万人次。全国成人高中1 967所。全国成人中等专业学校4 634所，招生74.94万人，在校生240.28万人，毕业生111.40万人。全国中等教育自学考试报考1.84万人次，取得中专毕业证书0.56万人。全国成人技术培训学校48.56万所，其中职工技术培训学校1.06万所，农民技术学校47.49万所。成人技术培训学校共培训结业9 396.22万人次，其中培训结业职工588.89万人次，培训结业农民8 807.33万人次。成人技术培训学校教职工49.40万人，其中职工技术培训学校教职工8.89万人，农民技术培训学校教职工40.51万人。成人技术培训学校专任教师19.33万人，其中职工技术培训学校4.74万人，农民技术培训学校14.59万人。成人初等学校5.3万所，在校生232.25万人；教职工5.2万人，其中专任教师1.78万人。全国共扫除文盲258.04万人，仍有252.99万人正在参加扫盲学习。扫盲教育教职工10.87万人，其中专任教师2.84万人。

2001 年

1 月 1 日 江泽民在全国政协举行的新年茶话会上讲话，宣布我国如期实现了基本普及九年义务教育和基本扫除青壮年文盲的战略目标。

1 月 21 日 中共中央印发《2001 年—2005 年全国干部教育培训规划》，指出，要以马列主义、毛泽东思想和邓小平理论为指导，认真落实江泽民同志“三个代表”重要思想，坚持为全面贯彻党的基本路线服务，面向现代化、面向世界、面向未来，以提高思想政治素质为重点，用科学的理论武装干部，用现代科学文化知识和人类创造的优秀文明成果充实干部，用党的优良传统和作风教育干部。并提出了要进一步推进和完善有中国特色的干部教育培训体系的目标；在工作中要贯彻理论联系实际、注重培训质量的工作原则。继续把推进马列主义、毛泽东思想特别是邓小平理论的学习，提高干部的思想政治素质作为干部教育培训的首要任务，并坚持开展党性党风党纪教育和思想道德教育，继续抓好干部专业知识与能力的培训，继续改善干部的文化和专业结构。同时要求坚持分级分类培训，并以改革创新为动力，进一步提高教育培训的质量，落实干部教育培训的保障措施。最后要求各级党委、政府要切实加强对干部教育培训工作的领导。

2 月 13 日 教育部作出《关于表彰奖励 2000 年“两基”、“普初”工作先进县（市、区）的决定》，河北武安市等 51 个“两基”工作先进县（市、区）和贵州纳雍县等 16 个“普初”先进县（市、区）榜上有名；同日教育部作出《关于表彰全国高等教育自学考试工作先进集体、先进个人的决定》。

2 月 22 日 中共教育部党组印发《全国教育干部培训“十五”规划》，提出的主要目标是：按照不同工作岗位对干部在思想政治、职业道德、领导素质、业务能力等方面的要求，采取灵活多样的方式，分类分层培训，提高各级各类教育干部的政治、业务素质、道德修养和组织实施素质教育的能力，建设布局合理、分工协作、开放高效的教育干部培训网络，逐步建立和完善灵活有效的干部培训制度。

3月5日 教育部印发《现代远程中等职业教育与成人教育资源建设项目开发指南》，指出现代远程中等职业教育与成人教育资源建设是教育部现代远程教育工程的重要组成部分，对于促进职业教育的发展，加快职业教育信息化建设具有重要意义。要求各地认真组织落实现代远程教育工程，加快现代远程教育工程资源建设步伐，开展现代远程职业教育试点；进一步深化职业教育教学模式改革，促进优秀教学资源共享，提高职业教育为当地培养适用、实用人才的竞争力和创造力，并为项目承担单位开发工作创造条件。同时还下发了《现代远程职业教育资源建设项目申报表》、《网络课程开发基本要求》、《现代远程教育资源建设技术规范（试行）》等文件，共计31个项目通过了评审，被确定为工程的首批开发项目。

3月15日 第九届全国人大第四次会议批准《中华人民共和国国民经济和社会发展第十个五年计划》。第十一章第一节"发展各级各类教育"明确提出，大力发展职业教育和职业培训，发展成人教育和其他继续教育，逐步形成大众化、社会化的终身教育体系；大力发展现代远程教育，提高教育现代化、信息化水平。

3月20日至21日 2001年度全国职业教育与成人教育工作会议在上海举行。会议提出了"十五"期间我国职业教育与成人教育改革的总体目标，部署了职业教育和成人教育战线必须全力推进的重点工作，强调大力发展成人教育和多种形式的继续教育，逐步形成终身教育体系。

4月25日至28日 中央教育科学研究所、中国成人教育协会、全国教育科学规划领导小组办公室、北京教育科学研究院等单位在北京联合举办"21世纪中国成人教育发展论坛"。论坛以构建终身教育体系和成人教育创新为主题。教育部副部长王湛出席开幕式并讲话。会议发表《新世纪·新视野·新战略——21世纪中国成人教育发展论坛宣言》。

5月5日 江泽民在"亚太经合会议——人力资源能力建设高峰会议"上提出五点主张。其中第二点是"构筑终身教育体系，创建学习型社会"。这是我国在国际场合第一次明确提出创建学习型社会的主张。江泽民说："构筑终身教育体系，创建学习型社会。教育是人力资源能力建设的基础，学习是提高人的能力的基本途径。要通过政策指导和舆论引导，营造尊师重教、求知好学的社会氛围。加快社会化终身教育体系建设。大力发展职业教育，建立广覆盖、多层次的教育培训网络。鼓励人们通过多种形式参与终身学习，拓展与更新知识，提高素质，增长才干。”

5月14日 教育部发出《关于中等职业学校面向农村进城务工人员开展职业教育与培训的通知》，指出：中等职业学校面向农村进城务工人员开展职业教育与培训，是落实江泽民总书记“三个代表”重要思想、贯彻教育为社会主义现代化建设服务方针、扩大职业教育服务面和拓宽办学渠道、推进终身教育体系建立与完善的重要举措，对于提高我国劳动者的整体素质和促进城市经济社会发展具有重要意义。面向农村进城务工人员开展职业教育与培训，要贯彻学历教育与非学历教育并举、学历证书和职业资格证书并重的原则，推动国家劳动预备制度和职业资格证书制度的实施。学校要根据务工人员的需要开设专业和课程，在招生上要取消年龄限制，简化招生入学手续，有条件的学校可实行注册入学制度，允许他们分阶段完成学业；要充分利用现有教育资源，努力提高教学设施和设备的使用率；农村进城务工人员学习期满、学分修满或培训课程结束并通过考核者，学校应当发给其毕业证书或其他相关的培训结业证书，并积极组织他们参加有关技术等级鉴定，以取得相应的资格证书。在收费上，要考虑务工人员的实际承受能力，按照国家和地方有关文件规定收取学费。对于经济困难的务工人员，可通过设立助学金或酌情减免收费等形式予以资助。该项工作要在各级政府的统筹下，充分发挥教育、劳动与社会保障、计划、财政、公安等有关部门的作用，调动有关行业、企业及务工者个人等多方面的积极性。

5月18日 北京市第十一届人民代表大会常务委员会第二十六次会议通过《北京专业技术人员继续教育规定修正案》，明确规定：继续教育的主要任务是对专业技术人员进行新理论、新技术、新知识、新方法的教育；进行专业技术职务任职和晋职的培训；进行培养专业技术骨干和学科带头人培训。专业技术人员每年参加继续教育的学习时间不少于72学时，可以在专业技术职务聘任期内累计计算。

5月19日 国务院批转《中国残疾人事业“十五”计划纲要(2001—2005年)》，对中国残疾人事业“九五”计划纲要执行情况进行了总结，并提出了“十五”计划期间残疾人事业的主要目标和指导原则。“十五”期间我国残疾人状况要进一步改善：经济发达地区残疾人生活基本达到小康，欠发达地区稳定解决温饱；残疾人普遍得到康复服务，510万残疾人不同程度地康复；努力满足残疾人的教育需求，义务教育入学率在“九五”基础上有较大的提高；登记失业的残疾人都能得到职业指导和培训，就业率达到85%左右；文化生活更加丰富，社会生活参与面扩大；社会福利有所提高，保障措施进一步完善。

5月22日　国务院印发《中国妇女发展纲要（2001—2010年）》。其中关于“妇女与教育”提出了主要目标：成人妇女识字率提高到85%以上，其中青壮年妇女识字率提高到95%左右；提高妇女的终身教育水平；妇女平均受教育年限达到发展中国家的先进水平。

5月28日　教育部、劳动和社会保障部、民政部、中国残联联合印发《残疾人职业教育与培训“十五”实施方案》，提出了任务目标：初步建立职前、职后教育与培训相互衔接，并与普通教育、成人教育相互沟通、协调发展，以能力培养为本的残疾人职业教育和培训体系；为城乡有就业要求的残疾人提供各种形式和层次的职业教育与培训；积极发展残疾人中高等职业教育。

6月3日　中共大连市委九届一次全会通过了《中共大连市委关于建设学习型城市的决定》，阐述了学习型城市的内涵和建设学习型城市的必要性，提出了创建工作的目标、保障措施和基本工作思路。

6月5日　教育部、财政部、国家计委作出《关于表彰全国“两基”工作先进地区（单位）和先进个人的决定》。

6月11日至12日　国务院在北京召开全国基础教育工作会议。教育部、财政部、国家计委对“两基”工作先进地区（单位）和个人进行了表彰。中共中央政治局常委、国务院副总理李岚清在开幕式上发表讲话。

6月19日　中共中央办公厅、国务院办公厅印发《关于加强专业技术人才队伍建设的若干意见》，主要内容包括：加强专业技术人才队伍建设的指导思想和工作目标；适应深化体制改革的要求，制定并完善各类专业技术人才政策；发挥用人单位的主体作用，加强中介服务组织建设；开展前瞻性研究，加强人才预测、规划和信息化工作；实行分类管理，加速培养专业技术骨干和青年人才；重视专业技术人才的思想政治工作，加强对专业技术人才队伍建设的组织领导。

6月22日 中共中央组织部、文化部、教育部、民政部、全国老龄工作委员会办公室联合发出《关于做好老年教育工作的通知》，指出：各级党委组织部门、老干部工作部门和政府文化、教育、民政部门及老龄工作部门，要从全局性、战略性的高度，充分认识老年教育工作的重要性和做好老年教育工作的紧迫性，遵循老年教育事业发展的规律，以"老有所教"、"老有所学"、"老有所乐"、"老有所为"为目标，推动老年教育事业的健康发展。

7月16日 教育部印发《全国教育事业第十个五年计划》，提出调整人才培养的层次、科类和形式结构。基础教育和成人教育要进一步贯彻分类指导、分区规划的原则。调整各类教育之间的比例结构，适应地区产业结构和就业结构变化的需要。切实落实学业证书和职业资格证书并重的制度，建立职前和在职人员职业培训体系。大力发展成人继续教育，努力做到各类教育之间比较协调的发展。继续推进城市教育综合改革，扩大社区教育试点，大力推动农村教育综合改革，继续促进农村地区的农科教结合和基础教育、职业教育与成人教育"三教统筹"。

8月9日 大连市精神文明建设活动办公室发出《关于深入开展学习型社区、家庭活动的通知》。同月27日，大连市妇女联合会下发《关于深入开展建设学习型家庭的实施方案》。

8月14日 国务院印发《中国老龄事业发展"十五"计划纲要》，提出"十五"期间我国老龄事业的总体目标是：加快老龄事业发展步伐，重点解决老龄事业发展中的突出问题，落实"老有所养、老有所医、老有所教、老有所学、老有所为、老有所乐"，把老龄事业推向全面发展的新阶段。要初步建立适应社会主义市场经济要求、体现城乡不同特点的城市和农村养老保障体系；要建立以城市社区为基础的老年人管理与服务体系；要进一步丰富老年人的精神文化生活，加强思想政治工作；要切实维护老年人的合法权益；要建立老龄事业的正常投入机制；健全老龄工作体系。

8月22日至23日 联合国教科文组织第四届九个人口大国全民教

育部长级会议在北京举行。来自孟加拉、巴西、埃及、印度、印度尼西亚、墨西哥、尼日利亚、巴基斯坦和中国九个人口大国的教育部长、政府官员以及教育专家出席会议。会议通过了旨在推动九个人口大国全民教育进一步发展的《北京宣言》。

9月 上海市农委、上海市教委决定在郊区试行成人中等学历教育与农业技术培训相衔接的教学模式。首先选择都市农业、农村经济管理、机电3个专业进行试点。成人中等学历教育与农业技术培训相衔接这一种新的教学模式的尝试，目的在于鼓励农业劳动者学习科学、技术和文化的积极性，推动郊区各类技术培训工作，提高农业劳动者的整体素质，以此适应农业现代化建设的需要。

11月7日至9日 教育部在北京召开全国社区教育实验工作经验交流会议，王湛副部长作了题为《积极开展社区教育实验工作，努力推动社区教育工作的新发展》的工作报告，总结了全国社区教育实验工作，分析了社区教育实验工作面临的形势和开展社区教育实验工作的重要意义，提出了今后一个时期推进社区教育实验工作的指导思想、目标、任务和政策措施。会议确定了第一批28个全国社区教育实验区并授牌。会议确定今后一个时期推进社区教育实验工作的主要任务是：广泛开展不同类型人群教育培训，广泛创建学习型组织，充分利用、拓展和开发社区教育资源，构建社区教育管理体制和运行机制。会议还要求，各级教育行政部门要进一步加强对社区教育实验工作的领导，大力发展社区教育规模，力争“十五”期间，在构建终身教育体系、建立学习型社会方面取得重大突破，为到2010年在我国基本建立起终身教育体系和学习型社区，实现“21世纪的中国应该是人人皆学之邦”的目标而努力奋斗。

12月22日至24日 《学习时报》主办的中国“首届创建学习型社会论坛”在北京举行，中央党校副校长郑必坚出席开幕式并讲话。与会者围绕创建学习型社会进行了学习、讨论和交流。

本年 成人高等学校686所，成人高等教育招生195.93万人。成人高等教育在校生455.98万人，成人高等教育毕业生93.06万人。全国高等教育自学考试报考1 339.43万人次，取得毕业证书64.10万人。全国成人高中1 723所，招生30.07万人，在校生31.02万人，毕业生

22万人。全国成人中等专业学校4 113所，招生62.11万人，在校生189.16万人，毕业生90.63万人。全国中等教育自学考试报名1.18万人次，取得中专毕业证书0.16万人。全国高等学校举办的各类成人非学历教育结业生达257.69万人次。全国成人技术培训学校50.79万所，其中职工技术培训学校1.15万所，农民技术培训学校49.64万所。成人技术培训学校共培训结业9 270.44万人次，其中培训结业职工538.13万人次，培训结业农民8 732.31万人次。成人技术培训学校教职工48.50万人，其中职工技术培训学校教职工7.15万人，农民技术培训学校教职工41.35万人。成人技术培训学校专任教师17.47万人，其中职工技术培训学校4.05万人，农民技术培训学校13.42万人。成人初等学校4.96万所，在校生221.21万人，教职工5.12万人，其中专任教师1.81万人。全国共扫除文盲220.51万人，扫盲教育教职工8.98万人，其中专任教师2.32万人。

2002年

1月22日 全国扫盲工作座谈会在福建泉州召开。教育部全面部署了“十五”期间扫盲工作。会议强调，扫盲工作重在抓落实、抓改革、抓质量、抓效益，要坚持扫盲工作验收到县，复查到乡，工作到村，落实到人，扎扎实实推进扫盲工作。

1月25日 江泽民在《领导干部要牢固树立正确的权力观》一文中指出，干部队伍建设的基础是教育。无论是提高干部队伍素质，还是防止和纠正用人上的不正之风、防范腐败问题，都要坚持教育在先，标本兼治。干部教育，应该包括理想信念教育、思想政治教育、纪律作风教育、道德法制教育、科学文化教育等各方面。只有通过全面的经常的教育，真正打牢思想政治基础、筑严思想政治防线，干部队伍建设才能越搞越好。

1月 分别受各自政府主管部门委托，信息产业部电子教育中心与日本信息处理技术人员考试中心，就中国计算机技术与软件专业技术资格（水平）考试与日本信息处理技术人员考试的考试标准，签署了《关于中日信息技术考试标准互认的协议》。根据协议，中、日互认的岗位资格包括系统分析师等5个。

2月10日 中共中央办公厅、国务院办公厅发出《关于印发〈西部地区人才开发十年规划〉的通知》，明确提出西部地区人才开发的指导思想、原则、目标、主要任务，对人才队伍建设的组织措施、人才开发的新机制及加强领导等问题作了规定。

3月15日 山东省经贸委成立"山东省学习型组织研究推广中心"，并提出力争在"十五"期间有三分之一的省重点企业集团开展创建学习型企业的活动。

4月4日 共青团中央、教育部印发《关于加强农村青年职业教育和成人教育的意见》，各级教育部门和共青团组织从战略的高度，充分认识加强农村青年职业教育和成人教育工作的重要意义，千方百计把工作抓紧、抓实、抓出成效。提出要把培养科技创新意识和能力作为农村中学教育的重点。要创造条件，积极开展多种形式的培训。要组织引导，具体帮助，努力为广大农村青年提供切实有效的服务。

4月6日 常州市数千名机关干部以不同的学习形式度过了建设学习型城市、建设学习型机关的第一个"学习日"。

4月15日 文化部、教育部印发《关于做好基层文化教育资源共享工作的通知》，指出：各级文化、教育部门要在当地党委、政府的领导下，提高对基层文化、教育工作重要性的认识。按照"三个代表"重要思想的要求，结合本地实际情况，认真研究，采取措施，充分发挥设施和人才方面的优势，努力实现资源共享、优势互补，切实做好基层文化教育工作。

5月7日 中共中央办公厅、国务院办公厅印发《2002—2005年全国人才队伍建设规划纲要》，提出构建终身教育体系。在加强普通教育发展的同时，大力发展成人教育、社区教育，推进教育培训的社会化，开辟教育培训新途径，加快发展远程教育，建立覆盖全国的教育培训信息网，形成终身化、网络化、开放化、自主化的终身教育体系。

5月24日至27日 中华全国总工会宣传教育部和工人日报社在武

汉钢铁（集团）公司联合召开工会系统创建学习型组织研讨会。全国17个省级总工会、13个城市工会、12个特大型国有企业工会和1个市级产业工会的50多位代表参加了研讨会。

5月24日至25日 全国高等教育自学考试指导委员会五届二次会议在北京举行。会议通报了全国高等教育自学考试指导委员会五届一次会议以来自学考试工作的情况，并部署了今后的工作。教育部部长、全国高等教育自学考试指导委员会主任陈至立到会并讲话。

6月2日 教育部高教司批准启动“数字化学习港与终身学习社会的建设与示范”教改项目，由中央广播电视大学牵头组织，浙江大学、清华大学等高校参与项目实施。

6月4日 中共大连市委宣传部申报的国家社科基金项目《21世纪城市发展新模式——创建学习型城市综合研究》，经学科规划评审组评审，全国哲学社会科学规划领导小组审批，获准立项。

6月23日至24日 由《学习时报》主办、中共大连市委宣传部承办的“首届创建学习型城市论坛”在大连举行。论坛主题是：创建学习型城市的潮流及背景。

7月18日 天津市第十三届人民代表大会常务委员会第三十四次会议通过了《天津市老年人教育条例》，明确规定：老年人教育是终身教育和老龄事业的重要组成部分，是社会公益性事业；老年人教育工作应当纳入本行政区社会和教育发展计划；老年人教育要因地制宜，形式多样，按需施教，突出特色。

7月22日 中共中央办公厅、国务院办公厅转发教育部等12部门《关于“十五”期间扫除文盲工作的意见》。提出把普及九年义务教育和扫除青壮年文盲作为教育工作的“重中之重”，坚决杜绝新生文盲、扫除现有文盲与使脱盲人员接受继续教育相结合的方针，巩固和扩大扫盲工作成果，重点推进贫困地区、少数民族和妇女的扫盲教育。大力开展扫盲课程和教学改革，建立以满足扫盲对象基本学习需求为导向的扫盲教育机制，提高扫盲工作的质量和效益。“十五”期间扫盲工作的目标是在西部地区尚未实现基本扫除青壮年文盲目标的县（市、区），特别是已经普及初等义务教育的县（市、区），要在普及初等义务教育后的5年内，基本扫除青壮年文盲，将青壮年非文盲率提高到95%以上。内蒙古、贵州、云南、甘肃、宁夏、青海等省（自治区）要将青壮年非文盲率提高到90%以上。西藏自治区要大力推进普及义务教育工作，减少新生文盲，积极扫除青壮年文盲。已经实现基本扫除青壮年文盲的县（市、区），要以乡（镇）为单位，全面扫除有学习能力的青年（15～24周岁）文盲，使青壮年脱盲人员普遍接受继续教育。控制复盲现象，在巩固扫除文盲成果的基础上将青壮年非文盲率保持或提高到95%以上。城市和经济发达地区要巩固提高扫盲工作成果，全面扫除有学习能力的青年文盲，积极探索功能性扫盲教育和多种形式的继续教育的途径和方法，使青壮年脱盲人员普遍接受继续教育，把扫盲教育与建立学习型社区工作结合起来。

7月26日 “中国职业教育与成人教育网”在长春举行了开通仪式。

8月4日 第四次全国建设教育会议在北京召开。建设部副部长傅雯娟在会议上作了题为《全面提高建设职工队伍素质，为建设事业改革和发展服务》的工作报告。会议认真总结了第三次全国建设教育工作会议以来建设教育工作的成绩，分析了建设教育工作面临的新形势，全面部署了下一阶段建设教育工作。

8月11日至12日 全国社区教育专家组会议暨“推进我国社区教育发展的实验研究”课题开题会议在山东省青岛市召开。教育部、民政部、中央精神文明办、中央教科所、全国教育科学规划领导小组办公室、北京师范大学、华东师范大学等有关部门的领导、专家和20多个省、直辖市、自治区的代表参加了会议。

8月24日 国务院发布《关于大力推进职业教育改革与发展的决定》，指出：为进一步贯彻落实职业教育法和劳动法，实施科教兴国战略，要大力推进职业教育的改革与发展。明确提出了严格实施就业准入制度，加强职业教育与劳动就业的联系。并强调要大力宣传职业教育和高素质劳动者在社会主义现代化建设中的重要作用，弘扬“三百六十行，行行出状元”的风尚，在全社会形成重视、支持职业教育的浓厚氛围。

8月 江泽民在北戴河会见部分科学家时发表重要讲话，指出：“学校要进一步向社会开放，发挥学历教育、非学历教育、继续教育和职业技术培训教育等多种功能。普通教育、职业教育、成人教育和高等教育要加强相互间的衔接与沟通，为学习者提供多种多次受教育的机会。”

9月7日 庆祝新中国成人高等教育创办50周年暨中国人民大学成人高等教育50周年大会在中国人民大学举行。全国人大常委会副委员长成思危、教育部部长陈至立、全国政协委员王光美、北京市常务副市长孟学农以及教育部、国家档案局等单位和个人致信祝贺。

9月8日 江泽民在庆祝北京师范大学建校一百周年大会上的讲话中指出："推动教育体系的创新，逐步形成适应终身学习需要的学习型社会。"

9月12日 江泽民在《就业是民生之本》一文中指出，要充分重视职业培训在促进再就业中的重要作用。搞好职业培训，是实现再就业的重要条件。要提高再就业培训的针对性、实用性、有效性。适应就业市场的需求和变化，帮助下岗职工通过培训掌握再就业的技能和本领。要培训下岗职工学会创业，这样不仅自己可以实现就业，还能带动其他下岗失业人员就业。只要形成了一种以培训促进创业、以创业促进就业的良性机制，再辅之以鼓励自谋职业的优惠政策，路子就会越走越宽。

10月20日至21日 中国成人教育协会第三届理事会在北京举行。教育部部长陈至立，副部长王湛，原国家教委副主任何东昌、王明达等领导同志出席了会议。陈至立部长在会上发表了讲话。朱新均当选为会长。

10月24日 教育部发出《关于动员各类学校积极开展下岗失业人员再就业培训工作的通知》，指出：做好下岗失业人员再就业工作，直接关系着我国改革开放的大局和国家的长治久安。各级教育行政部门和学校要认真学习贯彻全国再就业工作会议和全国职业教育工作会议精神，从实践"三个代表"重要思想的要求出发，把下岗失业人员再就业培训作为重要职责，主动承担起再就业培训的任务。

11月8日 江泽民在中国共产党第十六次全国代表大会的报告《全面建设小康社会，开创中国特色社会主义事业新局面》中明确指出，教育是发展科学技术和培养人才的基础，在现代化建设中具有先导性全局性作用，必须摆在优先发展的战略地位。要形成全民学习、终身学习的学习型社会，促进人的全面发展。

11月13日 教育部发出《关于成立全国高等教育自学考试指导委员会第三届专业委员会的通知》，公布了经全国考委同意、教育部聘任的全国考委第三届专业委员会委员名单。

11月21日 教育部印发《关于进一步加强农村成人教育的若干意见》，提出要认真贯彻落实全国职业教育工作会议精神，坚持大力发展农村成人教育，加快农村成人教育的改革、创新和发展的步伐，深化管理体制、办学体制和教育教学改革，努力提高农村成人教育的质量和效益。“十五”期间，力争培训农村劳动力达到1.5亿人次，使全国农村劳动力的年培训率提高到35%以上，每年为进入非农产业就业的800万农村劳动力提供转移前培训，对农村新增劳动力普遍进行就业前培训。

12月2日 教育部、国家经济贸易委员会、劳动和社会保障部发出《关于进一步发挥行业、企业在职业教育和培训中作用的意见》，指出：要充分依靠行业、企业发展职业教育和培训；要充分发挥行业主管部门的作用；大力发挥行业组织的作用；充分依靠企业开展职业教育和培训；实施技术工种就业准入制度；行业组织和企业要加强师资队伍建设；各类企业要按《中华人民共和国职业教育法》的规定承担实施职业教育和职工培训的费用；要进一步落实行业、企业的办学自主权；各级政府要加强对行业、企业举办职业教育和培训的领导和统筹。

12月4日 胡锦涛总书记在首都各界纪念中华人民共和国宪法公布施行20周年大会上说，各级各类学校尤其是各级党校和干校都要开展宪法教育。要把宪法教育作为党员干部教育的重要内容，使各级领导干部和国家机关工作人员掌握宪法的基本知识，树立忠于宪法、遵守宪法和维护宪法的自觉意识。

12月12日 第六届中华技能大奖、全国技术能手表彰大会在北京召开。10名“中华技能大奖”获得者、190名“全国技术能手”和10家“国家技能人才培育突出贡献奖”获奖企业受到了表彰。

12月25日 教育部职业教育与成人教育司在南京召开社区教育实验工作经验交流会，会上正式成立“全国社区教育实验区协作会”。

12月28日 第九届全国人大第三十一次常务委员会会议通过《中

华人民共和国民办教育促进法》，共10章68条。第一章第三条规定：民办教育事业属于公益性事业，是社会主义教育事业的组成部分。国家对民办教育实行“积极鼓励、大力支持、正确引导、依法管理”的方针。各级人民政府应当将民办教育事业纳入国民经济和社会发展规划。该法对于民办学校的设立、学校的组织与活动、学校资产与财务管理、管理与监督、扶持与奖励、变更与终止、法律责任等方面作了规定。该法自2003年9月1日起施行。1997年7月31日国务院颁布的《社会力量办学条例》同时废止。

本年 黄尧等主编的《面向21世纪中国成人教育发展研究》出版。该书是国家哲学社会科学“九五”规划重点课题“面向21世纪中国成人教育发展研究”总课题的结题报告。全书在全面总结我国成人教育发展的历史、现状、基本经验和进行国际比较研究的基础上，概括和揭示了成人教育发展的规律，阐明了新时期我国成人教育发展的指导思想、原则、方针、目标、重点、布局和步骤等战略构思。

本年 成人高等学校607所，成人高等教育招生222.32万人，在校生559.16万人，毕业生117.50万人。网络本、专科毕业生4 292人，招生434 210人，在校生1 082 226人。全国高等教育自学考试报考1 267.7万人次，取得毕业证书129.5万人。全国成人高中1 463所，招生30.49万人，在校生33.52万人，毕业生23.81万人。全国成人中等专业学校3 473所，招生57.55万人，在校生153.34万人，毕业生68.86万人。全国中等教育自学考试报考0.3万人次，取得中专毕业证书0.1万人。全国高等学校举办的各类成人非学历教育结业（证书教育、岗位培训和进修培训）达427.39万人次。全国成人技术培训学校38.95万所，其中，职工技术培训学校1.04万所，农民技术培训学校37.91万所。成人技术培训学校共培训结业8 118.81万人次，其中培训结业职工437万人次，培训结业农民7 681.81万人次；在校学习6 041.44万人，其中职工288.87万人，农民5 752.57万人；教职工39.74万人，其中职工技术培训学校教职工5.47万人，农民技术培训学校教职工34.27万人；专任教师14.01万人，其中职工技术培训学校3.12万人，农民技术培训学校10.89万人。成人初等学校3.61万所，在校生290.44万人；教职工3.61万人，其中专任教师1.36万人。全国共扫除文盲174.45万人，扫盲教育教职工8.07万人，其中专任教师2.28万人。

2003年

1月7日至8日 中央农村工作会议强调，党中央、国务院决定今后每年新增教育、卫生、文化等事业经费，主要用于农村，逐步缩小城乡社会事业发展的差距。各级政府要继续增加投入，不断改善农村办学条件。要从国民经济和社会发展的全局出发，按照“公平对待，合理引导，完善管理，搞好服务”的方针，为农民进城务工创造有利条件，做好进城农民的服务和管理工作，为农民提供职业技能培训和就业指导服务。

1月20日至21日 全国职业教育与成人教育工作会议在广西南宁召开。会议要求全面落实全国职业教育工作会议和《国务院关于大力推进职业教育改革与发展的决定》精神，促进职业教育与成人教育持续健康发展。强调2003年要坚定不移地把发展农村和西部地区职业教育与成人教育作为工作重点，积极推进职业教育与成人教育的各项改革。

2月10日 全国教育科学“十五”规划国家级重点课题《西部人力资源开发战略研究——西部人力资源开发与职成教发展》在云南昆明召开了会议，进一步明确了课题研究思路及组织分工，部署了下一阶段研究任务。

2月12日 曾庆红在中央党校发表讲话指出：“我们要全面建设的小康社会，是全民学习、终身学习的学习型社会。建设学习型社会，很大程度上要靠建设学习型政党来导向、来推动。我们党在当今时代的先进性，很重要的一个方面就应当体现在善于学习和与时俱进、开拓创新上。”

2月23日至26日 “亚太成人教育国际合作研讨会”在北京举行，来自亚洲及太平洋地区各国的成人教育专家、学者出席了会议。教育部副部长王湛出席会议并讲话。王湛指出，在新的时期，我们仍将坚持大力发展成人教育的方针，采取有效措施，促进成人教育与其他各类教育协调发展。我们将经过今后几年的努力，使农村劳动力培训提高到每年1.5亿人次，为进入非农产业就业的800万农村劳动力提供转移前培训，同时对农村新增劳动力普遍进行就业前培训。我们将充分发挥行业、企业在职工教育培训中的作用，为失业人员提供再就业培训。我们还要积极推动全国城乡社区教育的发展，使其成为成人教育新的增长点，成为构建我国终身教育体系的重要组成部分，成为形成学习型社会的重要基础。

3月5日至6日　全国高职高专教育工作会议在上海举行。会议指出，高职高专准确定位，既要包括新生劳动力培养，更要包括在岗劳动力的提高，高等职业教育应包括全日制学历教育、非全日制学历教育和培训三大职能。在准确定位基础上，高职高专教育应坚持自己的特色，注重管理体制改革，促进产学结合，以适应市场需要。

3月8日　教育部印发《关于进一步加强高等教育自学考试工作若干问题的意见》，指出：高等教育自学考试是我国高等教育的重要组成部分，在建立终身教育体系的进程中处于重要的地位。各级教育行政部门、高等教育自学考试委员会和自学考试机构要站在建立与完善现代国民教育体系，建设全民学习、终身学习的学习型社会的战略高度，根据当前高等教育改革和发展的新要求，全面分析、正确估计自学考试面临的新形势、新情况、新问题，继续坚持发展高等教育自学考试事业的方针不动摇。

3月29日至4月1日　中国成人教育协会2003年秘书长会议在浙江省宁波市召开，来自全国各省（市、自治区）和行业的63位代表出席了会议。

4月11日　教育部发出《关于进一步推进学习型企业创建工作暨推荐创建学习型企业成绩突出单位的通知》。按照《通知》要求，全国28个省（直辖市、自治区）教育行政部门和30个国务院有关部门、全国性行业组织，在广泛调查研究的基础上，推荐了108个创建学习型企业成绩突出单位。

5月23日　中共中央政治局召开会议，研究部署进一步加强人才工作等问题。会议提出，我们党在新世纪新阶段人才工作的紧迫任务是：适应全面建设小康社会的需要，抓住培养、吸引、使用人才三个环节，着力建设党政人才、企业经营管理人才和专业技术人才三支队伍，重点培养一批适应社会主义现代化建设和改革开放要求的高层次人才，创新人才工作机制，努力创造人才辈出、人尽其才的良好局面，把各类优秀人才聚集到党和国家的各项事业中来。

6月13日　劳动和社会保障部发出《关于进一步推动再就业培训和创业培训工作的通知》，提出要建立再就业培训机构资质认定制度，形成动员全社会力量参与再就业培训的工作格局。各级劳动保障部门要按照"条件公开、申请自愿、公平竞争、合理布局、择优认定"的原则，结合本地区再就业培训工作的实际，认定一批培训质量较高、社会信誉较好的再就业培训定点机构，帮助下岗失业人员就地就近参加培训。要建立和完善培训经费补贴与再就业效果直接挂钩的工作机制，提高再就业培训的有效性和经费的使用效果。要全面推广创业培训与小额贷款等优惠政策整体推动的工作模式，提高下岗失业人员创业成功率。同时要强化监督检查，加大宣传力度。

8月中旬　全国成人高等医学教育协作组工作会议在江西九江召开。来自全国各地的代表，研讨了新形势下成人高等医学教育面临的机遇与挑战。

8月15日　胡锦涛总书记在全国再就业工作座谈会上讲话强调，要充分发挥各种教育资源的作用，共同加强人力资源能力建设，着力推进素质教育，重视培养实践能力，努力提高教育质量，为社会主义现代化建设造就数以亿计的高素质劳动者，数以千万计的专门人才和一大批拔尖创新人才。要加强基础教育，积极发展高等教育，大力发展职业教育、成人教育及其他继续教育，逐步形成社会化的终身教育体系。要进一步调整职业教育结构，适当增加职业教育的投入，建设适应社会主义市场经济发展要求的现代职业教育体系，大力加强技术工人尤其是高级技术工人和技师的培养。

9月9日　农业部、劳动和社会保障部、教育部、科技部、建设部、财政部印发《2003—2010年全国农民工培训规划》，确定农民工培训的目标为：2003—2005年，对拟向非农产业和城镇转移的1 000万农村劳动力开展转移就业前的引导性培训，对其中的500万人开展职业技能培训，对已进入非农产业的 5 000 万农民进行岗位培训。2006—2010 年，对拟向非农产业和城镇转移的 5 000 万农村劳动力开展引导性培训，并对其中 3 000 万人开展职业技能培训，同时，对已进入非农产业就业的 2 亿多农民开展岗位培训。

9 月 13 日至 14 日 中国成人教育协会换届后学术委员会第一次会议在北京东方饭店举行。

9 月 17 日 国务院印发《关于进一步加强农村教育工作的决定》。要求以农民培训为重点，开展农村成人教育，促进农业增效、农民增收。普遍开展农村实用技术培训，积极实施农村劳动力转移培训，继续发挥乡镇成人文化技术学校、农业广播电视学校和各种农业技术推广、培训机构的重要作用。农村中小学可一校挂两牌，日校办夜校，积极开展农民文化技术教育和培训，成为乡村基层开展文化、科技和教育活动的重要基地。

9 月 19 日 新华社报道，中央精神文明建设指导委员会最近决定，将中央印发《公民道德建设实施纲要》的 9 月 20 日定为“公民道德宣传日”。

9 月 21 日 教育部发出《关于深入学习贯彻〈国务院关于进一步加强农村教育工作的决定〉和全国农村教育工作会议精神的通知》。要求各级教育行政部门要深入调查研究，抓紧制订本地区、本单位贯彻《决定》和会议精神，发展改革农村教育的工作规划和工作方案。各地教育行政部门和农村学校要围绕加强农村教育的奋斗目标和重大举措，从本地本校实际出发，切实做好规划工作，谋划发展，规划未来。规划制定要突出重点，抓住关键问题，提出切实措施。各省级教育行政部门要根据《决定》和会议精神，对本地区“两基”攻坚、“两基”巩固提高和高水平高质量“普九”，大力发展职业教育和成人教育，中小学人事制度改革，农村中小学现代远程教育建设，资助家庭经济困难学生，城市农村对口帮扶等工作进行认真系统深入的研究；要广泛发动群众，依靠专家力量，充分听取各方面意见，及时向省级人民政府提出有关政策性建议和具体工作方案，科学决策，周密部署，统筹规划，分类指导。同时要加强教育督导工作，确保《决定》和会议精神的贯彻落实。各级教育督导部门要坚持把农村教育工作作为教育督导工作的重点，加大督查力度，坚持督政和督学相结合，对贯彻落实《决定》和会议精神情况开展专项督导，督促基层将《决定》和会议的各项要求落到实处。

9月26日 农业部农村富余劳动力转移培训经验交流会在重庆市召开。农业部决定开始实施“农村富余劳动力转移培训工程”，同时全面启动《2003—2010年全国新型农民科技培训计划》，通过“绿色证书工程”、“跨世纪青年农民科技培训工程”、“新型农民创业培植工程”，培养一大批觉悟高、懂技术、善经营、会管理，能从事专业化和产业化经营的新型农民。

10月14日 中国共产党十六届三中全会通过的《关于完善社会主义市场经济体制若干问题的决定》提出，要营造实施人才强国战略的体制环境，多层次、多渠道、大规模地开展人才培训。构建现代国民教育体系和终身教育体系，建设学习型社会，全面推进素质教育，增强国民的就业能力、创新能力、创业能力，努力把人口压力转变为人力资源优势。

10月17日至20日 第四届中国国际教育论坛在北京召开。此次论坛的主题是“构建终身教育体系，建设学习型社会”。来自全球20多个国家和地区的500余名教育界人士出席了开幕式。

10月21日 全国注册建筑师管理委员会与香港建筑师学会在武汉草签关于建筑师资格互认协议书。注册建筑师执业资格互认后，香港注册建筑师可到内地执业，内地注册建筑师也能到香港发展。内地与香港注册建筑师实现“两地通用”，这意味着内地建筑市场可借用经验丰富的香港注册建筑师，内地建筑市场对香港更加开放。

11月6日 由联合国教科文组织、中央广播电视大学、上海远程教育集团联合主办，以“创新与合作——远程教育的明天共同行动”为主题的“2003世界开放大学校长会议”在上海开幕。来自亚洲、非洲、欧洲、美洲12个国家的17所开放大学校长参加。

11月19日至21日 华东地区高校继续教育分会2003年年会在山东科技大学召开，来自清华大学、浙江大学、南京大学、中国科技大学等40余所高校的60多名代表聚集一堂，共同研讨我国继续教育的现状，探索发展继续教育的途径与方法，并讨论规划分会明年的工作任务。

11 月 24 日 中共中央政治局召开会议，讨论加强人才工作问题。会议强调，实施人才强国战略，要坚持党管人才原则，把促进经济社会发展作为人才工作的根本出发点，树立科学的人才观，加强人力资源能力建设，推进人才结构调整，创新人才工作机制，优化人才成长环境，为全面建设小康社会提供坚强的人才保证。

12 月 12 日 2003 年中国成人教育协会年会暨学习型社会论坛在北京举行。会议的主题是：学习型社会与成人教育创新。旨在通过对我国成人教育发展历程的总结和反思，充分认识成人教育在全面建设小康社会、形成学习型社会过程中的重要使命；进一步明确在新的历史时期我国成人教育改革、创新的方向和思路。

12 月 15 日 教育部发出《关于确定第二批全国社区教育实验区的通知》。教育部在第一批 28 个全国社区教育实验区的基础上，为推动全国的社区教育工作的广泛发展，在各省（自治区、直辖市）教育行政部门推荐的基础上，经审核，又确定北京海淀区等 33 个城区（市）为第二批全国社区教育实验区。通知要求各地充分认识开展社区教育对构建终身教育体系、推进学习型社会建设和促进社区全面发展的重要意义，认真做好本地区和本实验区的社区教育工作，加强对本地区全国社区教育实验区的指导。

12 月 18 日至 20 日 由北京市精神文明办主办、北京市朝阳区承办的中国学习论坛首届年会在北京国际会议中心举行。年会的主题是“学习型城市与家庭”。

12 月 19 日 中共中央、国务院在北京召开全国人才工作会议。胡锦涛在讲话中说：实施“人才强国”战略，就是要努力造就数以亿计的高素质劳动者、数以千万计的专门人才和一大批拔尖创新人才，建设规模宏大、结构合理、素质较高的人才队伍，充分发挥各类人才的积极性、主动性和创造性，开创人才辈出、人尽其才的新局面，大力提升国家核心竞争力和综合国力，为全面建设小康社会和实现中华民族的伟大复兴提供重要保证。全党同志必须从全局和战略的高度，充分认识实施人才强国战略的重要性和紧迫性，自觉增强大局意识和忧患意识，以高度的政治责任感和历史使命感，把实施人才强国战略作为党和国家一项重大而紧迫的任务抓紧抓好。要着眼于人才总量的增长和人才素质的提高，树立大教育、大培训观念，在提高全体人民的思想道德素质、科学文化素质和健康素质的基础上，重点培养人的学习能力、实践能力，着力提高人的创新能力，加大对人才资源能力建设的投入，优先发展科学教育事业，加大教育培训力度，为各类人才不断涌现和充分发挥作用奠定坚实基础。

12月26日 中共中央、国务院颁布《关于进一步加强人才工作的决定》。提出："加快构建终身教育体系，促进学习型社会的形成。在全社会进一步树立全民学习、终身学习理念，鼓励人们通过多种形式和渠道参与终身学习，积极推动学习型组织建设和学习型社区建设。加强终身教育的规划和协调，优化整合各种教育培训资源，综合运用社会的学习资源、文化资源和教育资源，完善广覆盖、多层次的教育培训网络，构建中国特色的终身教育体系。"

12月30日 国家科技教育领导小组召开第二次全体会议。会议听取了教育部关于制定《2003—2007年教育振兴行动计划》和《国家西部地区"两基"攻坚计划》的汇报。会议认为，《2003—2007年教育振兴行动计划》明确了近5年我国教育工作的方向、任务和目标，对教育改革和发展提出了具体要求。《国家西部地区"两基"攻坚计划》，对实现西部地区基本普及九年义务教育、基本扫除青壮年文盲作出了具体部署。

本年 成人高等学校558所，成人高等教育毕业生159.34万人。网络本、专科毕业生11 633人，招生223 855人，在校生500 727人。全国高等教育自学考试报考1 156.2万人次，取得毕业证书70.5万人。全国成人高中1 317所，在校生21.85万人，毕业生16.48万人。全国成人中等专业学校2 823所，招生42.98万人，在校生105.45万人，毕业生40.03万人。全国高等学校举办的各类成人非学历教育结业达353.25万人，注册学生239.52万人。全国职业技术培训学校（机构）23.06万所，共培训结业学员7 242.08万人次，注册学生5 677.22万人，教职工45.72万人，专任教师20.6万人。成人初等学校2.68万所，在校生186.26万人，教职工3.77万人，其中专任教师1.89万人。全国共扫除文盲203.14万人，扫盲教育教职工8.63万人，其中专任教师2.87万人。

2004 年

1 月 30 日 中华全国总工会、中央文明办、国家发展和改革委员会、教育部、科技部、人事部、劳动和社会保障部、国务院国有资产监督管理委员会、全国工商联九部委联合颁布了《关于开展全国“创建学习型组织，争做知识型职工”活动的实施意见》。开展“创争”活动的总体目标是：倡导终身学习理念，提高职工的学习能力和实践能力，着力提高职工的创新能力；营造尊重劳动、尊重知识、尊重人才、尊重创造的社会环境，形成全员学习、全程学习、团队学习和工作学习化、学习工作化的氛围和机制；努力建设各类学习型组织，为职工创造更多的学习机会和成才机会；促进人才队伍建设，为各类人才不断涌现和充分发挥作用奠定坚实基础，努力造就一支有理想、有道德、有文化、有纪律的职工队伍。要求通过开展形式多样的主题教育活动，创新群众性学习活动载体，构筑职工学习平台等方式和途径来开展。《意见》还对“学习型组织”和“知识型职工”的基本条件提出了明确的要求。

2 月 12 日 教育部、财政部印发《关于进一步加强农村地区“两基”巩固提高工作的意见》。要求各级政府要增强做好“两基”巩固提高工作的紧迫感和责任感，并提出加强农村初中建设、巩固完善农村义务教育管理体制、增加义务教育经费投入、进一步巩固扫盲成果、加快推进课程改革等具体要求。

2 月 12 日 教育部决定，从 2004 年开始对全国成人高校招生时间进行调整，调整后的招生统一入学考试时间为每年 10 月的第三个星期六和星期日，录取的新生于第二年春季入学。

2 月 15 日 全国第一张“终身教育券”在杭州市上城区发放并投入运作。它以“培训部门设计菜单，政府及各行业部门买单”的形式，让所有市民均可凭借免费发放的“终身教育券”参加自己喜爱的学习培训活动，较好地满足了不同群体的终身学习需求。发放的范围是，杭州市上城区区域内企事业单位在职职工、青少年学生、居家市民、残疾人士、就业困难人员、下岗职工、老年人、街道社区文教干部、婴幼儿及家长等，发放的总金额为66万元。

2月16日 国务院办公厅转发教育部、国家发改委、财政部和国务院西部开发办《国家西部地区“两基”攻坚计划（2004—2007年）》。文件提出到2007年的目标是，西部地区整体上实现“两基”目标，“两基”人口覆盖率达到85%以上，初中毛入学率达到90%以上，扫除600万文盲，青壮年文盲率下降到5%以下。

2月24日至25日 教育部在成都召开全国农村劳动力转移培训经验交流会。会议强调，教育战线要抓住机遇，勇挑重担，急政府之所急，想农民之所想，做好农村劳动力转移培训工作，千方百计为解决好“三农”问题和走新型工业化道路作贡献。

2月25日 国务院第41次常务会议通过《中华人民共和国民办教育促进法实施条例》，并于3月5日以国务院令公布，自本年4月1日起施行。《实施条例》共8章54条，对民办学校的举办者、民办学校的设立、民办学校的组织与活动、民办学校的资产与财务管理、扶持与奖励、法律责任等方面作了明确的法律规定。

2月26日 经国务院批准，国家西部地区“两基”攻坚工作会议在北京召开。会议强调要从践行“三个代表”重要思想的高度，明确责任，狠抓落实，确保西部地区基本普及九年义务教育、基本扫除青壮年文盲的攻坚目标如期完成。

4月7日 农业部、财政部、劳动和社会保障部、教育部、科技部、建设部在人民大会堂举行农村劳动力转移培训阳光工程启动仪式，六部委有关领导出席了启动仪式。农业部副部长张宝文代表全国阳光工程指导小组讲话指出，开展农村劳动力转移培训，是加快农村劳动力转移、促进农民增收的重要环节，也是提高农民就业能力、增强我国产业竞争力的一项重要的基础性工作。为抓好阳光工程各项工作的落实，张宝文要求：一要加强组织领导。要求各地在党委、政府领导下，成立相应的办公室，抓好培训工作的落实。二要创新培训机制。要动员社会各类教育培训机构积极参与，整合利用现有的各类教育培训资源，形成工作合力。三要确保农民受益。要确保财政支持的扶持资金足额补贴到农民身上。四要强化项目监管，确保农村劳动转移培训成为名副其实的“民心工程”。劳动和社会保障部副部长张小建、教育部副部长吴启迪也在启动仪式上讲了话。启动仪式上还正式开通了由农业部主办、农业部农民科技教育培训中心承办的“中国农村劳动力转移培训网”。将通过该网及时发布农村劳动力转移培训政策，介绍各地培训工作开展情况，交流经验，沟通信息；同时，在网上公布各地项目执行情况，加强项目监管，保证培训工作的落实。

4月23日 教育部办公厅发出《关于成立农村劳动力转移培训工作领导小组的通知》。

4月 全国教育科研“十五”规划重点研究项目“建设终身学习体系及学习型社会的研究”正式启动。本课题从建设终身学习体系和学习型社会所面临的主要问题和主要矛盾入手，在调查分析和综合研究的基础上，重点进行了8个方面的专题研究，包括：社会背景的研究，理论与指导思想的研究，终身学习体系与学校教育的改革和发展的研究，继续教育的供求研究，教育信息化研究，学习型城市、社区、组织的政策与个案研究，保障制度与比较研究。

5月14日至16日 由中国成人教育协会成人高等教育理论研究专业委员会和河南大学成人教育学院联合举办的“全国首届成人教育学专业研究生培养工作交流研讨会”在河南开封举行。来自华东师范大学、同济大学、南京师范大学、北京师范大学、曲阜师范大学、山西大学、四川师范大学、西南师范大学、华南师范大学、福建师范大学、河南大学等15所高校的成人教育学专业学科带头人或专职研究人员参加了会议。

5月18日 联合国教科文组织宣布，将2004年度国际扫盲奖中的“世宗王扫盲奖”授予青海省扫盲工作领导小组，以表彰其为国际扫盲工作作出的贡献。青海省将妇女和少数民族群体作为扫盲工作的重点，并把扫盲工作与符合农牧民日常生活的技能培训相结合，取得了突出成绩。此外，青海省积极落实扫盲后的教育，建立相互合作机制，并将图书馆和阅览室以及学校资源向农牧民开放。

5月22日 国务院总理温家宝在对第六届全国创业之星经验交流表彰会的批示中指出：深入开展农村劳动力资源开发研究，对于促进农村劳动力有序转移，逐步解决农村就业问题，努力提高农民收入水平，实现农村小康目标，有着现实而深远的意义。当前，特别要重视对农民工开展多种形式的培训，提高他们的素质，为他们进城务工提供便利和服务，保障他们的合法权益等关系农民切身利益的实际问题。

6月15日 国家督导团印发《关于加强西部地区“两基”攻坚督导评估工作的意见》，提出增强督导评估工作对西部地区“两基”攻坚的责任感和使命感，加大督导评估力度，完善各项工作环节，严禁“两基”评估验收弄虚作假。

6月25日 劳动和社会保障部、国务院国有资产监督管理委员会联合下发《关于开展高技能人才队伍建设试点工作的通知》。为加强高技能人才队伍建设，选择34家中央企业作为高技能人才队伍建设试点企业。各试点中央企业要高度重视试点意义，明确试点任务目标，加快高技能人才培养，开展高技能人才评价，加大高技能人才开发交流，建立高技能人才激励机制并完善高技能人才选拔方式。

6月28日 全国煤炭行业现代远程教育培训网开通仪式在北京中华世纪坛举行。这个远程教育网集卫星传输技术、网络技术、计算机技术、多媒体技术于一体，集中全行业的优质教育资源，开设8个栏目，覆盖了行业大部分大中型企业，是煤矿职工喜爱的“坑口大学”、“随身大学”。

8月8日至11日 由中国成人教育协会、中央农业广播电视学校主办、江苏省教育厅协办的“2004年东西部农村劳动力转移培训交流会”在江苏召开。

9月19日 中国共产党十六届四中全会通过的《中共中央关于加强党的执政能力建设的决定》指出：优先发展教育和科学事业，提高全民族的科学文化素质，营造全民学习、终身学习的浓厚氛围，推动建立学习型社会。

10月17日 教育部等九部委在青岛召开“创建学习型组织，争做知识型职工”活动现场推进会。中共中央政治局委员、全国人大常委会副委员长、中华全国总工会主席王兆国出席会议并讲话，强调要认真贯彻党的十六届四中全会精神，采取切实措施，深入开展“创争”活动，鼓励和引导广大职工为全面建设小康社会多作贡献。

12月1日 教育部印发《关于推进社区教育工作的若干意见》，就推进社区教育工作的指导思想、原则和目标以及主要任务等提出明确要求。推进我国社区教育工作的目标是：进一步扩大社区教育实验范围。到2007年，全国社区教育实验区要扩展到各省（自治区、直辖市），各省级、市级实验区的范围进一步扩大，并形成一批具有较高发展水平的省市级的社区教育实验区和普遍开展社区教育的城市；创建一批全国社区教育示范区，为学习型城市建设奠定扎实的基础；在经济教育较发达的东部地区，社区教育延伸到农村地区并取得初步经验。中部和西部地区在条件较好的农村地区开展社区教育实验。

12月5日至7日 2004年中国成人教育协会年会暨科学发展观与成人教育创新论坛在北京举行，教育部副部长吴启迪到会并讲话。大会表彰了中国成人教育协会先进集体和先进工作者。有59个成人教育先进社团、51个成人教育先进单位（学校）、112名成人教育先进工作者受到表彰。

12月15日至16日 建设终身学习体系和学习型社会国际论坛在上海举行。参加论坛的有上海和全国各地教育工作者代表500余人。教育部副部长吴启迪、上海市委副书记殷一璀出席论坛开幕式并致辞。来自中国和美国、英国、韩国、墨西哥等国家以及世界银行等国际组织的20余位专家学者在论坛上就建设终身学习体系和学习型社会的问题作了专题演讲。

本年 成人高等学校505所，成人高等教育共招生221.16万人，在校生419.80万人，毕业生189.62万人。网络本、专科毕业生393 715人，招生839 325人，在校生2 365 908人。全国成人高中955所，在校生19.37万人，毕业生13.86万人。全国成人中等专业学校2 742所，招生40万人，在校生103.35万人，毕业生39.55万人。全国高等学校举办的各类成人非学历教育结业达318.84万人次，注册学生242.74万人。各种非学历中等教育结业达6 957.34万人次，注册学生6 198.35万人；其中中等职业学校举办的各类成人非学历教育结业达780.35万人次，注册学生450.21万人。全国职业技术培训学校（机构）27.71万所，共培训结业学员6 176.99万人次，注册学生5 748.14万人；教职工51.45万人，专任教师23.43万人。成人初等学校2.22万所，在校生141.65万人；教职工3.19万人，其中专任教师1.44万人。全国共扫除文盲 204.58 万人，扫盲教育教职工 10.84 万人，其中专任教师 2.89 万人。

2005 年

1 月 14 日　胡锦涛在新时期保持共产党员先进性专题报告会上强调，勤奋学习是共产党员增强党性、提高本领、做好工作的前提。我们正处在知识创新的时代、终身学习的时代，不懂得和不熟悉的东西很多，即便是过去懂得和熟悉的知识也有一个不断更新的问题。面对这种新形势，全党同志一定要有学习的紧迫感，抓紧学习、刻苦学习，善于学习、善于重新学习。

2 月 19 日　胡锦涛在省部级主要领导干部提高构建社会主义和谐社会能力专题研讨班上讲话强调："要坚持把教育摆在优先地位，保障教育公平，构建健全的教育体系，建设学习型社会，促进全民素质不断提高。"

3 月 4 日　教育部发出《关于调整全国成人高等学校招生统一考试部分专业基础课考试科目的通知》，作出取消高中起点升专科（高职）考试科目中的医学综合、中医综合、监狱（劳教）基础、公安专业基础等 4 门专业基础课考试等三项决定。

3 月 16 日　胡锦涛为中国浦东干部学院、中国井冈山干部学院、中国延安干部学院建成并正式开学发出贺信。贺信强调要大规模培训干部，大幅度提高干部素质，提高领导社会主义现代化建设的本领。中共中央政治局委员、中央书记处书记、中央组织部部长贺国强出席三所学院的开学典礼。

3 月 17 日　教育部印发《关于实施农村实用技术培训计划的意见》。提出的目标任务是：2005 到 2007 年，要在现有培训规模的基础上，努力扩大培训规模。全国农村实用技术培训人数逐年增长 1 500 万人以上，农民培训率逐年增长 5 个百分点以上，争取到 2007 年农村劳动力实用技术培训人数达到 1 亿人次，农村劳动力年培训率达到 35%

以上，每个农户有一个劳动力通过培训掌握1～2项实用技术，农民家庭人均收入有明显提高，促进贫困农户摆脱贫困。

4月19日 教育部办公厅发出《关于建设中央广播电视大学现代远程教育公共服务体系的通知》，批准中央广播电视大学依托全国广播电视大学系统建设中央广播电视大学现代远程教育公共服务体系，为高等学校现代远程教育提供校外教学支持服务，同时也可为教育行政部门、办学机构提供专项的现代远程教育教学支持服务。

4月27日 第十届全国人大常委会第十五次会议通过《中华人民共和国公务员法》，其中第十章第六十、六十一、六十二条为公务员培训条款。明确规定机关根据公务员工作职责的要求和提高公务员素质的需要，对公务员进行分级分类培训。国家建立专门的公务员培训机构，可以委托其他培训机构承担公务员培训任务。公务员培训情况、学习成绩作为公务员考核的内容和任职、晋升的依据之一。

6月25日至26日 全国贫困地区劳动力转移培训现场经验交流会议在湖北宜昌举行。会议的主要议题是分析目前贫困地区劳动力转移培训工作的形势和任务，交流各地的成功经验和做法，研究解决存在的困难和问题。

7月24日 大连市民学外语考试工作启动。参加首批市民学外语考试的数百名考生，在市青联培训学校、东北特钢集团职工培训中心两个考点、六个考场进行通用英语初级考试。这些考生主要来自大连周水子国际机场、东北特钢集团和金州区等试点单位，社会各界英语爱好者也有近百人参加了考试。考试及格者，将获得盖有市委组织部、市委宣传部、市人事局、市教育局印章的通用英语初级证书，在大连地区具有通用性。

9月5日 由中国成人教育协会、陈香梅教科文奖办公室主办的“中国民办教育创新与发展论坛”在北京举行。全国人大常委副委员长许嘉璐、顾秀莲，全国人大教科文卫委员会主任委员朱丽兰，教育部副部长吴启迪等领导出席会议。陈香梅女士亲自到会为被表彰单位代表颁发奖牌和证书。

9月21日 北京市教委印发了《关于加强企业教育推动学习型企业创建工作的意见》、《关于评选创建学习型企业先进单位的通知》（联合市总工会)、《关于评选创建学习型社区先进街道的通知》(联合市文明办和民政局)、《关于评选创建学习型农村社区先进乡镇的通知》和《关于评选创建学习型新村先进村的通知》(联合市文明办和市农委)、《关于评选创建学习型学校先进单位意见》(联合市教工委和市教育工会)、《关于开展创建学习型机关工作的通知》等 7 个相关文件,并附有相应的评估指标体系。

9 月 28 日 我国内地首部终身教育法规——《福建省终身教育促进条例》正式实施。《条例》共 22 条,规定县级以上地方人民政府应当制定本行政区域终身教育发展规划,并将其纳入国民经济和社会发展规划,统筹整合各种教育文化资源,促进终身教育事业的发展。县级以上地方人民政府应当设立终身教育促进委员会,成员由承担终身教育相关职责的部门负责人和有关专家组成,主要职能为协调、指导、推动和评估终身教育工作,为本级人民政府有关终身教育的决策提供意见和建议。终身教育促进委员会具体事务由本级人民政府教育行政主管部门负责。有关部门和社会团体在各自职责范围内开展终身教育工作。地方各级财政应当根据本行政区域终身教育发展情况及财力,安排相应的终身教育经费。鼓励社会力量捐助或者兴办终身教育事业。并且规定了每年 9 月 28 日为终身教育活动日。条例还对城镇失业人员、农村进城务工人员、失地农民、残疾人职业技能培训工作、老年教育工作、创建学习型组织、社会公益性场馆的开放作出了明确的规定。

10 月 11 日 中国共产党十六届五中全会通过的《中共中央关于制定国民经济和社会发展第十一个五年规划的建议》中提出:"坚持教育优先发展,加快教育发展,是把我国巨大人口压力转化为人力资源优势的根本途径。""加大教育投入,建立有效的教育资助体系,发展现代远程教育,促进各级各类教育协调发展,建设学习型社会。"

10 月 15 日 由中国成人教育协会、中国联合国教科文全委会发起,北京、上海、天津等 10 个城市共同举办的"全民终身学习活动周"在北京西城区德胜社区教育学校拉开序幕。本次活动的主题为"全民学习、终身学习、造就人生、振兴中华",旨在通过学习活动周这样的形式,大力宣传终身教育思想,提倡树立全民终身教育、终身学习的观念,促进更多的人和社会机构积极参与到全民终身学习中来。

10月 温家宝在全国职业教育工作会上发表重要讲话，提出：“每年培训城乡劳动者上亿人次，使我国劳动者的素质得到明显提高。”“重视提高广大农民的职业技能和转移就业能力。今后，我国新增劳动力的主要来源在农村。农村初高中毕业生不仅是农业现代化建设的骨干力量，也是我国产业工人的后备军，搞好农村职业教育具有特殊重要的意义。面向农村、面向农民的职业教育和技能培训，要注重多样化、灵活性和实用性。充分利用广播电大、自学考试、远程教育等方式，发展面向农村青年的职业教育。加强农民工转移就业培训，继续实施好农村劳动力转移培训阳光工程，提高进城务工农民的职业技能和就业能力。同时，做好在乡务农青年的农业实用技术培训工作。”“国民经济的各行各业不但需要一大批科学家、工程师和经营管理人才，而且需要数以千万计的高技能人才和数以亿计的高素质劳动者。没有这样一支高技能、专业化的劳动大军，再先进的科学技术和机器设备也很难转化为现实生产力。我国目前在生产一线的劳动者素质偏低和技能型人才紧缺问题十分突出。现在经济全球化深入发展，国际产业结构加快调整与重组，我们要抓住机遇，努力提高我国制造业水平，使‘中国制造’在国际市场上真正有竞争力。这就必须从源头抓起，更加重视和加快发展职业教育，全面提升人力资源的整体素质。”

11月8日 国务院发布《关于进一步加强就业再就业工作的通知》，强调要广泛发动全社会教育培训资源，为城乡劳动者开展多层次、多形式的职业培训，并积极推行创业培训，提高劳动者就业能力和创业能力。对持《再就业优惠证》人员、城镇其他登记失业人员，以及进城务工的农村劳动者，提供一次性职业培训补贴。为参加职业培训的下岗失业人员提供职业技能鉴定服务，对持《再就业优惠证》人员通过初次技能鉴定、生活确有困难的，可申领一次性职业技能鉴定补贴，所需资金由地方财政解决。

11月12日 在教育部的组织和推动下，中国电力企业联合会、中国钢铁工业协会、中国煤炭教育协会等近20家全国性行业组织联合主办的“首届中国培训发展论坛”在北京召开。此次论坛的主题是“行业企业培训的发展与创新”，包括“企业培训创新”、“职业资格证书制度”和“学习型企业”三个专题论坛。论坛借鉴国际企业培训新理念、新方法和新技术，深入探讨新形势下具有中国特色的行业企业培训模式，并以此为契机搭建起国内外培训资源的交流、展示和共享平台。

12月9日至11日　首届全国农民职业教育校长论坛在北京召开。会议围绕“新形势下农民职业教育的快速发展”的主题进行了热烈的讨论，讨论的问题涉及县域农业产业化对核心骨干农民培训的需求；大型农业企业对中高级技术人才的需求；农业职业院校的人才培养如何与市场更紧密对接等问题。

12月31日　中共中央、国务院发布《关于推进社会主义新农村建设若干意见》，指出：提高农民整体素质，培养造就有文化、懂技术、会经营的新型农民，是建设社会主义新农村的迫切需要。要继续支持新型农民科技培训，提高农民务农技能，促进科学种田；扩大农村劳动力转移培训阳光工程实施规模，提高补助标准，增强农民转产转岗就业的能力；加快建立政府扶助、面向市场、多元办学的培训机制；各级财政要将农村劳动力培训经费纳入预算，不断增加投入；整合农村各种教育资源，发展农村职业教育和成人教育。

本年　成人高等学校481所，成人高等教育共招生193.03万人，在校生436.07万人，毕业生166.79万人。网络本、专科毕业生759 627人，招生891 046人，在校生2 652 679人。全国成人高中974所，在校生21.81万人，毕业生12.41万人；全国成人中等专业学校2 582所，招生47.95万人，在校生112.55万人，毕业生39.39万人。全国高等学校举办的各类成人非学历教育结业达373.39万人次，注册学生239.94万人。各种非学历中等教育结业达6 743.87万人次，注册学生5 283.76万人；其中中等职业学校举办的各类成人非学历教育结业达809.68万人次，注册学生401.04万人。全国职业技术培训学校（机构）19.86万所，共培训结业学员5 934.19万人次，注册学生4 882.72万人；教职工52.62万人，专任教师25.6万人。成人初等学校1.79万所，在校生115.32万人，教职工2.67万人，其中专任教师1.3万人。全国共扫除文盲169.05万人，扫盲教育教职工8.94万人，其中专任教师3.17万人。

2006 年

1 月 21 日 中共中央颁布《干部教育培训工作条例（试行）》，共 9 章 57 条。涉及干部教育的管理体制、教育培训对象、内容与方式、教育培训机构、师资教材经费、考核与评估、监督与纪律等方面。在"总则"中规定，干部教育培训工作必须坚持以马克思列宁主义、毛泽东思想、邓小平理论和"三个代表"重要思想为指导，全面贯彻落实科学发展观，围绕党和国家工作大局，按照实事求是、与时俱进、艰苦奋斗、执政为民的要求，以增强执政意识、提高执政能力为重点，推动学习型政党、学习型社会建设，为全面建设小康社会、加快推进社会主义现代化提供思想政治保证、人才保证和智力支持。

1 月 26 日 中共中央、国务院作出《关于实施科技规划纲要增强自主创新能力的决定》，提出：健全人才激励机制，大胆起用青年人才，培养高水平创新人才。深化教育改革，加快教育发展，推进素质教育和创新教育，为建设创新型国家培养结构合理、素质优良的各级各类人才。

1 月 27 日 中共上海市委、上海市人民政府发布《关于推进学习型社会建设的指导意见》，提出，完善终身教育体系，奠定学习型社会的基础；发展学习型组织，培育学习型社会的载体；深化精神文明创建活动，丰富学习型社会建设内容；切实加强领导，为建设学习型社会提供保障。

2 月 中国水利教育协会将《水利职工教育》、《水利高等教育》和《水利职业技术教育》合并，创办了会刊《中国水利教育与人才》。

3 月 4 日 胡锦涛在参加全国政协十届四次会议分组讨论时指出，要在全社会大力弘扬爱国主义、集体主义、社会主义思想，倡导社会主义基本道德规范，促进良好社会风气的形成和发展。要引导广大干部群众特别是青少年树立社会主义荣辱观，坚持以热爱祖国为荣、以危害祖国为耻，以服务人民为荣、以背离人民为耻，以崇尚科学为荣、以愚昧无知为耻，以辛勤劳动为荣、以好逸恶劳为耻，以团结互助为荣、以损人利己为耻，以诚实守信为荣、以见利忘义为耻，以遵纪守法为荣、以违法乱纪为耻，以艰苦奋斗为荣、以骄奢淫逸为耻。

3月27日 国务院颁布《国务院关于解决农民工问题的若干意见》，要求各地要适应工业化、城镇化和农村劳动力转移就业的需要，大力开展农民工职业技能培训和引导性培训，提高农民转移就业能力和外出适应能力。扩大农村劳动力转移培训规模，提高培训质量。继续实施好农村劳动力转移培训阳光工程，完善农民工培训补贴办法，对参加培训的农民工给予适当培训费补贴。推广“培训券”等直接补贴的做法。要落实农民工培训责任，完善并认真落实全国农民工培训规划。《意见》还强调劳动保障、农业、教育、科技、建设、财政、扶贫等部门要按照各自职能，切实做好农民工培训工作。强化用人单位对农民工的岗位培训责任。

4月9日 《国务院关于加强和改进社区服务工作的意见》正式出台，在推进文化、教育、体育服务部分中提出，要统筹各类教育资源，充分发挥社区学院、市民学校的作用，积极创建各种各类的学习型组织，面向社区居民开展多种形式的教育培训和科普活动，建立覆盖各种人群的多渠道、全方位的社区学习服务体系。

5月17日 教育部印发《关于贯彻落实〈国务院关于解决农民工问题的若干意见〉的实施意见》，要求进一步加强农民工职业技能培训工作，大力发展面向农村的职业教育。

5月19日 中央精神文明建设指导委员会下发《关于深入学习实践社会主义荣辱观大力加强思想道德建设的意见》，提出：(1) 充分认识树立社会主义荣辱观的重大意义；(2) 准确把握社会主义荣辱观学习实践活动的基本要求；(3) 深化社会主义荣辱观的学习宣传教育；(4) 广泛开展社会主义荣辱观实践活动；(5) 努力创造弘扬社会主义荣辱观的文化环境；(6) 扎实推进以社会主义荣辱观为导向的“文明办网、文明上网”活动；(7) 切实加强对社会主义荣辱观学习实践活动的领导。

5月 教育部、国家安全生产监督管理总局、国家发展和改革委员会、财政部联合发出《关于加强煤矿专业人才培养工作的意见》，提出了"扩大与煤矿安全相关专业人才培养规模"、"建立国家煤矿专业人才培养基地"、"加快实施煤炭行业技能型紧缺人才培养培训工程"、"完善'对口单招'和'订单式'培养方式"、"加大经费投入"、"吸引和稳定煤矿专业人才"等政策措施。

6月11日 中共中央办公厅、国务院办公厅印发《关于进一步加强高技能人才工作的意见》，明确提出了高技能人才工作的指导思想和目标任务；强调完善高技能人才培养体系，大力加强高技能人才培养工作，动员社会各方面力量开展高技能人才培养工作，以企业行业为主体，开辟高技能人才培养的多种途径，建立高技能人才校企合作培养制度，支持和鼓励职工参加技能培训，加强高技能人才培训基地建设等政策措施。

6月20日 全国青工技能振兴计划现场推进会在上海举行。共青团中央第一书记周强给会议发来贺信。

7月9日至11日 2006年中国成人教育中青年学者高峰论坛暨河北省成人高等教育研究会年会在河北省保定市召开。这次会议由中国成人教育协会成人教育科学研究机构工作委员会、河北省成人高等教育研究会以及河北大学三方联合举办，会议的主题为"社会转型期成人教育、终身教育的前景探讨"，来自北京、上海、天津、山东、河南、山西、云南、江西、安徽、广西、河北等地的百余名专家、学者、教育工作者参加了会议。

9月2日 农业部、财政部宣布，中央财政2006年安排1亿元专项资金，在全国选择1万个村实施"新型农民科技培训工程"，按每村1万元的标准给予培训补助，对农民开展农业生产技能及相关知识培训，提高农民的务农技能，促进农业生产发展，增加农民收入。

10月10日 北京市教委批准北京市总工会职工大学提出的"成人高等职业教育学分银行"教改立项申请报告。北京市总工会职工大学在广泛调研和考察的基础上，选择北京燕山石化公司作为首家试点企业合作开展"学分银行计划"教改试点工作。"学分银行"是一种模拟或借鉴银行的功能、特点，使学生能够自由选择学习内容、学习时间、学习地点的一种管理模式。"学分银行"的构建能够实现各高校、各种教育形式之间的教学资源共享和学分通兑，建立学历教育与非学历教育的沟通平台，能为具有学习能力并渴望实现自己理想的任何社会成员提供终身修业与获取文凭的机会。

10月11日 中国共产党十六届六中全会通过的《中共中央关于构建社会主义和谐社会若干重大问题的决定》指出："坚持教育优先发展，促进教育公平。全面贯彻党的教育方针，大力实施科教兴国战略和人才强国战略，全面实施素质教育，深化教育改革，提高教育质量，建设现代国民教育体系和终身教育体系，保障人民享有接受良好教育的机会。""引导民办教育健康发展。积极发展继续教育，努力建设学习型社会。"

10月13日 第七届海峡两岸继续教育论坛在北京大学隆重召开，来自香港大学、香港中文大学、澳门大学、台湾大学、台湾东吴大学和内地清华大学、浙江大学、复旦大学、南京大学、四川大学等23所大学的近百位继续教育专家参加了会议。

10月22日 2006年全民终身学习活动周在北京拉开帷幕，此项活动由中国成人教育协会会同中国联合国教科文全委会、北京市成人教育协会、北京市朝阳区人民政府以及全国20大城市成人教育协会共同举办，旨在通过活动向全社会宣传终身教育思想，建立全民终身学习理念，促进社会主义和谐社会的构建。

10月28日至31日 2006年国际成人教育研讨会在北京举行。主题是"学习化社会中的成人教育——全球化中亚洲的不同视角"，教育部副部长章新胜在开幕式上讲话时指出："对变化中的中国来说，对成人教育的需求、对终身教育的需求比我们现在所能提供的要大得多。目前的政策以及法律保障、投资体制，以及教育提供的方式、培养的模式、教材、教师等，还有不少的差距，所以说中国的发展，成人教育和终身教育确实发挥了非常大的作用。"同时，会议发表了《北京宣言》，强调加强亚洲、欧洲成人教育工作者之间的交流与合作，共享更完善的资讯、共享更丰富的经验。大会就当前成人教育面临的问题，如环境与可持续发展的能力、健康教育与艾滋病、消除贫困、社会共融、移民与融合、扫盲与基础教育等进行了对话交流，并研讨了成人教育在以上所有领域所起的重要作用。

10月31日 为方便企业在职职工、外来务工人员、农村劳动者参加中等职业学校举办的成人学历教育，北京市教委决定从2006年起，在北京市部分中等职业学校部分专业开展“职业资格证书”与文化基础课为核心课程的成人学历教育教学模式改革试点工作。这种模式主要指学员参加劳动部（局）职业资格考试，取得相应的职业资格证书，同时参加成人中等学历教育必需的文化基础课的学习和考试，成绩合格者，即可取得同等职业学校成人学历教育证书。

10 月　中国煤炭教育协会组织编写的《中国煤炭职工教育史》由中国矿业大学出版社出版。这部 70 多万字的史书，记录了新中国成立以来煤炭行业在干部培训、职工教育、继续教育、安全技术培训、成人中等和高等学历教育等方面所取得的成绩与经验。该书与《中国煤炭高等教育史》、《中国煤炭职业技术教育史》一道，构成了煤炭教育史书系列。

11 月 3 日　联合国教科文组织向中国云南省扫盲工作协调办公室颁发“国际阅读协会扫盲荣誉奖”，颁奖仪式在教科文组织巴黎总部举行。云南省扫盲协调办公室在 6 年时间里，通过协调政府部门、多边组织、青年组织、社会团体、学校、公民的力量，大力推进扫盲工作，将该省的青壮年文盲率由 10％降到 5％以下。

11 月 5 日　“2006 全国创建学习型社会论坛”在上海开幕。论坛主题为：“建设学习型政党，提高构建社会主义和谐社会能力”。此次论坛由中共中央党校学习时报社、中共上海市委党校和中共闸北区委主办。

11 月　国家安全生产监督管理总局、国家煤矿安全监察局、教育部、劳动和社会保障部、建设部、农业部、中华全国总工会联合下发《关于农民工安全生产培训工作的意见》。

12 月 31 日　中共中央、国务院发出《关于积极发展现代农业，扎实推进社会主义新农村建设的若干意见》，指出：普遍开展农业生产技能培训，扩大新型农民科技培训工程和科普惠农新村计划规模，组织实施新农村实用人才培训工程，加大“阳光工程”等农村劳动力转移就业培训支持力度，进一步提高补贴标准，充实培训内容，创新培训方式，完善培训机制。

本年　成人高等学校 444 所，成人高等教育本专科共招生 184.44 万人，在校生 524.88 万人，毕业生 81.52 万人。网络本、专科学生毕业885 117人，招生1 132 516人，在校生2 792 945人。全国成人高中

839所，在校生17.47万人，毕业生12.41万人。全国成人中等专业学校2 350所，招生46.16万人，在校生107.59万人，毕业生39.94万人。全国接受各种非学历高等教育的学生249.56万人次，当年已结业365.99万人次；接受各种非学历中等教育的学生达5 567.25万人次，当年已结业6 508.43万人次。全国职业技术培训机构17.77万所，教职工50.70万人，专任教师25.85万人。成人初等学校1.45万所，在校生97.71万人，教职工2.52万人，其中专任教师1.24万人。全国共扫除文盲164.61万人，扫盲教育教职工8.24万人，其中专任教师2.89万人。

2007年

1月9日　胡锦涛在中央纪律检查委员会七次会议上强调，各级领导干部必须牢固树立终身学习的思想，坚持理论联系实际的马克思主义学风，以谦逊的态度、顽强的毅力抓好学习，既从书本知识中学习，又从人民群众的生动实践中学习，努力在建设学习型政党和学习型社会中走在前列。

1月14日　中共中央颁布《2006—2010年全国干部教育培训规划》，提出：根据“十一五”时期经济社会发展需要和干部队伍的实际，大规模培训干部，大幅度提高干部素质。以党政干部为重点，按照分级分类和全员培训的原则，抓好党政干部、企业经营管理人员和专业技术人员的教育培训。

1月16日至20日　国际成人教育协会第七届世界大会在肯尼亚首都内罗毕举行。来自世界各地40多个国家和地区的200多名代表参加。中国成人教育协会秘书长谢国东等三人受邀代表中国参加了此次会议，积极参与了大会的主要活动，与各国代表进行了广泛交流，并与非洲、美洲、亚洲和欧洲等不同国家和地区的成人教育组织初步探讨了交流与合作意向。

1月19日　中华职业教育社温暖工程——李兆基基金“百县百万

农民培训计划”成都项目签约仪式举行。

3月29日 上海市机构编制委员会批复同意上海市教委增设终身教育处，终身教育处同时挂有上海市推进学习型社会建设指导委员会办公室牌子。终身教育处对外成为代表市政府的职能机构，负责学习型城市建设的规划和有关政策的制订及宏观管理工作，指导和宏观管理企业教育、农村成人教育、老年教育、社区教育等工作。

4月4日 教育部办公厅下发《关于进一步加强现代远程教育试点高校网络高等学历教育学历证书和学位证书规范管理的通知》，指出：加强试点高校网络高等学历教育学历证书和学位证书的规范管理，对于维护广大受教育者的合法权益，维护网络教育的声誉以及社会秩序都具有十分重要的意义。各地教育行政部门和各试点高校要坚持“依法规范、客观写实、学校负责、政府监督”的原则，严格执行国家有关学历和学位管理的规定，建立和健全有关网络高等学历教育毕业生的学历证书和学位证书授予的规章制度，高度重视并切实做好网络高等学历教育毕业生的学历证书和学位证书的授予与管理工作。并对网络高等学历教育学生的毕业资格审查、毕（结）业证书发放和电子注册工作以及网络高等学历教育本科毕业生申请学位的管理等方面的工作作了具体的要求。

4月11日 北京市召开建设学习型城市工作会议，下发了中共北京市委、北京市人民政府《关于大力推进首都学习型城市建设的决定》。提出把推进学习型城市建设作为首都建设创新型城市、构建社会主义和谐社会首善之区的重要基础；加快建立首都终身教育体系和终身学习服务体系；大力推进学习型组织的创建活动；建设学习型城市，为成功举办2008年北京奥运会提供坚实保障；加强领导，完善建设学习型城市的保障机制。

4月24日 上海市召开“推进学习型社会建设大会”，提出六方面工作：努力发展学习型组织；打造学习活动品牌；提供丰富的终身学习服务；整合学习教育资源；搭建市民公共学习平台；突破“学分互认”等瓶颈，创新终身教育的制度建设。会上印发了《2007年上海市推进学习型社会建设工作要点》。

5月10日 全国农民工培训工作座谈会在广东省东莞市召开。会议总结了全国农民工培训进展情况，讨论交流了各地在农民工培训方面的经验和做法，部署了本年度全国农民工培训工作。会议指出，农村劳动力技能就业计划将进入强力推进阶段，中央制定了“两个400万人、三个90%”的目标，即实现转移就业前培训400万人，培训合格率达到90%，转移就业率达到80%；在岗农民工培训400万人，培训合格率和稳定就业率分别达到90%。

5月18日　国务院批转教育部《国家教育事业发展“十一五”规划纲要》，提出：在“十一五”期间，要加快发展职业教育，提高劳动者素质，努力使城乡劳动力人人有知识，个个有技能。

6月20日　中国成人教育协会在北京召开纪念《关于改革和发展成人教育的决定》颁布20周年座谈会。座谈会上，与会者畅谈了《决定》颁布20年来中国成人教育事业的发展历程和巨大成绩，认真分析了当前成人教育面临的机遇和挑战，充分讨论了《决定》的现实意义和指导意义。通过回顾成绩，总结经验，分析形势，理清思路，转变观念，不断推动中国成人教育新的发展。

6月20日　教育部网站发布《关于进一步做好高等学校各类招生管理工作的通知》，规定：成人高等学历教育禁止以各种形式招收未通过成人高考的超前生、进修生，搞所谓“先上车后买票”。《通知》说，除经教育部批准具有2007年成人高等学历教育招生资格的学校外，任何学校和单位均不得招收成人高等学历教育学生，也不得挂靠具有招生资格的学校和单位招生。

6月22日　《中国教育报》刊登国务委员陈至立为纪念《关于改革和发展成人教育的决定》颁布20周年撰写的文章《充分发挥成人教育在全面建设小康社会中的重要作用》。文章指出：“科学技术日新月异的发展，人类知识更新步伐的加快，使成人教育在经济与社会发展中的地位和作用日益重要。蓬勃发展的成人教育是构建终身教育体系和建设学习型社会的重要支撑，是社会文明进步的重要标志。成人教育着力动员和组织广大社会成员参与到学习中来，是建设学习型社会的客观要求，也是提高广大劳动者素质和技能水平、提高人力资源开发的深度和广度的重要手段。发展成人教育，还使那些失去某些受教育机会的人得到新的受教育机会，是实现教育公平的重要措施。”

7月13日 中国人民大学残疾人事业发展研究院成立。研究院将围绕残疾人事业发展、残疾人福利保障、残疾人就业与教育培训、残疾人权益维护、职业伤害与工伤保障等五方面开展理论与政策研究，旨在为残疾人事业发展提供理论支撑。

7月16日 中华全国总工会副主席、书记处第一书记孙春兰，在中国职工学习论坛开幕式的讲话中指出，我们要站在事关党和国家工作全局的高度，充分认识创新学习的重要性和紧迫性，把它提到重要的议事日程来抓；要创新学习理念，坚持以素质教育为主题，把立德树人作为教育的根本任务，引导职工积极投入到创新学习的活动中来，牢固树立终身学习、终身教育的理念，树立工作学习化、学习工作化的思想，树立科学探索精神，不断提高创新能力、竞争能力和创业能力，努力推动工人阶级知识化进程，为实现“十一五”规划，建设创新型国家和构建和谐社会提供坚强的智力支持和人才保证。

7月16日至17日 “中国职工学习论坛”在北京人民大会堂召开。此次论坛的主题是“创新我们的学习——开创职工素质教育新局面”。会议代表就新形势下职工素质教育的原则和方向、共同推进职工素质教育建设工程的新机制等问题进行了广泛探讨。教育部副部长吴启迪在开幕式讲话中指出，要进一步加强对成人继续教育工作的领导，做到方向明确，任务具体、措施得力。各级教育部门要在政府的领导下，发挥各自优势，形成合力，共同推进学习型企业创建活动和职工教育培训工作；要充分发挥行业在推进全国职工教育培训中的重要作用，同时加强法制建设，为全民学习、终身学习提供法律保障，在起草《终身学习法》初稿的基础上，广泛征求意见，进一步修改，争取列入国务院和全国人大立法计划。

7月16日 北京学习型城市网站开通暨北京市民终身学习远程服务中心揭牌仪式举行。服务中心整合现有的远程教育资源，可为各类社会成员提供各种学习服务。北京市民终身学习远程服务中心是面向各类社会成员建立的远程教育资源、教学与服务中心，它依托北京广播电视大学，利用北京电大系统的远程教育资源，为首都社会经济、文化发展和学习型城市建设提供各种学习服务。

7月16日 联合国教科文组织将2007年度“国际阅读协会奖”授

予中国广西壮族自治区龙胜各族自治县社区教育管理中心，以表彰这一中心在少数民族地区妇女扫盲工作中取得的突出成绩。龙胜各族自治县地处少数民族聚居的山区，该县社区教育管理中心克服重重困难，开创了一整套适合不同年龄和不同民族乡村妇女脱盲的教育体系，使全县妇女识字率明显提高。与此同时，该中心还向广大妇女普及卫生常识，向她们传授实用的专业技能，鼓励她们发挥聪明才智和创造性，在扫盲工作中成绩显著。

7月31日至8月1日 由联合国教科文组织和中国联合国教科文组织全委会联合组织的“亚太地区扫盲会议”在北京召开。会议通过圆桌会议形式讨论扫盲政策、战略以及项目执行等领域所面临的挑战和所取得的成绩，探讨地区扫盲的创新方法，重点深化了全球扫盲大会第一次会议提出的三个主题领域：母子/女扫盲和代际学习，为了健康的识字和经济自足扫盲。同时，会议动员东亚、东南亚和太平洋地区掀起联合国扫盲十年新的高潮，并为2008年联合国扫盲十年评估做准备。

9月4日 北京大学第二届平民学校志愿者招募活动启动，校内务工人员将接受北大提供的免费培训。北京大学平民学校的概念由蔡元培先生提出。2006年重新开办平民学校，采取“高校教育资源＋志愿者”模式，为校内的进城务工人员提供免费培训服务。第一届平民学校的53名学生都是在校内工作的外来务工者，他们在4个月内接受了文化、技能等方面的免费培训。

9月25日至27日 中国成人教育协会与中国联合国教科文组织全国委员会、济宁市人民政府、国际农村教育研究与培训中心在山东曲阜联合举办“促进全民教育国际研讨会”。研讨会的主题是“以提高能力为核心的成人教育与培训”。各国专家学者就儿童教育、妇女教育、扫盲教育及农村成人教育的现状、问题、对策、措施等方面进行了广泛而务实的阐述和讨论。

9月27日 温家宝在接见全国煤炭工业先进集体、劳动模范和先进工作者表彰大会全体代表时发表讲话。他强调：“要加强对工人的培训，关心工人的技术。煤炭行业是高危行业，因此更有必要经常不断地加强对工人的培训，使工人们懂得操作程序，学会自我保护，树立安全意识。”

10月15日 胡锦涛在中国共产党第十七届全国代表大会上作《高举中国特色社会主义伟大旗帜 为夺取全面建设小康社会新胜利而奋斗》的报告。报告的第八部分"加快推进以改善民生为重点的社会建设"中指出："教育是民族振兴的基石，教育是社会公平的重要基础。要全面贯彻党的教育方针，坚持育人为本、德育优先，实施素质教育，提高教育现代化水平，培养德智体美劳全面发展的社会主义建设者和接班人，办好人民满意的教育。发展远程教育和继续教育，建设全民学习、终身学习的学习型社会。"并强调："要按照建设学习型政党的要求"加强党的学习；要培育有文化、懂技术、会经营的新型农民，发挥亿万农民建设新农村的主体作用。

10月17日 教育部印发《关于确定第四批全国社区教育实验区的通知》，确定了北京东城区等33个全国社区教育实验区，使全国社区教育实验区达到了114个，基本覆盖了除西藏以外的各省、自治区、直辖市。10月中国成人教育协会从2007年3月至10月进行第六届全国成人教育优秀调研报告和论文评选工作。本次评选活动由中国成人教育协会学术委员会和秘书处学术部组织有关专家学者组成评选委员会负责进行，共评出优秀专著一等奖2部，二等奖3部，优秀论文和调研报告一等奖8篇，二等奖20篇，优秀成果奖43篇。

11月4日 由中国成人教育协会举办，上海市教委、上海市文明办等单位承办的"2007年全民终身学习活动周"在上海科技馆开幕。活动周的主题为"全民共同学习，推进教育公平，关爱困难群体，提高生活质量"。"全民终身学习活动周"自2005年发起主办以来，全国已由10个城市扩展到25个城市参与此项活动。

11月6日 据《人民日报》报道，上海的终身教育服务网已在全市初步建立，一个终身教育体系的框架也基本形成，并将率先在成人教育领域试行"学分互认"，设立"学分银行"。多年来，上海已有成人学校100多所，社区学校和老年学校400多所，社会力量兴办的各类培训机构共有1 500多所，每年约有500万人次在各级各类成人教育与培训机构学习。

11月12日至13日 由中央智力支边协调领导小组办公室、科技部农村司、农业部科教司、国务院扶贫办政策法规司、教育部职成司主办，各民主党派中央和全国工商联黔西南州“星火计划、科技扶贫”试验区联合推动组、贵州省黔西南州试验区工作组、黔西南州人民政府承办的“农民培训与扶贫开发论坛”在贵州省黔西南州“星火计划、科技扶贫”试验区举行。论坛以党的十七大精神为指导，交流总结农民培训和扶贫开发的成效和经验，共同探讨农民培训和扶贫开发的新方法、新思路和新途径。

11月12日至13日　清华大学“2007领导力论坛”在香山饭店隆重开幕。此次论坛以“对话培训前沿，共筑领导阶梯”为主题，首次针对各地党政干部的培养，邀请中直机构和各地方、单位负责干部培训工作的负责同志参会，是清华大学结合中央干部教育培训精神，创新培训内容和形式的一次尝试。

11月21日至23日　第八届海峡两岸继续教育论坛在四川大学召开。本届论坛围绕继续教育国际化的问题展开了深入的研讨，为内地及港、澳台地区高校进一步交流与合作办学搭建了平台，为进一步推进高校继续教育深入改革与发展奠定了良好的基础。

11月24日至25日　中国成人教育协会成人教育培训机构工作委员会第一届会员代表大会暨全国首届成人教育培训机构高层论坛在北京隆重召开。有关部门、企业、协会负责人、教育专家及全国成人教育培训机构和成人教育培训工作者近300人出席。会议审议通过了《中国成人教育协会成人教育培训机构工作委员会管理办法》；审议通过了中国成人教育协会成人教育培训机构工作委员会工作计划，选举产生了领导机构。

11月30日至12月1日　由教育部和22个全国性行业协会共同举办的“第三届中国培训发展论坛”在北京开幕，本次论坛的主题是“终身学习、行业合作、企业推动”。近2000名来自全国各地行业企业及教育培训机构的代表参加会议，共同研讨我国教育培训事业的改革发展。

12月10日　全国军队转业干部高校教育培训基地在清华大学揭牌。这是国务院军转安置工作小组、人事部、解放军总政治部授牌确立的首个高校教育培训基地。中组部、财政部、总政治部、解放军驻京各大单位政治部、武警总部政治部有关部门领导同志参加了揭牌仪式。

12月11日　教育部办公厅日前发出通知，决定对普通高等学校和中央广播电视大学开展现代远程教育试点工作进行专项检查。专项检查的对象为67所试点普通高校网络教育学院开展的网络高等教育和中央广播电视大学“人才培养模式改革和开放教育试点”项目以及现代远程教育校外学习中心（点）。

12月22日至24日 2007中国成人教育协会年会暨第四届会员代表大会在北京隆重开幕。第四届会员代表大会审议并通过了第三届理事会工作报告、《中国成人教育协会章程》和《关于中国成人教育协会会费收缴的决定》，选举产生了第四届理事会理事，朱新均连任中国成人教育协会会长。

12月27日 教育部等12部门联合发出《关于进一步加强扫盲工作的指导意见》，要求进一步提高对扫盲工作重要性的认识。把扫盲工作作为教育工作的一项重要任务，纳入经济和社会发展的总体规划，采取切实可行的措施，巩固扫盲成果，提高扫盲效益，扫除剩余文盲，努力使劳动者人人有知识，个个有技能，全面提高中华民族整体素质，为促进社会主义现代化建设提供更加广泛的人力资源支持。

本年 成人高等学校413所，成人高等教育本专科共招生191.11万人，在校生524.16万人，毕业生176.44万人。网络本、专科毕业生827 875人，招生1 233 355人，在校生3 102 253人。全国高等教育自学考试报考956.27万人次，取得毕业证书54.23万人。全国成人高中742所，在校生18.08万人，毕业生16.47万人。成人高中教职工0.71万人，其中专任教师0.48万人。全国成人中等专业学校2 120所，招生52万人，在校生112.98万人，毕业生38.09万人，教职工10.62万人，其中专任教师6.76万人。全国接受各种非学历高等教育的学生252.89万人次，当年已结业412.61万人次；接受各种非学历中等教育的学生达5 554.84万人次，当年已结业6 810.82万人次。全国职业技术培训机构17.89万所，教职工52.80万人，其中专任教师26.38万人。成人初等学校1.60万所，在校生122.11万人，教职工2.29万人，其中专任教师1.17万人。全国共扫除文盲95.78万人，扫盲教育教职工7.23万人，其中专任教师2.79万人。

2008 年

1 月 19 日至 20 日　中国“首届成人教育学科推进与导师队伍职业能力建设高级研讨会”在湖北省武汉市召开。本次会议由中国成人教育协会成人教育科学研究机构工作委员会主办、华中师范大学承办。来自全国成人教育学专业硕士学位授予点与成人教育科研机构的 70 余位成人教育学专业博士生和硕士生导师、成人教育专家学者参加了会议。

1 月 31 日　陈至立在纪念邓小平批示创办广播电视大学 30 周年暨推进国家终身教育体系建设座谈会上发表讲话指出，创办广播电视大学是邓小平教育思想的伟大实践，是中国高等教育发展史上的伟大创举。30 年来，各级广播电视大学为扩大人民群众接受高等教育的机会，加快我国高等教育大众化进程，推进终身学习体系的建设，作出了巨大贡献。

1 月　为全面落实科学发展观，加快学习型社会和终身教育体系的建设步伐，福建省决定开展构建具有福建特色的终身教育理论体系与终身教育实践项目研究，全省将设立 30 个课题并给予经费推动。课题的立项范围包括：学习型社会与终身教育理论的探索与实践；关于终身教育与创建学习型组织的研究；关于构建终身教育网络平台的探索与研究；关于面向人生各阶段的终身教育研究；关于终身教育与面向职业人的继续教育；关于终身教育与社区教育；学习型社会与终身教育体系实践案例研究等 7 个方面。

2 月 18 日　胡锦涛在全国组织工作会议上的讲话中强调指出：“各级党组织都应该成为学习型组织，各级领导班子都应该成为学习型团队，各级领导干部都应该成为学习的表率。”

2 月 29 日　《中国教育报》刊登全国人大常委会副委员长许嘉璐在中国成人教育协会培训机构工作委员会第一届会员代表大会上的讲话，题目为《成人教育只能加强不能削弱》。讲话内容包括：(1) 成人教育的意义需要重新认识；(2) 成人教育需要改革；(3) 成人教育需要社会资源；（4）成人教育需要行业管理。

3月31日 《中央广播电视大学“十一五”发展规划纲要》在京发布，以建设国内一流、世界前列的远程教育开放大学体系和国家远程教育中心为目标，在“十一五”期间，中央电大将在远程教育基础设施、远程教学资源、远程学习支持服务、远程教育研究水平以及现代远程教育教学系统等方面寻求新的突破。

4月19日 全国教育科学规划“十一五”教育部重点课题《学习型社会建设研究》在杭州市萧山区举行开题会，课题负责人、中国成人教育协会会长朱新均作关于“学习型社会建设课题”实施意见的主题发言。

5月15日至17日 北京、上海、天津、武汉、哈尔滨、长春、兰州、西安、济南、青岛、杭州、宁波等15个城市联合发起，共同建立全国部分中心城市农村成人教育协作会议机制，首次联席会议在武汉市召开，签订了《全国部分中心城市农村成人教育协作会议机制意向书》，搭建了各城市农村成人教育互动交流、信息沟通、资源共享的协作平台。

6月30日 教育部公布《关于做好2008年全国成人高校招生工作的通知》，要求加强部门协调配合，确保考试安全顺利，防范和打击利用无线电设备作弊行为，采取多种措施防范替考；建立和完善省级成人高考考生诚信档案；坚持以业余形式学习为主的成人高等教育办学方向。从2008年起，普通高校举办的成人高等学历教育一律停止招收脱产学生，省级招生考试机构不得为普通高校办理成人高等学历教育脱产招生的录取手续；同时要进一步规范函授教育招生工作，努力提高成人高校入学新生质量。

7月1日 国务委员刘延东出席《科技进步法》座谈会并发表讲话，指出：“要努力造就世界一流科学家和科技领导人才，注重培养一线创新人才，使全社会创新智慧竞相迸发，各方面创新人才大量涌现。要大力培育创新文化，鼓励创新精神，营造有利于创新创业的良好环境。要广泛普及科学知识，传播科学思想，推广科学方法，不断提高全民族的科学素养。”

9月23日至25日 中国联合国教科文全委会、中国成人教育协会、济南教育局在山东省济南市共同举办了“满足乡村居民学习需求促进乡村发展国际研讨会暨中国CLC项目协作会”。研讨会在了解村民多样化学习需求的基础上，探讨了农村成人教育在满足学习需求方面的多种途径和促进农村可持续性发展等方面的作用。

9月27日至29日　“2008年海峡两岸推进终身教育研讨会暨‘9·28终身教育活动日’开幕式”在厦门市思明区举行。来自台湾、香港、内地的众多领导和专家学者参加，开展了终身教育理论与实践探讨。

10月8日　福建省全民终身教育促进会成立。促进会是由福建省社会各界、各机关单位、各人民团体、各企事业单位、各地区及个人自愿组成的全省性、群众性、学术性、公益性的社会团体组织，其主要任务是从事终身教育的理论研究和实践推广工作。

10月12日　中国共产党十七届三中全会通过的《中共中央关于推进农村改革发展若干重大问题的决定》指出：“大力办好农村教育事业。发展农村教育，促进教育公平，提高农民科学文化素质，培育有文化、懂技术、会经营的新型农民”。“发展农村学前教育、特殊教育、继续教育。加强远程教育，及时把优质教育资源送到农村。”

10月19日　以“学习、奉献、快乐”为主题的“2008全民终身学习活动周”在浙江省杭州市浙江省人民大会堂广场举行。此次活动由中国成人教育协会、中国联合国教科文组织全国委员会、浙江省教育厅和杭州市人民政府主办，杭州市教育局等六部门承办。教育部副部长陈小娅出席了开幕式。

10月15日　中国成人教育协会成人教育培训机构工作委员会在中国人民大学召开座谈会，纪念成人教育改革发展30周年，并发布了《中国成人教育培训机构社会责任宣言》。教育部有关部门负责人、中国成人教育协会领导以及成人教育培训机构代表近30人参加了此次座谈会。

10月28日　由共青团中央、人力资源和社会保障部主办的第四届“振兴杯”全国青年职业技能大赛决赛在沈阳拉开帷幕，来自全国32支代表队、136家企业的238名青年技工将在4天内进行笔试和实际操作两部分比赛。

11月24日　教育部办公厅下发《关于中等职业学校面向返乡农

民工开展职业教育培训工作的紧急通知》，指出：面向返乡农民工开展职业教育培训是当前职业教育工作面临的一项紧迫任务。各地教育行政部门要高度重视，加强领导，统筹规划，加强与农业、劳动、财政等有关部门的协调与合作，为返乡农民工接受职业教育培训提供支持和帮助，推动这项工作广泛深入开展。要求各地要以县级职教中心为主要基地，充分发挥农村成人文化技术学校、普通中学及其他培训机构的作用。在返乡农民工集中的地区，根据需要确定一批中职学校组织返乡农民工就近接受职业教育培训。中等职业学校面向返乡农民工实施学历教育，招收具有初中学历的，学制原则上三年（含顶岗实习一年）；招收具有高中学历的，学制为一年（含顶岗实习半年）。要根据劳动力市场需要和返乡农民工的学习特点，开设专业和课程，突出培养的针对性、实用性和有效性。实行学分制和学分银行制度，允许学员工学交替，分阶段完成学业。学员取得规定学分的，毕业时颁发中等职业教育学历证书。

11月25日　亚欧会议终身学习论坛在北京举行。本次论坛的主题是“探索支持终身学习的框架”，会议由北京大学教育经济研究所主办、亚欧会议终身学习教育与研究中心协办。来自世界20多个国家的260余名学者、大学代表、政府机构代表和研究生围绕本次论坛的四个主题（即“终身学习的概念框架”、“终身学习的制度或组织创新”、“终身学习的法律环境和立法支持”以及“终身学习的财政支持”）进行了深入的探讨和研究。

11月29日至30日　纪念中国成人教育改革发展30周年暨2008年中国成人教育协会年会在北京召开。这次会议全面总结了我国成人教育改革开放30年来所取得的历史性成就，进一步明确了在新的历史起点我国成人教育的责任、使命与改革、创新的发展方向。会议表彰了一批全国农村成人教育先进单位和社区教育先进个人。教育部副部长陈希出席会议并讲话。

11月　为纪念中国改革开放30年，由中国成人教育协会组织全国成人教育专家学者和成人教育工作者共同编纂的《中国成人教育改革发展三十年》正式出版。该书由中国成人教育协会会长朱新均担任主编，高等教育出版社出版。全书包括“事业发展篇”、“理论研究篇”、“政策法规篇”、“信息资料篇”等4部分，共184万字。

12月4日 浙江省社区教育指导中心在省广播电视大学正式挂牌成立。该中心将以省、市、县、乡镇四级数字化教育资源和平台建设为重点，开展全省社区教育理论研究、业务指导、资源开发、政策咨询、信息服务和人员培训等工作。

12月21日 中国农民教育高层论坛在京举行，论坛回顾总结了近年来我国农民教育培训、农村实用人才建设等工作取得的经验，分析了当前农民教育培训工作面临的新形势、新问题，探讨了今后进一步做好农民培训工作的新思路。

12月 由中国教育战略学会终身教育委员会主办，北京市教育委员会承办，西城区协办的全国学习型城市建设经验交流会在北京举行。

本年 成人高等学校400所，成人高等教育本专科共招生202.56万人，在校生548.29万人，毕业生169.09万人。全国高等教育自学考试报考988.82万人次，取得毕业证书55.19万人。全国成人高中753所，在校生12.7万人，毕业生9.34万人，成人高中教职工0.65万人，其中专任教师0.45万人。全国成人中等专业学校1 983所，招生55.83万人，在校生120.65万人，毕业生38.9万人，教职工10.33万人，其中专任教师6.66万人。全国接受各种非学历高等教育的学生271.85万人次，当年已结业437.94万人次；接受各种非学历中等教育的学生达5 448万人次，当年已结业6 501.57万人次。全国职业技术培训机构16.20万所，教职工49.58万人，其中专任教师25.29万人。成人初等学校1.41万所，在校生110.12万人；教职工2.02万人，其中专任教师0.97万人。全国共扫除文盲115.02万人，扫盲教育教职工8.62万人，其中专任教师3.70万人。

2009年

1月10日至11日 全国社区教育专业委员会2008年年会在黑龙江哈尔滨市召开。年会由中国成人教育协会社区教育专业委员会主办、黑龙江省教育厅承办、黑龙江省成人教育学会协办。年会的主要任务是：以科学发展观为指导，认真总结2008年社区教育专业委员会工作，交流推广全国社区教育示范街道（乡镇）和示范项目的经验，共商2009年社区教育工作大计。

1月 浙江省自今年起由政府出资，在全省范围内组织开展成人"双证制"教育培训，今后每年都将有10万名左右城乡成年居民通过这个途径提高自身学历层次。此项培训针对成年居民的特点设计教育载体，让他们在达到一定的学习时间和学习质量后，颁发给相应的文凭证书。采用面授与自学相结合的方式进行，通过建立培训档案，设立"学分银行"，经文化考核合格、累计学分达到规定要求的，由教育部门颁发成人初中或成人职业高中毕业证书，国家承认其成人教育学历。

2月26日 2009年度职业教育与成人教育工作会议暨全国职业教育集团化办学经验交流会在海南召开。教育部部长周济出席会议并讲话。他强调，要以科学发展观为指导，把职业教育的战略重点放到提高质量上，同时进一步扩大规模，实现又好又快发展。

3月2日至3日 由中国联合国教科文组织全委会、联合国教科文组织北京办事处和联合国儿基会中国代表联合举办的"第四届全民教育国家论坛暨全球监测报告研讨会"在北京举行，教育部副部长陈小娅出席。每年一次的全民教育全球监测报告较为全面地反映了世界全民教育的进展现况，为各国教育决策部门提供了全球视野下的政策制定参考依据。

3月5日 由天津市劳动和社会保障局所属的中天人力资源开发服务中心发起成立的"天津市百家职业培训机构联盟"举行了启动仪式。培训联盟即日起将面向各类企业开展"送职业技能，稳定就业岗位"专项职业培训活动，免费培训在岗、转岗、下岗失业人员万余名；免费培训本市农业富余劳动力和外来务工人员万余名。

3月6日 教育部公布了第十五批实现"两基"县的名单和第十四批"两基"县复查结果。截至2008年年底，全国累计实现"两基"的县（市、区）达到2 832个，全国"两基"人口覆盖率达到99.3%，西部地区"两基"人口覆盖率达到98.5%。

3月27日　教育部就做好2009年中等职业学校招生工作下发通知。今年，我国中等职业教育进一步扩大规模，在去年招生810万人的基础上，再扩大招生50万人，达860万人。通知要求，面向应往届初高中毕业生、返乡农民工、进城农民工、退役士兵、生产服务一线职工、下岗失业人员等城乡劳动者开展中等职业教育，既是完成今年招生任务的重要举措，也是办好面向人人的职业教育的重要内容。

3月下旬　杭州市教育局会同市财政、劳动部门下发了《关于杭州市教育培训消费券发放和使用的实施意见》，明确杭州城区劳动年龄段常住居民每人可以领取500元消费券，凭消费券到定点机构参加职业资格证书培训。学历未达到高中层次的，可再领取1 200元消费券，到定点机构参加成人"双证制"学历教育文化课培训。参加杭州市区社会保险的外省市进城务工人员、在杭州市区就业的本市农村户籍劳动者与本市居民一视同仁，凭暂住证，或杭州市区社会保险相关证明领取消费券。

4月8日至9日　中国成人教育协会2009年秘书长会议在河南登封召开。这次会议的目的，是全面回顾总结上次秘书长会议以来协会的工作，贯彻去年年会确定的工作计划，充分调动、发挥各地成人教育协会和各专业委员会（研究会）在构建终身教育体系和学习型社会中的作用，积极开展群众性理论研究和实践活动，努力开创协会工作的新局面。

4月14日　上海终身学习网正式开通。该网站首批整合完成了3 000小时的在线课件供市民免费学习，内容覆盖终身教育、高等教育、职业教育和基础教育等四大类别。该网站为市民提供了一个集课件搜索、课件学习、课件交流、课件测试、课件评价、学习记录查看等功能于一体的学习平台。

4月17日　教育部发出通知，要求进一步加强对现代远程教育试点高校网络高等学历教育招生工作的规范管理，切实做好2009年的招生录取工作。通知要求开展网络高等学历教育招生，但不得以网络教育名义招收或变相招收各层次、各类型的全日制形式学习的高等学历教育学生，不得组织招收各级各类全日制脱产学习的在校学生（含全日制脱产学习的自考学生）。

5月6日 据《北京晚报》报道，北京铁路电气化学校、北京市商业学校等47所中职校今年将继续招收成人学生。据了解，具有初中及以上文化程度的来京务工人员子女、初高中在京借读生、在京工作且具有初中以上文化程度的成人均可报考，报考不限户籍、年龄。

5月19日 “中国保护和促进弱势外出务工青年权益项目”启动会在北京举行。这是为实现联合国确立的“千年发展目标”，由联合国与西班牙政府共同设立的“千年发展基金”所设立的项目。联合国九个在华机构和中国政府共同申请并得到批准。人力资源和社会保障部副部长王晓初、商务部副部长易晓准出席会议并讲话，西班牙驻华大使、联合国开发计划署、国际劳工组织的驻华代表出席会议并致辞。

6月2日 全国广播电视大学2009年开放教育招生工作会议在西安召开，44所省级电大有关领导和负责同志参加了会议。会议总结了电大开放教育10年来招生工作的经验，安排部署了新一轮招生工作，表彰了招生工作优秀集体和优秀个人，共有88个单位（部门）被评为“全国电大开放教育招生工作优秀集体”，119位教师被评为“全国电大开放教育招生工作优秀个人”。

6月3日 中国成人教育协会在北京北邮科技大厦召开“青年农民工教育就业服务专题”开题会。开题会就专题实施方案、第一年的工作计划、工作分工、项目调查问卷相关问题等进行交流。中国成人教育协会朱新均会长、联合国教科文驻京办事处教育处毕斯塔主任以及国际劳工组织、联合国儿童基金会、人力资源和社会保障部、中国妇联等单位的代表参加了开题会。

6月10日至16日 应台湾成人及终身教育学会理事长黄富顺邀请，中国成人教育协会会长朱新均和副会长、秘书长谢国东赴台参加由台湾成人及终身教育学会与玄奘大学成人教育与人力资源发展学系举办的“海峡两岸四地高龄教育学术研讨会”。香港、澳门及台湾地区的专家、学者和从事老年教育的社区工作人员约500人参加了会议。研讨会上，谢国东作了题为“大陆老年教育的现状与发展”的专题报告，台湾学者特别介绍和阐述了大学开展老年教育的经验和体会。研讨会后，根据会议主办方的安排，与会人员参观考察了花莲、台东的社区教育和高雄师范大学成人教育研究所。

6月14日至21日　应贵州省人民政府申请，国家教育督导团检查组对贵州省进行了“两基”检查。省政府在贵阳市召开接受国家“两基”督导检查总结大会，听取国家教育督导团督导检查组对贵州省“两基”督导检查和评估验收的意见。教育部部长周济，副部长、国家总督学陈小娅出席会议并讲话。贵州省省长林树森代表省政府对督导评估意见表态并讲话。

7月11日至12日　全国教育科学“十一五”规划2009年度专项课题评审会议在京举行。通过专家评审，在“特色高中”、“职业教育”、“成人教育”、“德育校外教育”、“教育考试”等领域，将有350项课题得到立项。其中成人教育有11项课题批准立项。

8月15日至17日　东北地区成人教育协作组的成立，来自辽宁、吉林、黑龙江和内蒙古的职业教育、成人教育、社区教育工作者100多名代表出席了会议，教育部职业教育与成人教育司、中国成人教育协会的领导出席大会。东北地区成人教育协作组的成立，是为了集中辽宁、吉林、黑龙江和内蒙古四省区优势研究力量，提升东北地区成人教育科研和工作水平，形成东北地区在全国成人教育领域的强势地位，通过开展丰富多彩的终身教育理论和实践活动，促进成人教育健康发展，为建设学习型社会作出贡献。会议由东北地区成人教育协作组、辽宁省成人教育学会社区教育工作委员会主办，铁东区人民政府、铁东区社区教育委员会承办，会上同时举行了铁东区2009年全民学习月闭幕式。

9月18日　中国共产党十七届四中全会通过《中共中央关于加强和改进新形势下党的建设若干重大问题的决定》，指出：要建设学习型党组织，在全党营造崇尚学习的浓厚氛围，积极向书本学习、向实践学习、向群众学习，优化知识结构，提高综合素质，增强创新能力，使各级党组织成为学习型党组织，各级领导班子成为学习型领导班子。组织党员、干部重点学习马克思主义理论，学习党的路线方针政策和国家法律法规，学习党的历史，同时广泛学习现代化建设所需要的经济、政治、文化、科技、社会和国际等各方面知识。加强对全党学习的指导和服务，加强理论宣讲队伍建设，完善和落实党委（党组）中心组学习制度。把理论素养、学习能力作为选拔任用领导干部的重要依据。充分发挥党校、行政学院、干部学院和国民教育体系在建设马克思主义学习型政党中的重要作用。

9月28日 国庆新闻中心举行新闻发布会，教育部副部长郝平介绍了建国60年来特别是改革开放30年来我国教育事业发展的成就。他说：中国青壮年文盲率已由1949年的80%以上降低到现在的3.58%，我国15岁以上人口和新增劳动力平均受教育年限分别超过8.5年和11年，有高等教育学历的从业人员超过8 200万，处于发展中国家前列。中国已成为人力资源大国，正向人力资源强国转变。

附录1　成人教育相关法律选编

中华人民共和国宪法（节录）

（1982年12月4日）

1982年12月4日第五届全国人民代表大会第五次会议通过，1982年12月4日全国人民代表大会公告公布施行。

根据1988年4月12日第七届全国人民代表大会第一次会议通过的《中华人民共和国宪法修正案》、1993年3月29日第八届全国人民代表大会第一次会议通过的《中华人民共和国宪法修正案》、1999年3月15日第九届全国人民代表大会第二次会议通过的《中华人民共和国宪法修正案》和2004年3月14日第十届全国人民代表大会第二次会议通过的《中华人民共和国宪法修正案》修正。

第十九条　国家发展社会主义的教育事业，提高全国人民的科学文化水平。

国家举办各种学校，普及初等义务教育，发展中等教育、职业教育和高等教育，并且发展学前教育。

国家发展各种教育设施，扫除文盲，对工人、农民、国家工作人员和其他劳动者进行政治、文化、科学、技术、业务的教育，鼓励自学成才。

国家鼓励集体经济组织、国家企业事业组织和其他社会力量依照法律规定举办各种教育事业。

国家推广全国通用的普通话。

第二十四条　国家通过普及理想教育、道德教育、文化教育、纪律和法制教育，通过在城乡不同范围的群众中制定和执行各种守则、公约，加强社会主义精神文明的建设。

国家提倡爱祖国、爱人民、爱劳动、爱科学、爱社会主义的公德，在人民中进行爱国主义、集体主义和国际主义、共产主义的教育，进行辩证唯物主义和历史唯物主义的教育，反对资本主义的、封建主义的和其他的腐朽思想。

第四十五条 中华人民共和国公民在年老、疾病或者丧失劳动能力的情况下，有从国家和社会获得物质帮助的权利。国家发展为公民享受这些权利所需要的社会保险、社会救济和医疗卫生事业。

国家和社会保障残废军人的生活，抚恤烈士家属，优待军人家属。

国家和社会帮助安排盲、聋、哑和其他有残疾的公民的劳动、生活和教育。

第四十六条 中华人民共和国公民有受教育的权利和义务。

国家培养青年、少年、儿童在品德、智力、体质等方面全面发展。

中华人民共和国民族区域自治法（节录）

（1984年5月31日）

第六届全国人民代表大会第二次会议通过

第三十七条 民族自治地方的自治机关自主地发展民族教育，扫除文盲，举办各类学校，普及九年义务教育，采取多种形式发展普通高级中等教育和中等职业技术教育，根据条件和需要发展高等教育，培养各少数民族专业人才。

第七十条 上级国家机关帮助民族自治地方从当地民族中大量培养各级干部、各种专业人才和技术工人；根据民族自治地方的需要，采取多种形式调派适当数量的教师、医生、科学技术和经营管理人员，参加民族自治地方的工作，对他们的生活待遇给予适当照顾。

第七十一条 国家加大对民族自治地方的教育投入，并采取特殊措施，帮助民族自治地方加速普及九年义务教育和发展其他教育事业，提高各民族人民的科学文化水平。

国家举办民族高等学校，在高等学校举办民族班、民族预科，专门或者主要招收少数民族学生，并且可以采取定向招生、定向分配的办法。高等学校和中等专业学校招收新生的时候，对少数民族考生适当放宽录取标准和条件，对人口特少的少数民族考生给予特殊照顾。各级人民政府和学校应当采取多种措施帮助家庭经济困难的少数民族学生完成学业。

中华人民共和国残疾人保障法（节录）

（1990年12月18日）

第七届全国人民代表大会常务委员会第十七次会议通过

第十八条 国家保障残疾人受教育的权利。

第二十四条 政府有关部门、残疾人所在单位和社会应当对残疾人开展扫除文盲、职业培训和其他成人教育，鼓励残疾人自学成才。

中华人民共和国农业法（节录）

（1993年7月2日）

第八届全国人民代表大会常务委员会第二次会议通过

第四十八条 各级人民政府应当逐步增加农业科技经费和农业教育经费，发展农业科技、教育事业。

国家鼓励集体经济组织、国有企业事业单位和其他社会力量举办农业科技、教育事业。

第四十九条 国家在农村实施义务教育，发展农业职业教育，提高农业劳动者的文化、技术素质。

中华人民共和国劳动法（节录）

（1994年7月5日）

第八届全国人民代表大会常务委员会第八次会议通过

第三条 劳动者享有平等就业和选择职业的权利、取得劳动报酬的权利、休息休假的权利、获得劳动安全卫生保护的权利、接受职业技能培训的权利、享受社会保险和福利的权利、提请劳动争议处理的权利以及法律规定的其他劳动权利。

劳动者应当完成劳动任务，提高职业技能，执行劳动安全卫生规程，遵守劳动纪律和职业道德。

第五条 国家采取各种措施，促进劳动就业，发展职业教育，制定劳动标准，调节社会收入，完善社会保险，协调劳动关系，逐步提高劳动者的生活水平。

第五十五条 从事特种作业的劳动者必须经过专门培训并取得特种作业资格。

第六十六条 国家通过各种途径，采取各种措施，发展职业培训事业，开发劳动者的职业技能，提高劳动者素质，增强劳动者的就业能力和工作能力。

第六十七条 各级人民政府应当把发展职业培训纳入社会经济发展的规划，鼓励和支持有条件的企业、事业组织、社会团体和个人进行各种形式的职业培训。

第六十八条 用人单位应当建立职业培训制度，按照国家规定提取和使用职业培训经费，根据本单位实际，有计划地对劳动者进行职业培训。

从事技术工种的劳动者，上岗前必须经过培训。

第六十九条 国家确定职业分类，对规定的职业制定职业技能标准，实行职业资格证书制度，由经过政府批准的考核鉴定机构负责对劳动者实施职业技能考核鉴定。

第一百零七条 本法自1995年1月1日起施行。

中华人民共和国监狱法（节录）

（1994年12月29日）

第八届全国人民代表大会常务委员会第十一次会议通过

第六十三条　监狱应当根据不同情况，对罪犯进行扫盲教育、初等教育和初级中等教育，经考试合格的，由教育部门发给相应的学业证书。

第六十六条　罪犯的文化和职业技术教育，应当列入所在地区教育规划。监狱应当设立教室、图书阅览室等必要的教育设施。

中华人民共和国教育法

（1995年3月18日）

第八届全国人民代表大会第三次会议通过

第一章　总　　则

第一条　为了发展教育事业，提高全民族的素质，促进社会主义物质文明和精神文明建设，根据宪法，制定本法。

第二条　在中华人民共和国境内的各级各类教育，适用本法。

第三条　国家坚持以马克思列宁主义、毛泽东思想和建设有中国特色社会主义理论为指导，遵循宪法确定的基本原则，发展社会主义的教育事业。

第四条　教育是社会主义现代化建设的基础，国家保障教育事业优先发展。

全社会应当关心和支持教育事业的发展。

全社会应当尊重教师。

第五条 教育必须为社会主义现代化建设服务，必须与生产劳动相结合，培养德、智、体等方面全面发展的社会主义事业的建设者和接班人。

第六条 国家在受教育者中进行爱国主义、集体主义、社会主义的教育，进行理想、道德、纪律、法制、国防和民族团结的教育。

第七条 教育应当继承和弘扬中华民族优秀的历史文化传统，吸收人类文明发展的一切优秀成果。

第八条 教育活动必须符合国家和社会公共利益。

国家实行教育与宗教相分离。任何组织和个人不得利用宗教进行妨碍国家教育制度的活动。

第九条 中华人民共和国公民有受教育的权利和义务。

公民不分民族、种族、性别、职业、财产状况、宗教信仰等，依法享有平等的受教育机会。

第十条 国家根据各少数民族的特点和需要，帮助各少数民族地区发展教育事业。

国家扶持边远贫困地区发展教育事业。国家扶持和发展残疾人教育事业。

第十一条 国家适应社会主义市场经济发展和社会进步的需要，推进教育改革，促进各级各类教育协调发展，建立和完善终身教育体系。

国家支持、鼓励和组织教育科学研究，推广教育科学研究成果，促进教育质量提高。

第十二条 汉语言文字为学校及其他教育机构的基本教学语言文字。少数民族学生为主的学校及其他教育机构，可以使用本民族或者当地民族通用的语言文字进行教学。

学校及其他教育机构进行教学，应当推广使用全国通用的普通话和规范字。

第十三条 国家对发展教育事业做出突出贡献的组织和个人，给予奖励。

第十四条 国务院和地方各级人民政府根据分级管理、分工负责的原则，领导和管理教育工作。

中等及中等以下教育在国务院领导下，由地方人民政府管理。

高等教育由国务院和省、自治区、直辖市人民政府管理。

第十五条 国务院教育行政部门主管全国教育工作，统筹规划、协调管理全国的教育事业。

县级以上地方各级人民政府教育行政部门主管本行政区域内的教育工作。

县级以上各级人民政府其他有关部门在各自的职责范围内，负责有关的教育工作。

第十六条 国务院和县级以上地方各级人民政府应当向本级人民代表大会或者其常务委员会报告教育工作和教育经费预算、决算情况，接受监督。

第二章 教育基本制度

第十七条 国家实行学前教育、初等教育、中等教育、高等教育的学校教育制度。

国家建立科学的学制系统。学制系统内的学校和其他教育机构的设置、教育形式、修业年限、招生对象、培养目标等，由国务院或者由国务院授权教育行政部门规定。

第十八条 国家实行九年制义务教育制度。

各级人民政府采取各种措施保障适龄儿童、少年就学。

适龄儿童、少年的父母或者其他监护人以及有关社会组织和个人有义务使适龄儿童、少年接受并完成规定年限的义务教育。

第十九条 国家实行职业教育制度和成人教育制度。各级人民政府、有关行政部门以及企业事业组织应当采取措施，发展并保障公民接受职业学校教育或者各种形式的职业培训。

国家鼓励发展多种形式的成人教育，使公民接受适当形式的政治、经济、文化、科学、技术、业务教育和终身教育。

第二十条 国家实行国家教育考试制度。

国家教育考试由国务院教育行政部门确定种类，并由国家批准的实施教育考试的机构承办。

第二十一条 国家实行学业证书制度。

经国家批准设立或者认可的学校及其他教育机构按照国家有关规定，颁发学历证书或者其他学业证书。

第二十二条 国家实行学位制度。

学位授予单位依法对达到一定学术水平或者专业技术水平的人员授予相应的学位，颁发学位证书。

第二十三条 各级人民政府、基层群众性自治组织和企业事业组织应当采取各种措施，开展扫除文盲的教育工作。

按照国家规定具有接受扫除文盲教育能力的公民，应当接受扫除文盲的教育。

第二十四条 国家实行教育督导制度和学校及其他教育机构教育评估制度。

第三章 学校及其他教育机构

第二十五条 国家制定教育发展规划，并举办学校及其他教育机构。

国家鼓励企业事业组织、社会团体、其他社会组织及公民个人依法举办学校及其他教育机构。

任何组织和个人不得以营利为目的举办学校及其他教育机构。

第二十六条 设立学校及其他教育机构，必须具备下列基本条件：

（一）有组织机构和章程；

（二）有合格的教师；

（三）有符合规定标准的教学场所及设施、设备等；

（四）有必备的办学资金和稳定的经费来源。

第二十七条 学校及其他教育机构的设立、变更和终止，应当按照国家有关规定办理审核、批准、注册或者备案手续。

第二十八条 学校及其他教育机构行使下列权利：

（一）按照章程自主管理；

（二）组织实施教育教学活动；

（三）招收学生或者其他受教育者；

（四）对受教育者进行学籍管理，实施奖励或者处分；

（五）对受教育者颁发相应的学业证书；

（六）聘任教师及其他职工，实施奖励或者处分；

（七）管理、使用本单位的设施和经费；

（八）拒绝任何组织和个人对教育教学活动的非法干涉；

（九）法律、法规规定的其他权利。

国家保护学校及其他教育机构的合法权益不受侵犯。

第二十九条 学校及其他教育机构应当履行下列义务：

（一）遵守法律、法规；

（二）贯彻国家的教育方针，执行国家教育教学标准，保证教育教学质量；

（三）维护受教育者、教师及其他职工的合法权益；

（四）以适当方式为受教育者及其监护人了解受教育者的学业成绩及其他有关情况提供便利；

（五）遵照国家有关规定收取费用并公开收费项目；

（六）依法接受监督。

第三十条 学校及其他教育机构的举办者按照国家有关规定，确定其所举办的学校或者其他教育机构的管理体制。学校及其他教育机构的校长或者主要行政负责人必须由具有中华人民共和国国籍、在中国境内定居、并具备国家规定任职条件的公民担任，其任免按照国家有关规定办理。学校的教学及其他行政管理，由校长负责。

学校及其他教育机构应当按照国家有关规定，通过以教师为主体的教职工代表大会等组织形式，保障教职工参与民主管理和监督。

第三十一条 学校及其他教育机构具备法人条件的，自批准设立或者登记注册之日起取得法人资格。

学校及其他教育机构在民事活动中依法享有民事权利，承担民事责任。

学校及其他教育机构中的国有资产属于国家所有。

学校及其他教育机构兴办的校办产业独立承担民事责任。

第四章　教师和其他教育工作者

第三十二条 教师享有法律规定的权利，履行法律规定的义务，忠诚于人民的教育事业。

第三十三条 国家保护教师的合法权益，改善教师的工作条件和生活条件，提高教师的社会地位。

教师的工资报酬、福利待遇，依照法律、法规的规定办理。

第三十四条 国家实行教师资格、职务、聘任制度，通过考核、奖励、培养和培训，提高教师素质，加强教师队伍建设。

第三十五条 学校及其他教育机构中的管理人员，实行教育职员制度。

学校及其他教育机构中的教学辅助人员和其他专业技术人员，实行专业技术职务聘任制度。

第五章 受教育者

第三十六条 受教育者在入学、升学、就业等方面依法享有平等权利。

学校和有关行政部门应当按照国家有关规定，保障女子在入学、升学、就业、授予学位、派出留学等方面享有同男子平等的权利。

第三十七条 国家、社会对符合入学条件、家庭经济困难的儿童、少年、青年，提供各种形式的资助。

第三十八条 国家、社会、学校及其他教育机构应当根据残疾人身心特性和需要实施教育，并为其提供帮助和便利。

第三十九条 国家、社会、家庭、学校及其他教育机构应当为有违法犯罪行为的未成年人接受教育创造条件。

第四十条 从业人员有依法接受职业培训和继续教育的权利和义务。

国家机关、企业事业组织和其他社会组织，应当为本单位职工的学习和培训提供条件和便利。

第四十一条 国家鼓励学校及其他教育机构、社会组织采取措施，为公民接受终身教育创造条件。

第四十二条 受教育者享有下列权利：

（一）参加教育教学计划安排的各种活动，使用教育教学设施、设备、图书资料；

（二）按照国家有关规定获得奖学金、贷学金、助学金；

（三）在学业成绩和品行上获得公正评价，完成规定的学业后获得相应的学业证书、学位证书；

（四）对学校给予的处分不服向有关部门提出申诉，对学校、教师侵犯其人身权、财产权等合法权益，提出申诉或者依法提起诉讼；

（五）法律、法规规定的其他权利。

第四十三条 受教育者应当履行下列义务：

（一）遵守法律、法规；

（二）遵守学生行为规范，尊敬师长，养成良好的思想品德和行为习惯；

（三）努力学习，完成规定的学习任务；

（四）遵守所在学校或者其他教育机构的管理制度。

第四十四条 教育、体育、卫生行政部门和学校及其他教育机构应当完善体育、卫生保健设施，保护学生的身心健康。

第六章 教育与社会

第四十五条 国家机关、军队、企业事业组织、社会团体及其他社会组织和个人，应当依法为儿童、少年、青年学生的身心健康成长创造良好的社会环境。

第四十六条 国家鼓励企业事业组织、社会团体及其他社会组织同高等学校、中等职业学校在教学、科研、技术开发和推广等方面进行多种形式的合作。

企业事业组织、社会团体及其他社会组织和个人，可以通过适当形式，支持学校的建设，参与学校管理。

第四十七条 国家机关、军队、企业事业组织及其他社会组织应当为学校组织的学生实习、社会实践活动提供帮助和便利。

第四十八条 学校及其他教育机构在不影响正常教育教学活动的前提下，应当积极参加当地的社会公益活动。

第四十九条 未成年人的父母或者其他监护人应当为其未成年子女或者其他被监护人受教育提供必要条件。

未成年人的父母或者其他监护人应当配合学校及其他教育机构，对其未成年子女或者其他被监护人进行教育。

学校、教师可以对学生家长提供家庭教育指导。

第五十条　图书馆、博物馆、科技馆、文化馆、美术馆、体育馆（场）等社会公共文化体育设施，以及历史文化古迹和革命纪念馆（地），应当对教师、学生实行优待，为受教育者接受教育提供便利。

广播、电视台（站）应当开设教育节目，促进受教育者思想品德、文化和科学技术素质的提高。

第五十一条　国家、社会建立和发展对未成年人进行校外教育的设施。

学校及其他教育机构应当同基层群众性自治组织、企业事业组织、社会团体相互配合，加强对未成年人的校外教育工作。

第五十二条　国家鼓励社会团体、社会文化机构及其他社会组织和个人开展有益于受教育者身心健康的社会文化教育活动。

第七章　教育投入与条件保障

第五十三条　国家建立以财政拨款为主、其他多种渠道筹措教育经费为辅的体制，逐步增加对教育的投入，保证国家举办的学校教育经费的稳定来源。

企业事业组织、社会团体及其他社会组织和个人依法举办的学校及其他教育机构，办学经费由举办者负责筹措，各级人民政府可以给予适当支持。

第五十四条　国家财政性教育经费支出占国民生产总值的比例应当随着国民经济的发展和财政收入的增长逐步提高。具体比例和实施步骤由国务院规定。

全国各级财政支出总额中教育经费所占比例应当随着国民经济的发展逐步提高。

第五十五条　各级人民政府的教育经费支出，按照事权和财权相统一的原则，在财政预算中单独列项。

各级人民政府教育财政拨款的增长应当高于财政经常性收入的增长，并使按在校学生人数平均的教育费用逐步增长，保证教师工资和学生人均公用经费逐步增长。

第五十六条　国务院及县级以上地方各级人民政府应当设立教育专

项资金，重点扶持边远贫困地区、少数民族地区实施义务教育。

第五十七条 税务机关依法足额征收教育费附加，由教育行政部门统筹管理，主要用于实施义务教育。省、自治区、直辖市人民政府根据国务院的有关规定，可以决定开征用于教育的地方附加费，专款专用。

农村乡统筹中的教育费附加，由乡人民政府组织收取，由县级人民政府教育行政部门代为管理或者由乡人民政府管理，用于本乡范围内乡、村两级教育事业。农村教育费附加在乡统筹中所占具体比例和具体管理办法，由省、自治区、直辖市人民政府规定。

第五十八条 国家采取优惠措施，鼓励和扶持学校在不影响正常教育教学的前提下开展勤工俭学和社会服务，兴办校办产业。

第五十九条 经县级人民政府批准，乡、民族乡、镇的人民政府根据自愿、量力的原则，可以在本行政区域内集资办学，用于实施义务教育学校的危房改造和修缮、新建校舍，不得挪作他用。

第六十条 国家鼓励境内、境外社会组织和个人捐资助学。

第六十一条 国家财政性教育经费、社会组织和个人对教育的捐赠，必须用于教育，不得挪用、克扣。

第六十二条 国家鼓励运用金融、信贷手段，支持教育事业的发展。

第六十三条 各级人民政府及其教育行政部门应当加强对学校及其他教育机构教育经费的监督管理，提高教育投资效益。

第六十四条 地方各级人民政府及其有关行政部门必须把学校的基本建设纳入城乡建设规划，统筹安排学校的基本建设用地及所需物资，按照国家有关规定实行优先、优惠政策。

第六十五条 各级人民政府对教科书及教学用图书资料的出版发行，对教学仪器、设备的生产和供应，对用于学校教育教学和科学研究的图书资料、教学仪器、设备的进口，按照国家有关规定实行优先、优惠政策。

第六十六条 县级以上人民政府应当发展卫星电视教育和其他现代化教学手段，有关行政部门应当优先安排，给予扶持。

国家鼓励学校及其他教育机构推广运用现代化教学手段。

第八章　教育对外交流与合作

第六十七条　国家鼓励开展教育对外交流与合作。

教育对外交流与合作坚持独立自主、平等互利、相互尊重的原则，不得违反中国法律，不得损害国家主权、安全和社会公共利益。

第六十八条　中国境内公民出国留学、研究、进行学术交流或者任教，依照国家有关规定办理。

第六十九条　中国境外个人符合国家规定的条件并办理有关手续后，可以进入中国境内学校及其他教育机构学习、研究、进行学术交流或者任教，其合法权益受国家保护。

第七十条　中国对境外教育机构颁发的学位证书、学历证书及其他学业证书的承认，依照中华人民共和国缔结或者加入的国际条约办理，或者按照国家有关规定办理。

第九章　法 律 责 任

第七十一条　违反国家有关规定，不按照预算核拨教育经费的，由同级人民政府限期核拨；情节严重的，对直接负责的主管人员和其他直接责任人员，依法给予行政处分。

违反国家财政制度、财务制度，挪用、克扣教育经费的，由上级机关责令限期归还被挪用、克扣的经费，并对直接负责的主管人员和其他直接责任人员，依法给予行政处分；构成犯罪的，依法追究刑事责任。

第七十二条　结伙斗殴，寻衅滋事，扰乱学校及其他教育机构教育教学秩序或者破坏校舍、场地及其他财产的，由公安机关给予治安管理处罚；构成犯罪的，依法追究刑事责任。

侵占学校及其他教育机构的校舍、场地及其他财产的，依法承担民事责任。

第七十三条　明知校舍或者教育教学设施有危险，而不采取措施，造成人员伤亡或者重大财产损失的，对直接负责的主管人员和其他直接责任人员，依法追究刑事责任。

第七十四条　违反国家有关规定，向学校或者其他教育机构收取费用的，由政府责令退还所收费用；对直接负责的主管人员和其他直接责任人员，依法给予行政处分。

第七十五条 违反国家有关规定，举办学校或者其他教育机构的，由教育行政部门予以撤销；有违法所得的，没收违法所得；对直接负责的主管人员和其他直接责任人员，依法给予行政处分。

第七十六条 违反国家有关规定招收学员的，由教育行政部门责令退回招收的学员，退还所收费用；对直接负责的主管人员和其他直接责任人员，依法给予行政处分。

第七十七条 在招收学生工作中徇私舞弊的，由教育行政部门责令退回招收的人员；对直接负责的主管人员和其他直接责任人员，依法给予行政处分；构成犯罪的，依法追究刑事责任。

第七十八条 学校及其他教育机构违反国家有关规定向受教育者收取费用的，由教育行政部门责令退还所收费用；对直接负责的主管人员和其他直接责任人员，依法给予行政处分。

第七十九条 在国家教育考试中作弊的，由教育行政部门宣布考试无效，对直接负责的主管人员和其他直接责任人员，依法给予行政处分。

非法举办国家教育考试的，由教育行政部门宣布考试无效；有违法所得的，没收违法所得；对直接负责的主管人员和其他直接责任人员，依法给予行政处分。

第八十条 违反本法规定，颁发学位证书、学历证书或者其他学业证书的，由教育行政部门宣布证书无效，责令收回或者予以没收；有违法所得的，没收违法所得；情节严重的，取消其颁发证书的资格。

第八十一条 违反本法规定，侵犯教师、受教育者、学校或者其他教育机构的合法权益，造成损失、损害的，应当依法承担民事责任。

第十章 附　　则

第八十二条 军事学校教育由中央军事委员会根据本法的原则规定。

宗教学校教育由国务院另行规定。

第八十三条 境外的组织和个人在中国境内办学和合作办学的办法，由国务院规定。

第八十四条 本法自1995年9月1日起施行。

中华人民共和国职业教育法（节录）

（1996年5月15日）

第八届全国人民代表大会常务委员会第十九次会议通过

第一章 总 则

第一条 为了实施科教兴国战略，发展职业教育，提高劳动者素质，促进社会主义现代化建设，根据教育法和劳动法，制定本法。

第三条 职业教育是国家教育事业的重要组成部分，是促进经济、社会发展和劳动就业的重要途径。

国家发展职业教育，推进职业教育改革，提高职业教育质量，建立、健全适应社会主义市场经济和社会进步需要的职业教育制度。

第四条 实施职业教育必须贯彻国家教育方针，对受教育者进行思想政治教育和职业道德教育，传授职业知识，培养职业技能，进行职业指导，全面提高受教育者的素质。

第五条 公民有依法接受职业教育的权利。

第六条 各级人民政府应当将发展职业教育纳入国民经济和社会发展规划。

行业组织和企业、事业组织应当依法履行实施职业教育的义务。

第七条 国家采取措施，发展农村职业教育，扶持少数民族地区、边远贫困地区职业教育的发展。

国家采取措施，帮助妇女接受职业教育，组织失业人员接受各种形式的职业教育，扶持残疾人职业教育的发展。

第八条 实施职业教育应当根据实际需要，同国家制定的职业分类和职业等级标准相适应，实行学历证书、培训证书和职业资格证书制度。

国家实行劳动者在就业前或者上岗前接受必要的职业教育的制度。

第二章　职业教育体系

第十二条　国家根据不同地区的经济发展水平和教育普及程度，实施以初中后为重点的不同阶段的教育分流，建立、健全职业学校教育与职业培训并举，并与其他教育相互沟通、协调发展的职业教育体系。

第十四条　职业培训包括从业前培训、转业培训、学徒培训、在岗培训、转岗培训及其他职业性培训，可以根据实际情况分为初级、中级、高级职业培训。

职业培训分别由相应的职业培训机构、职业学校实施。其他学校或者教育机构可以根据办学能力，开展面向社会的、多种形式的职业培训。

第十五条　残疾人职业教育除由残疾人教育机构实施外，各级各类职业学校和职业培训机构及其他教育机构应当按照国家有关规定接纳残疾学生。

第三章　职业教育的实施

第十七条　县级以上地方各级人民政府应当举办发挥骨干和示范作用的职业学校、职业培训机构，对农村、企业、事业组织、社会团体、其他社会组织及公民个人依法举办的职业学校和职业培训机构给予指导和扶持。

第十八条　县级人民政府应当适应农村经济、科学技术、教育统筹发展的需要，举办多种形式的职业教育，开展实用技术的培训，促进农村职业教育的发展。

第十九条　政府主管部门、行业组织应当举办或者联合举办职业学校、职业培训机构，组织、协调、指导本行业的企业、事业组织举办职业学校、职业培训机构。

国家鼓励运用现代化教学手段，发展职业教育。

第二十条　企业应当根据本单位的实际，有计划地对本单位的职工和准备录用的人员实施职业教育。

企业可以单独举办或者联合举办职业学校、职业培训机构，也可以委托学校、职业培训机构对本单位的职工和准备录用的人员实施职业教育。

从事技术工种的职工，上岗前必须经过培训。从事特种作业的职工必须经过培训，并取得特种作业资格。

第二十一条　国家鼓励事业组织、社会团体、其他社会组织及公民个人按照国家有关规定举办职业学校、职业培训机构。

境外的组织和个人在中国境内举办职业学校、职业培训机构的办法，由国务院规定。

第二十二条　联合举办职业学校、职业培训机构，举办者应当签订联合办学合同。

政府主管部门、行业组织、企业、事业组织委托学校、职业培训机构实施职业教育的，应当签订委托合同。

第二十三条　职业学校、职业培训机构实施职业教育应当实行产教结合，为本地区经济建设服务，与企业密切联系，培养实用人才和熟练劳动者。

职业学校、职业培训机构可以举办与职业教育有关的企业或者实习场所。

第二十五条　接受职业学校教育的学生，经学校考核合格，按照国家有关规定，发给学历证书。接受职业培训的学生，经培训的职业学校或者职业培训机构考核合格，按照国家有关规定，发给培训证书。

学历证书、培训证书按照国家有关规定，作为职业学校、职业培训机构的毕业生、结业生从业的凭证。

第四章　职业教育的保障条件

第二十六条　国家鼓励通过多种渠道依法筹集发展职业教育的资金。

第二十八条　企业应当承担对本单位的职工和准备录用的人员进行职业教育的费用，具体办法由国务院有关部门会同国务院财政部门或者由省、自治区、直辖市人民政府依法规定。

第二十九条　企业未按本法第二十条的规定实施职业教育的，县级以上地方人民政府应当责令改正；拒不改正的，可以收取企业应当承担的职业教育经费，用于本地区的职业教育。

第三十条 省、自治区、直辖市人民政府按照教育法的有关规定决定开征的用于教育的地方附加费，可以专项或者安排一定比例用于职业教育。

第三十一条 各级人民政府可以将农村科学技术开发、技术推广的经费，适当用于农村职业培训。

第三十二条 职业学校、职业培训机构可以对接受中等、高等职业学校教育和职业培训的学生适当收取学费，对经济困难的学生和残疾学生应当酌情减免。收费办法由省、自治区、直辖市人民政府规定。

国家支持企业、事业组织、社会团体、其他社会组织及公民个人按照国家有关规定设立职业教育奖学金、贷学金，奖励学习成绩优秀的学生或者资助经济困难的学生。

第三十三条 职业学校、职业培训机构举办企业和从事社会服务的收入应当主要用于发展职业教育。

第三十六条 县级以上各级人民政府和有关部门应当将职业教育教师的培养和培训工作纳入教师队伍建设规划，保证职业教育教师队伍适应职业教育发展的需要。职业学校和职业培训机构可以聘请专业技术人员、有特殊技能的人员和其他教育机构的教师担任兼职教师。有关部门和单位应当提供方便。

第三十七条 国务院有关部门、县级以上地方各级人民政府以及举办职业学校、职业培训机构的组织、公民个人，应当加强职业教育生产实习基地的建设。

企业、事业组织应当接纳职业学校和职业培训机构的学生和教师实习；对上岗实习的，应当给予适当的劳动报酬。

中华人民共和国高等教育法（节录）

（1998年8月29日）

第九届全国人民代表大会常务委员会第四次会议通过

第一章　总　　则

第六条　国家根据经济建设和社会发展的需要，制定高等教育发展规划，举办高等学校，并采取多种形式积极发展高等教育事业。

国家鼓励企业事业组织、社会团体及其他社会组织和公民等社会力量依法举办高等学校，参与和支持高等教育事业的改革和发展。

第二章　高等教育基本制度

第十五条　高等教育包括学历教育和非学历教育。

高等教育采用全日制和非全日制教育形式。

国家支持采用广播、电视、函授及其他远程教育方式实施高等教育。

第二十条　接受高等学历教育的学生，由所在高等学校或者经批准承担研究生教育任务的科学研究机构根据其修业年限、学业成绩等，按照国家有关规定，发给相应的学历证书或者其他学业证书。

接受非学历高等教育的学生，由所在高等学校或者其他高等教育机构发给相应的结业证书。结业证书应当载明修业年限和学业内容。

第二十一条　国家实行高等教育自学考试制度，经考试合格的，发给相应的学历证书或者其他学业证书。

第二十三条　高等学校和其他高等教育机构应当根据社会需要和自身办学条件，承担实施继续教育的工作。

第四章　高等学校的组织和活动

第三十五条　高等学校根据自身条件，自主开展科学研究、技术开发和社会服务。

国家鼓励高等学校同企业事业组织、社会团体及其他社会组织在科学研究、技术开发和推广等方面进行多种形式的合作。

国家支持具备条件的高等学校成为国家科学研究基地。

第五章　高等学校教师和其他教育工作者

第四十八条　高等学校实行教师聘任制。教师以评定具备任职条件的，由高等学校按照教师职务的职责、条件和任期聘任。

高等学校的教师的聘任，应当遵循双方平等自愿的原则，由高等学校校长与受聘教师签订聘任合同。

第四十九条　高等学校的管理人员，实行教育职员制度。高等学校的教学辅助人员及其他专业技术人员，实行专业技术职务聘任制度。

第五十条　国家保护高等学校教师及其他教育工作者的合法权益，采取措施改善高等学校教师及其他教育工作者的工作条件和生活条件。

第五十一条　高等学校应当为教师参加培训、开展科学研究和进行学术交流提供便利条件。

高等学校应当对教师、管理人员和教学辅助人员及其他专业技术人员的思想政治表现、职业道德、业务水平和工作实绩进行考核，考核结果作为聘任或者解聘、晋升、奖励或者处分的依据。

第六章　高等学校的学生

第五十五条　国家设立奖学金，并鼓励高等学校、企业事业组织、社会团体以及其他社会组织和个人按照国家有关规定设立各种形式的奖学金，对品学兼优的学生、国家规定的专业的学生以及到国家规定的地区工作的学生给予奖励。

国家设立高等学校学生勤工助学基金和贷学金，并鼓励高等学校、企业事业组织、社会团体以及其他社会组织和个人设立各种形式的助学金，对家庭经济困难的学生提供帮助。

第八章　附　　则

第六十八条　本法所称高等学校是指大学、独立设置的学院和高等专科学校，其中包括高等职业学校和成人高等学校。

中华人民共和国科学技术普及法（节录）

（2002年6月29日）

第九届全国人民代表大会常务委员会第二十八次会议通过

第一章 总 则

第一条 为了实施科教兴国战略和可持续发展战略，加强科学技术普及工作，提高公民的科学文化素质，推动经济发展和社会进步，根据宪法和有关法律，制定本法。

第二条 本法适用于国家和社会普及科学技术知识、倡导科学方法、传播科学思想、弘扬科学精神的活动。

开展科学技术普及（以下称科普），应当采取公众易于理解、接受、参与的方式。

第三条 国家机关、武装力量、社会团体、企业事业单位、农村基层组织及其他组织应当开展科普工作。

公民有参与科普活动的权利。

第四条 科普是公益事业，是社会主义物质文明和精神文明建设的重要内容。发展科普事业是国家的长期任务。

国家扶持少数民族地区、边远贫困地区的科普工作。

第五条 国家保护科普组织和科普工作者的合法权益，鼓励科普组织和科普工作者自主开展科普活动，依法兴办科普事业。

第六条 国家支持社会力量兴办科普事业。社会力量兴办科普事业可以按照市场机制运行。

第七条 科普工作应当坚持群众性、社会性和经常性，结合实际，因地制宜，采取多种形式。

第二章　组织管理

第十条　各级人民政府领导科普工作，应将科普工作纳入国民经济和社会发展计划，为开展科普工作创造良好的环境和条件。

县级以上人民政府应当建立科普工作协调制度。

第十二条　科学技术协会是科普工作的主要社会力量。科学技术协会组织开展群众性、社会性、经常性的科普活动，支持有关社会组织和企业事业单位开展科普活动，协助政府制定科普工作规划，为政府科普工作决策提供建议。

第三章　社会责任

第十三条　科普是全社会的共同任务。社会各界都应当组织参加各类科普活动。

第十四条　各类学校及其他教育机构，应当把科普作为素质教育的重要内容，组织学生开展多种形式的科普活动。

科技馆（站）、科技活动中心和其他科普教育基地，应当组织开展青少年校外科普教育活动。

第十六条　新闻出版、广播影视、文化等机构和团体应当发挥各自优势做好科普宣传工作。

第十八条　工会、共产主义青年团、妇女联合会等社会团体应当结合各自工作对象的特点组织开展科普活动。

第十九条　企业应当结合技术创新和职工技能培训开展科普活动，有条件的可以设立向公众开放的科普场馆和设施。

第二十条　国家加强农村的科普工作。农村基层组织应当根据当地经济与社会发展的需要，围绕科学生产、文明生活，发挥乡镇科普组织、农村学校的作用，开展科普工作。

各类农村经济组织、农业技术推广机构和农村专业技术协会，应当结合推广先进适用技术向农民普及科学技术知识。

第二十一条　城镇基层组织及社区应当利用所在地的科技、教育、文化、卫生、旅游等资源，结合居民的生活、学习、健康娱乐等需要开展科普活动。

第四章　保障措施

第二十三条　各级人民政府应当将科普经费列入同级财政预算，逐步提高科普投入水平，保障科普工作顺利开展。

各级人民政府有关部门应当安排一定的经费用于科普工作。

中华人民共和国公务员法（节录）

（2005年4月27日）

第十届全国人民代表大会常务委员会第十五次会议通过

第六十条　机关根据公务员工作职责的要求和提高公务员素质的需要，对公务员进行分级分类培训。

国家建立专门的公务员培训机构。机关根据需要也可以委托其他培训机构承担公务员培训任务。

第六十一条　机关对新录用人员应当在试用期内进行初任培训；对晋升领导职务的公务员应当在任职前或者任职后一年内进行任职培训；对从事专项工作的公务员应当进行专门业务培训；对全体公务员应当进行更新知识、提高工作能力的在职培训，其中对担任专业技术职务的公务员，应当按照专业技术人员继续教育的要求，进行专业技术培训。

国家有计划地加强对后备领导人员的培训。

第六十二条　公务员的培训实行登记管理。

公务员参加培训的时间由公务员主管部门按照本法第六十一条规定的培训要求予以确定。

公务员培训情况、学习成绩作为公务员考核的内容和任职、晋升的依据之一。

附录2　成人教育重要文件选编

国务院批转教育部、中央广播事业局关于全国广播电视大学工作会议的报告的通知

（1979年1月11日）

国发〔1979〕14号

现将教育部、中央广播事业局《关于全国广播电视大学工作会议的报告》发给你们，请参照执行。

举办广播电视大学，是我国高等教育事业发展中的新事物，对于扩大高等教育的规模，提高广大群众的科学文化水平，加速培养大量又红又专的人才，将会起重大作用。请你们大力支持广播电视大学的筹办工作，切实解决工作中的问题，注意总结经验，努力把广播电视大学办好。

附：教育部、中央广播事业局关于全国广播电视大学工作会议的报告

我们于1978年11月26日至12月3日共同召开了全国广播电视大学工作会议。参加会议的有各省、自治区、直辖市文办、教育局、高教局、广播事业局、电视台的负责人和国务院各部委、全国总工会、共青团中央，以及中国人民解放军的代表共190人。会议讨论了广播电视大学筹办工作的指导思想，制订了《中央广播电视大学试行方案》，对开办广播电视大学急需解决的编制、经费、物质条件等问题作了初步的安排。会议结束前，方毅副总理到会作了重要讲话，给予参加会议的同志很大的教育和鼓舞。

参加会议的同志一致认为，在实现四个现代化的伟大事业中，党中央指示我们要极大地提高整个中华民族的科学文化水平。加速培养大量又红

又专的人才，是一项极为迫切的任务。必须采取多种形式、多种途径发展高等教育事业，以适应社会主义现代化建设的需要。广播电视大学的特点是采用现代化的教学手段，进行远距离教学。电视教学节目便于收看，对象广泛。可以挑选高水平的教师授课，采用形象化的教学方法进行教学，较易接受。我们国家地广人多，师资缺乏，要求学习的人数众多，利用广播电视进行教学，有着广阔的前景。随着我国电子技术的发展，电视播放条件将会逐步完善。在发射直播电视卫星之后，覆盖面将遍及城乡各地，可以开设专用的教育电视频道，广播电视大学开设的课程和播出的时间都可以大大增多，更便于不同学习要求的群众参加学习，它的作用也必将越来越大。举办广播电视大学，是多快好省地培养人才，加速提高广大群众科学文化水平的重要途径，是我国高等教育事业发展中的新事物，具有很强大的生命力。但是，我们对这项工作都还缺乏经验，在技术设备办学条件上都还有不少困难，各地还有大量的准备工作要做。我们一定要抓紧时间，在中央各部门以及各省、自治区、直辖市的大力支持下，做好筹办工作，争取把广播电视大学尽早办起来。在办学方针和指导思想上，要有长期的远景规划，又要从当前的可能条件出发，制订切实可行的计划，有步骤地进行。既要注意有一定的数量，更要注意保证质量，随着办学条件的改善，逐步发展。

要注意发挥中央和地方两个积极性。教育部和中央广播事业局共同举办中央广播电视大学，在目前条件下，负责制订教学计划，演播教学节目，组织编印教材和教学参考材料，研究制订必要的规章制度，总结和交流教学经验，与各省、自治区、直辖市广播电视大学建立业务联系。各省、自治区、直辖市要积极筹办广播电视大学。各省、自治区、直辖市广播电视大学的方针、任务、办学方案、教学计划等，都由各省、自治区、直辖市根据情况自行决定，可以“八仙过海，各显神通”，各自办出特点，互相促进。目前除少数省、直辖市外，大多数省、自治区、直辖市单独开办广播电视大学还有困难，需要采用中央广播电视大学的课程，即使这样，各省、自治区、直辖市也可以根据具体情况，课程设置有增有减，并要积极创造条件，争取及早独立开设课程。教学辅导和组织管理也可以因地制宜，采取多种形式，灵活多样，不要强求一律。

中央广播电视大学定于1979年2月上旬开学。转播它的课程的省、自治区、直辖市广播电视大学，目前即应抓紧招收第一期学生。由于缺乏经验和条件限制，这一期带有试办性质，但我们必须在现有条件下，力求把它办好。各省、自治区、直辖市可以根据现有的电视播放条件和教学工作、组织工作的准备情况，考虑办学的规模。不论招生多少，办起来之后就要认真做好组织工作和辅导工作，坚持下去，注意摸索和总结经验。对自由收看或组织自学的群众，可以适当供应教材，各有关部门和单位，要采取积极态度，对他们的学习予以关怀。

会议讨论了筹办中央广播电视大学工作中的几个主要问题：

一、关于中央广播电视大学的性质

中央广播电视大学是面向全国的以电视和广播为主，并准备增加函授教学手段的高等学校。目前开设理工科通用性大的基础课程和专业基础课程，用电视播出。三年播完规定的课程。学业考核采取学分制。学生学完规定的课程，学满规定的学分，由转播中央广播电视大学课程的省、自治区、直辖市广播电视大学发给毕业证书。自学广播电视大学课程的人，经向所在地区广播电视大学指定的机构申请批准，可到指定的教学班参加考试，成绩合格者，发给单科结业证书或毕业证书。持有毕业证书者，国家承认其学历相当于高等专科学校毕业。举办广播电视大学的目的，在于提高群众的科学文化水平，不解决学生的工作分配问题。

二、关于组织领导问题

中央广播电视大学由教育部、中央广播事业局直接领导。教学方面由教育部负责，演播技术方面由中央广播事业局负责。为了和有关方面协调配合，建议由教育部、中央广播事业局、国家计委、邮电部、第四机械工业部、商业部、全国总工会、共青团中央等单位指定一位负责同志和中央广播电视大学校长、副校长组成中央广播电视大学校务委员会。各省、自治区、直辖市广播电视大学的组织领导体制，由各省、自治区、直辖市自行研究决定。

三、关于招生对象

中央广播电视大学的招生对象包括在职职工、学校教师和人民解放军指战员，以及城乡知识青年。1979 年春季开学，主要招收需要进修提高的在职职工和中学教师。这是因为，随着工业先进技术和设备的引进，在职职工中迫切需要培养技术人才，中学教师的培养提高任务也十分迫切。职工和中学教师比较集中，在经验缺乏、准备时间较紧的情况下，比较容易组织。由于目前我国只有一套电视网，晚间要播送综合节目，广播电视大学第一期教学节目安排在上午播出，听课要占用上班时间，加上辅导和自习，学生需要脱产或半脱产学习，只有选学单科的可以基本上业余学习，招收在职职工和教师，要纳入职工和教师培训计划加以安排。

关于本届招收知识青年的问题，会议认为，对于知识青年学习科学文化，应当关心和重视。可以招收知识青年，也可以组织具有高中毕业程度的知识青年自学。这个问题由各省、自治区、直辖市自行研究决定。

四、关于招生办法

中央广播电视大学招收具有高中毕业的文化水平的学生。自愿报名，所在单位同意，经过文化考试，择优录取。考试办法要简便易行。具体的招生办法，由各省、自治区、直辖市自行制订。

五、关于编制、经费和设备问题

创办广播电视大学，各地转播中央广播电视大学教学节目，组织辅导教学，需要一定数量的人力、物力和经费开支。1979 年各省、自治区、直辖市广播电视大学和所属专门机构急需的行政管理、组织教学方面的人员编制和开办经费，教育部已经作了初步安排，不足之数由各省、自治区、直辖市自行调剂解决。会议还研究了各地广播系统需要增加的播出值班工作人员编制、设备专项维护费的意见，以及明年需要增置电视机的数量，拟由中央广播事业局、教育部分别另作专题请示报告。

目前各地广播电视大学还缺乏实验设备，要请高等学校、科研机构和工厂的实验室等大力支持当地的广播电视大学教学点解决实验问题。

会议认为，举办广播电视大学是一项新的事业，它一开始就受到中央领导同志的关怀，得到国务院有关部委大力支持和热情帮助，使筹办工作能较好地开展。广播电视大学工作涉及的方面很多，包括讲课、演播、发射、传送、电视机的供应和维修、学生的组织管理、教材的出版和发行等，需要中央和地方的计划、财政、邮电、商业、外贸、四机、出版、发行、化工、科研等部门和高等院校的大力支持，工会、共青团等组织的密切配合，只有这样，才能保证广播电视大学的各项工作顺利进行。

1979 年，我们全党、全国工作的重点要转移到社会主义现代化建设上来。我们一定要在各级党委领导下，充分调动各方面的积极性，大力加强科学和教育工作，为早出人才、多出人才，提高广大群众的科学文化水平，作出应有的贡献。

以上报告如无不当，请批转各地区、各部门参照执行。

中共中央、国务院关于加强职工教育工作的决定

（1981年2月20日）

中发〔1981〕8号

职工教育是开发智力、培养人才的重要途径，是持续发展国民经济的可靠保证，它同现代化建设的成败有极其密切的关系，一定要作为一件大事及早规划，尽力搞好。今后要在经济上实行进一步的调整，加强职工教育是实现调整措施的重要内容之一，一定要结合调整的逐步进行，有计划地实行全员培训，建立比较正规的职工教育制度。

建设四个现代化的社会主义强国，需要一支广大的有社会主义觉悟、有科学文化知识、有专业技术和经营管理经验的职工队伍，需要有一大批又红又专的专门人才。我国职工队伍的本质是好的，粉碎“四人帮”以来，这支队伍逐步恢复和发扬了奋发图强、积极进取的精神。但是，由于十年浩劫造成的灾难和我们多年来放松了职工教育工作，这支队伍现有的水平，同现代化建设的要求远远不相适应。在政治思想方面，有一部分职工对社会主义缺乏认识，思想不够健康，缺乏主人翁态度，劳动纪律性差。在文化方面，80%的职工没有达到初中程度，缺乏现代科学技术的基础知识。在业务技术方面，工人实际操作的技术水平低；多数管理人员业务水平低，更缺乏经营管理现代化企业的知识。工业部门的技术人员只占职工总数的2.8%，其中相当多的人未受过高等教育。人才缺乏是当前各条战线普遍存在的一个突出问题。如果不改变这种状况，就很难掌握先进的技术和装备，就不能管好现代化的企业，就不能消除人力、物力、财力的巨大浪费，也就难以大幅度提高劳动生产率。

现代经济发展史充分证明，企业职工科学文化水平的高低，在很大程度上决定了企业经营管理水平的高低、劳动生产率的高低和生产发展速度的快慢。现代化企业的主要标志是具有较高科学技术水平，而这种科学技术水平只有通过职工系统的学习才能掌握。社会主义企业的党政领导如果只抓生产指标的制定和完成，不重视提高职工的政治思想觉悟和科学文化

水平，不抓职工教育，甚至把职工教育看成是耽误生产的额外负担，那就说明这些领导人患了“近视病”，还不懂得什么叫做现代化建设，并且说明他们缺乏关心工人阶级根本利益的思想。相反，企业党政领导人如果坚持不懈地抓住职工教育，非常关心提高职工的政治思想觉悟和科学文化水平，并且善于引导职工利用科学文化知识来促进生产的发展，那就说明这些领导人很有远见，在踏踏实实地推进现代化事业，真正重视发挥工人当家做主的作用。鉴于现代化建设是一项极其艰巨的任务，而加强职工教育又是实现现代化的一个重要条件，因此，我们应当下最大决心，力争在第六个五年计划期间，有计划有步骤地把职工普遍训练一次，有效地提高职工队伍的政治思想、科学文化、业务技术和经营管理水平，并通过今后的定期轮训使他们在各个方面继续得到提高。要从中造就一大批精通本行的专业人才和懂得现代经济、现代科学技术的经济建设人才。

为了加强职工教育工作，中共中央和国务院特作如下决定：

（一）各级党政领导和所有厂矿企业、事业单位的党委、行政、工会、共青团都要十分重视职工教育。各级政府要把职工教育纳入国民经济和国民教育计划的轨道，要使职工教育列入长远规划和年度计划，并且要把它作为一项经常性的重要工作办好。要克服那种办学无任务、教学无要求、经费无标准、物质条件无保证的现象。企业职工代表大会要定期讨论职工教育工作，并有权按照上级机关的规定对有关事项作出相应的决定。各主管部门要像布置生产和工作任务那样，布置教育任务，并把发展职工教育的成绩的大小，作为对领导干部和企业事业单位进行考核的一项重要内容，作为评比先进单位的一项重要条件。有条件办学而不办学的，或者搞形式主义应付上级的，就是领导人失职。这样的单位，不能评为先进单位，而且要受到批评。

（二）各地区、各部门、各企业事业单位应根据实际情况，制订职工教育的长远规划和具体计划，对广大工人、技术人员、经营管理人员、领导干部等提出不同的训练要求。近两三年内，要把职工教育的重点，放在对领导干部的训练和对“文化大革命”以来入厂的青壮年职工进行政治思想教育和文化、技术补课方面。

职工教育的基本内容是：在政治思想方面，要教育职工有共产主义理想，提高广大职工的社会主义觉悟；要树立主人翁责任感，培养高度的事业心，爱护国家财产，敢于和贪污浪费现象作斗争；要加强劳动纪律，克服落后思想和不良作风，不断发挥职工的积极性、主动性和创造性。在文化科学知识方面，对青壮年职工，要争取在二三年内扫除文盲，并在1985年以前，使现有文化程度不到初中毕业水平的职工60%到80%达到初中毕业水平；使现有初中毕业文化程度的职工三分之一达到相当于高中或中专毕业的水平；使现有高中或中专程度的职工有相当一部分达到大专水平。同时，现有大专程度的技术人员和经营管理人员，也应做出学习计划，掌握新的科学技术和现代经营管理知识。在生产技能方面，要组织广大工人学习技术理论、工艺规程、操作技术，确实达到本等级应知应会的要求。五年内，力争青壮年工人的实际操作技术水平普遍提高一到二级，使高、中级技术工人的比重有较大增加。企业事业单位和管理部门的主要领导干部，要在1985年前普遍轮训一次，学习企业经营管理知识和有关的专业技术知识，逐步成为领导经济工作的内行。企业主要领导干部的轮训，由国务院和各省市有关部门负责进行；其中，党员负责干部还要在中央或地方的党校有计划地进行轮训。

（三）在调整国民经济期间，要采取有效措施，大力开展职工教育。最近几年，有一批基建项目下马，有一些企业关停并转，还有一些企业生产任务不足。应当抓住这个机会，把这些单位的干部、职工最大限度地组织起来，有计划地进行政治、文化、技术、业务培训。这不仅有利于企业和社会秩序的安定，而且有利于提高职工队伍的政治、文化、技术、业务水平，为国民经济的进一步发展作准备。

要利用停产时间和厂房，组织干部、职工学习。在二三年内，扫除青壮年职工中的文盲；采取普遍轮训的办法，对虽有初中毕业文凭而无初中毕业实际水平的青壮年职工，进行文化、技术补课，使他们真正达到初中毕业程度，并在此基础上继续学习专业技术知识，逐步提高到中专（高中）、大专水平。

关停并转的企业，主要领导干部要亲自抓好干部、职工的培训工作，有的厂长可担任职工学校校长或培训中心主任；要建立强有力的培训机构，做好政治思想工作、教学管理工作和行政后勤工作，以保证培训工作的正常进行。参加培训的干部、职工，要按照文化程度编班，充分发挥党员、团员和积极分子在学习中的模范带头作用。生产任务不足的企业，不要把多余人员留在生产岗位上，而要由一位副厂长专管职工培训工作，分期分批地组织职工进行脱产、半脱产培训，以保持良好的生产秩序，不致于把企业搞得松松垮垮。

（四）要因地制宜，广开学路，提倡多种形式办学。职工教育要尽量逐步做到正规化，做到任务明确，要求具体，制度严格，进度合理，成效显著。要根据不同企业、不同工种的工作需要和职工的要求，采取多种形式办学。可以由一个企业单独举办、或几个企业联合举办职工学校，也可以办短训班和讲座，或者组织岗位练兵和操作表演。可以办业余教育，也可以组织脱产、半脱产学习。各种办学形式要紧密结合，相辅相成。一般正常生产的企业，每周保证职工业余学习至少四小时，有条件的还可以多安排一些学习时间。某些行业，可根据生产特点，在不增加定员的前提下，经过批准，采取缩短工作时间，改进倒班制度等措施，为职工学习创造条件。

职工教育除主要由企业事业单位举办外，还要发动业务部门、教育部门、群众团体等社会各方面力量积极办学。要充分利用电视、广播、函授等教学手段，发挥全日制大、中、小学、技校的力量，举办广播电视大（中）学、函授大（中）学、夜大学和各种地区性的职工夜校。要提倡厂校挂钩，联合办学。要发挥有技术特长和专业知识的教授以及老工人、技术骨干的作用。

原有的职工学校，包括专业干部学校、管理干部学校，不论是工会系统还是行政系统办的，只要办得有成绩，仍由原来的系统办。

（五）各级各类职工教育都应制订教学计划，明确培养目标与达到目标的标准。要建立严格的考试制度，考试合格的发给文凭，作为晋级和安排工作的根据之一。职工学完中等专业或高等学校的课程，按规定考试及格者，应承认其学历，并与全日制院校同类专业的毕业生享受同等的工资待遇。他们的工作，由本单位本系统根据需要适当安排，或报请上一级主管部门统一调配。

（六）积极建立一支以专职教师为骨干、与兼职教师相结合的教师队伍。目前，职工学校的教师，在数量上和质量上都远远不能满足需要。要选调那些能胜任教学的职工和技术人员，担任专职或兼职教师。专业人员、技术人员和普通学校的教师，到职工学校兼职，要给予合理的报酬。各企业事业单位，应按照职工总数千分之三到千分之五的比例（不包括职工高等教育的教师），配备专职教师。国家分配大学毕业生时，也要分配一部分人到职工学校当教师。同时，要给教师创造更多的进修机会，普通高等学校和各地的教师进修学校，应当吸收一部分职工学校的教师进修。有些地区的师范学院、教育学院或教师进修班内，可设立专门为职工学校培养师资的班级。

在晋级、调资、奖励和福利方面，对企业中的教师和科室技术人员要一视同仁，地区性职工学校的教师要和普通学校的教师享受同等待遇。职工学校教师的职称，可以参照普通学校教师的职称来制定，也可以按技术职称来评定。对成绩显著的教师和职工教育工作者，要及时给予表扬和奖励，以提高他们的事业心和责任感。

（七）要勤俭办学，认真解决必要的办学条件。职工教育经费不足的问题，要妥善地予以解决。国务院责成财政部会同有关部门，制定《关于职工教育经费管理和开支标准的暂行规定》。企业职工教育的经常费用，大体可按工资总额的1.5%掌握使用，在企业成本中开支。扩大自主权的企业，可以在利润留成中适当安排职工教育经费。各级政府教育部门的教育经费，要有一定的比例用于职工教育。

建立必要的职工教育基地。职工学校用房被占用了的，应尽可能归还或补偿，不足部分，由企业内部调剂挖潜，挤出一部分教学用房。新建企业，在设计时就要考虑职工教育必要设施的建设。经过几年的努力，职工学校的校舍争取达到平均每个职工0.3至0.5平方米的标准。

（八）职工教育除了依靠工矿企业和地区性职工学校外，要充分发挥普通学校的作用。普通高等院校和中等专业学校都应当承担一定的在职培训任务，在保证完成招生任务的原则下，为在职人员进修开设专门的班级。这种班级要适应成人学习的特点，适当精简课程内容与学时，也可以采取学分制，以便职工通过较长时间的学习，达到一定的学业水平。还要采取积极措施，使“文化大革命”期间毕业的学生有短期进修的机会，达到应有的学业水平。为此，可由教育部拟定具体办法，并鼓励各院校积极试办进修班。

（九）加强对职工教育工作的领导，建立和健全专职机构。各级党委、政府、工会、共青团、妇联和科协等要共同努力，把这件事办好。目前职工教育缺乏统一领导，各有关方面的分工不够明确，影响工作中实际问题的解决。要按照“加强领导，统一管理，分工负责，通力协作”的原则，改进领导管理体制。

1. 建立全国职工教育管理委员会，作为国务院指导全国职工教育工作的机关。它的任务是，讨论制定职工教育的重大方针、政策，统一规划，并检查执行情况，协调各方面的工作。委员会下设办公室，配备专职人员，负责日常工作。

国务院工交、基建、财贸、军工、农林、文教、卫生、科研、政法、外事等各部委，主管本系统的职工教育工作，制定和落实规划，解决办学中的实际问题，健全本系统的职工教育机构，开展职工教育。

全国总工会负责综合研究并指导办好工会系统的职工学校。各级工会都要积极参与职工教育的管理工作，发挥监督作用，维护和保障职工的学习权利。

教育部负责综合研究指导职工学校的教育行政和教学业务工作，制定有关的政策，编审教材，培训师资，办好电视、函授、业余大学，职工进修班和地区性职工学校。

劳动总局负责综合研究和指导工人技术培训和徒工培训工作，组织制定工人技术等级标准、技术考核办法和有关的劳动工资政策，使职工教育同劳动制度密切结合起来。

共青团要大力加强青工的政治思想工作，积极发动青工参加正规培训和业余自学。

其他部门和群众团体，都要在自己的职能范围内，积极做好职工教育工作。

2. 各省、市、自治区人民政府要成立职工教育管理委员会，或充实、加强原有的工农教育委员会。委员会设办事机构，配备必需的专职工作人员，负责日常工作。

3. 基层企业事业单位，在党委统一领导下，由行政负责主管本单位的职工教育工作，充分发挥工会、共青团等有关方面的作用。大中型企业要设职工教育的专职机构，小企业要有专人负责。各有关方面的具体分工，由企业自行确定。

4. 改进领导管理体制是一项复杂的工作，要根据本地区、本单位的实际情况，因地、因厂制宜，不要一刀切。目前办学成绩较好的地区和单位，其领导管理办法保持现状，并应总结经验，继续办好。

（十）由全国职工教育管理委员会、教育部组织有关部门着手起草《职工教育法》，明确规定：职工教育的地位和任务；领导管理体制和各方面的责任；职工的学习权利和师生的待遇；办学形式、经费来源和师资配备等，为进一步开展职工教育提供法律依据。

国务院办公厅转发全国职工教育管理委员会、国家经委《关于加强职工培训、提高职工队伍素质的意见》的通知

（1984 年 4 月 27 日）

国办发〔1984〕33 号

全国职工教育管理委员会、国家经委《关于加强职工培训、提高职工队伍素质的意见》，已经国务院领导批准，现转发给你们，望按照执行。

附：关于加强职工培训、提高职工队伍素质的意见

1981 年中共中央、国务院《关于加强职工教育工作的决定》（以下简称《决定》）下达后，职工培训进展较大，取得了较好的成效。企业办学面已达到 70%左右，三分之一的职工参加了各种形式的政治、文化、技术、业务学习。经济部门的干部 900 多万，已轮训一半左右，其中县属以上企业的领导干部已基本轮训一遍，并开始向系统的专业培训方向发展。300 多万青壮年职工的文化、技术补课工作已全面铺开，到 1983 年底，累计已有 40%左右补课合格，大多数达到了所使用的教学大纲的要求。另外，接受各种类型职工高等教育的有 100 多万人，接受各种类型中等专业教育的有 110 多万人，已为企业输送了一批各级各类人才。职工队伍的思想政治素质和文化技术素质有所提高，在贯彻国民经济调整、改革、整顿、提高的八字方针，完成前几年国民经济计划中，发挥了积极作用。上海石化总厂靠智力开发起飞，几年来通过培训，初中以上文化程度的职工由 19.5%上升为 71.2%，小学文化程度的由 80.5%下降到 28.8%，还培养了大、中专和技校毕业生 3 000 多人，促进经济效益逐年提高，5 年实现税利 25 亿元，为建厂投资的 116%。不少企业在连年亏损的情况下，从培训职工入手，促进了产品质量提高和成

本降低，使企业摆脱困境，转亏为盈。

一、提高职工队伍素质的紧迫性

实现企业的技术现代化和管理现代化，提高经济效益，归根结底要有一支高水平的职工队伍。特别是当前世界上正面临着一次新的技术革命，更加突出了知识的重要性。前几年职工教育虽然取得了较好成绩，但由于培训工作全面开展的时间不长，以及受各方面条件的限制，从全国看，职工队伍的素质状况同四化建设的需要还很不适应，突出表现在以下几个方面：

（一）政治思想方面。一些职工不同程度地存在思想涣散、纪律松弛、工作消极、损公肥私等不健康现象。据北京市纺织系统对17万职工的调查，青年工人中先进分子占10%，表现较好的占30%，表现一般的占50%，雇佣思想严重、组织纪律性差的占8%，有不同程度违法乱纪行为的占2%。

（二）文化、技术水平低。据全国第三次人口普查10%的抽样资料，在工业部门职工中，初中和初中以下文化程度占78%（其中文盲、半文盲占7.9%），高中文化程度只占20.4%，大学程度仅占1.6%。全国技术工人中，技术等级在1～3级的占71%，4～6级的占23%，7～8级的仅占2%。上海市94.7万名技术工人，平均技术等级不足三级。这些数字虽按工资等级统计，与实际水平有差别，但总的看，技术水平还是相当低的。企业领导班子经过调整，素质有了改善，但仍存在文化偏低，缺乏经营管理知识，特别是缺乏现代化管理知识。

（三）专业技术人员数量少，知识老化。全民所有制企业，工程技术人员只有121万人，占职工总数的3.45%。机械系统现有技术人员23万，占职工总数的4.3%，比60年代的7.5%下降3.2%。煤炭、纺织、建材、轻工等行业技术人员不到2%。集体企业中技术人员更少。科技人员不仅数量少，而且专业知识陈旧，外语水平低，不适应技术改造和对外经济技术交流的需要。

专业管理人员素质低、知识老化的问题更突出。北京市3.9万名财务、统计人员，80%未经系统的专业培训，不少人还不会核算成本。

（四）科技人员中，工程师和技术员的比例失调。如北京市纺织系统为4.3∶1，上海市冶金系统为6.6∶1，首钢为9.6∶1。一些本应由技术员做的工作，也只得由工程师去做，造成人才浪费。

技术工人中的高、中级技术工人比重太小。生产第一线缺乏骨干力量，一些关键岗位不得不由未经系统技术培训的工人顶岗。富拉尔基重型机械厂，按设计要求，主要技术岗位平均技术等级应为7.3级，目前实际为3.5级。

职工队伍素质差，是影响生产水平和经济效益提高的一个重要原因。以江苏省纺织厅与上海市纺织局相比，设备能力大体相同，但产值只是上海的72.4%，利润只有上海的39.5%。除所有制结构、产品结构和管理方面等因素外，主要是技术力量差别悬殊，上海纺织局技术人员占职工总数的3.38%，江苏只占1.09%。大量事实说明，经济建设要发展，职工教育要先行。为了使我国的企业素质有较大的提高，在经济效益上打开新局面，适应国内外新形势的挑战，我们必须进一步认识加强职工教育的紧迫性，下大决心开发智力，培养人才，并从战略上作出相应的安排。

二、职工培训的目标和要求

中央领导同志指出，“教育要面向现代化，面向世界，面向未来”。最近又说，国民经济的发展要有“后劲”，“七五”、“八五”、“九五”能不能搞上去，主要抓好四个方面的工作，其中一项就是智力开发。因此，今后一个时期职工教育的任务，一方面要普遍提高职工的政治、文化、技术、业务素质，使之成为合格的当班人；另一方面要从现有职工中培养造就大批专业技术、管理干部。通过职工培训和普通全日制学校输送毕业生，争取到1990年，初步形成一支在数量上能够基本满足需要，质量上能够掌握现代科学技术和经营管理知识，专业配套、年龄结构比较合理的干部队伍和专业技术人员队伍；形成一支以中级技术工人为主体，技术等级结构比较合理，具有较高政治、文化、技术素质的工人队伍，为后十年经济振兴打好基础，创造条件。

为了实现这个目标，职工培训要在认真贯彻《国营企业职工思想政治工作纲要（试行）》，坚持不懈地对职工进行系统政治理论教育和思想政治工作的同时，大力开展文化、技术、业务培训，着重抓好以下几方面的工作：

（一）搞好领导干部特别是新领导班子成员和优秀中青年后备干部的专业培训。要根据国务院对企业厂长（经理）进行国家统考的决定和全国干部培训规划要点，组织他们系统学习社会主义经济建设基本方针政策、科学管理知识和必要的文化技术知识，提高经营管理能力。通过调整、培训和补充后备力量，要求到1990年，大中型企业领导班子成员和厅、局、处以上干部，基本上达到大专水平，小型企业和县专业局领导干部基本上达到中专水平。

（二）继续抓紧青壮年职工的文化、技术补课。要在努力提高补课质量的前提下加快进度，完成中央和国务院《决定》规定的任务。同时，要抓好“双补”合格后的巩固提高，及时开展包括中技、中专和高中在内的职工中等教育。通过加强就业前培训和大力开展工人中级技术业务培训，要求到1990年，使工人中实际水平符合中级技术等级标准的比例，逐步提高到50%左右。高级工比例也要有较多增加。

（三）认真培养提高科技人员，进行知识补缺更新的教育。要结合企业采用新技术、研制新产品、引进新设备、推广新的管理方法，组织科技人员学习新技术、新理论。同时根据需要，加速调整和稳步发展职工高等教育，积极举办职工中等专业教育，有计划地培养后备专业、技术力量。争取到1990年，使技术人员占职工总数的比例，从现在的平均3.45%，提高到5%至10%以上，技术密集行业比例应该更高一些，并有一大批掌握70年代末和80年代国外先进科学技术，能从事情报、科研、设计等开发性工作的骨干力量。

（四）加强各类专业管理人员的业务培训。要大力开展各种短期专业培训，并有计划地选送文化水平较高，有一定实践经验的中青年专业人员系统进修，培养出一大批会计师、统计师、经济师。争取到1990年，专业管理人员基本上达到高中、中专以上水平，业务骨干要达到大专以上水平，大中型骨干企业都有总会计师，其他多数企业也要有会计师。

（五）要抓紧重点建设项目特别是引进项目职工的培训。在确定引进设备的同时，就要明确培训要求，制订规划，结合设计、施工、安装、调试等，成建制地组织培训，使培训和各项生产准备工作同步进行，保证顺利投产，充分发挥经济效益。

各地区、各部门应根据上述目标，结合人才需求预测情况，对大型骨干企业和中小型企业，分别提出切合实际的要求，修订职工教育规划，作为经济发展总体规划的一部分，抓紧落实，并要重视少数民族及边远地区职工的培训提高。

三、实现培训目标的政策和措施

《决定》下达已三年，从全国情况看，《决定》提出的各项要求，很多还没有做到。各级领导要认真检查《决定》的执行情况，找出差距，采取措施，狠抓落实。

（一）进一步明确指导思想。国务院领导同志最近指出："职工培训，在厂里来讲是头等大事，不能光搞物。现在比较重视物，还没有认识到人，人和物相比，人是头等大事"，"职工培训提出来很久了，但是还没有引起普遍重视"。各级领导特别是经济部门的决策人，一定要从经济发展的宏观战略上重视智力开发，把职工教育列上重要工作日程，作为提高企业素质的一项根本性措施，做到生产开发、技术开发、智力开发一起抓，两个文明建设一起抓。职工教育部门必须面向生产、面向企业，以提高经济效益为中心，开展政治、文化、技术、业务培训。要根据企业生产发展的当前和长远需要来办学，把职工培训同提高企业素质紧密联系起来，在经济效益上见实效，为两个文明建设服务。

（二）从政策制度上调动办学、教学和学习的积极性。各单位要结合企业整顿和建设"六好企业"，把全员培训工作落到实处。职工教育开展差的，不能评为"六好企业"。要研究适合本单位生产、工作特点的办学形式，从改进劳动组织、劳动制度方面，为职工学习创造条件，如在严格定员定额的基础上，适当安排培训定员或利用生产间隙进行积累式培训等。

要切实改善职工教师的社会政治地位。职工培训是直接为生产服务的，企业中职工教师的晋级、调资、奖励和生活福利待遇应同科室技术人员一视同仁，并积极研究解决职工教育专职教师和管理干部的职称问题。要大力表彰优秀的职工教师和教育管理干部，鼓励他们终身从事职工教育事业。

要建立正规的职工培训、考核制度，认真执行《工人技术考核暂行条例》的规定，职工转正、定级、晋升、改变工种或调换工作岗位都必须经过严格考核。成绩优秀的要给予表扬、奖励。能力过差，又缺乏进取心，在培训后实在不能胜任工作的，干部要调整工作，工人要调离技术岗位。同时，结合招工制度的改革，坚持通过考试择优录用职工，分配工种，并严格实行先培训后上岗。

（三）改善办学条件。职工培训的教学场地严重不足，要列入各地区、各部门的基建计划，使校舍人均面积从现有的 0.16 平方米尽快达到中央规定 0.3～0.5 平方米的要求。企业自留资金应有一定比例用于职工培训。

随着专业、技术培训的开展，地区和企业主管局的培训任务越来越重，要切实保证这方面的事业费开支。现在有的地区按职工人数规定金额，由地方财政给职工教育部门拨款；有的部门用机动财力办学，实报实销；有的地区由主管局牵头，企业自筹资金，联合办学。各地区、各部门可根据自己的实际情况，采用多种办法多渠道地切实解决缺乏职工教育事业费的困难。职工教育部门要少花钱，多办事，使现有的人力物力发挥最大的作用。

目前，企业职工教育专职教师尚缺25万人，除从现有专业技术人员中选调和各方面支援外，缺额的补充应列入各地区、各部门大专院校毕业生的分配计划，争取职工教师的比例从现在的1.8‰尽快达到中央规定3‰至5‰的要求。职工教师的培训提高也要列入教育部门的计划，全日制高等学校和教师进修学院要承担培训职工教师的任务，有条件的地区、部门还要举办职工师范学院或职工教育学院。要加快教材建设，教育部门和各主管业务部门应迅速组织力量，力争在两三年内把主要专业和技术工种的教材编写出来。

（四）加强领导，改进管理体制。中央和国务院的《决定》指出："职工教育缺乏统一领导，各有关方面的分工不够明确，影响工作中实际问题的解决。要按照'加强领导，统一管理，分工负责，通力协作'的原则，改进领导管理体制"。这个问题现在还没有很好解决。实践证明，职工教育必须在各级党委和政府的领导下，依靠各有关部门的通力协作，调动各方面力量一起动手，同时要发挥职工教育管理委员会的作用，才能搞好。全国职工教育管理委员会作为国务院指导全国职工教育工作的机关，要认真执行它的任务："讨论制定职工教育的重大方针、政策、统一规划，并检查执行情况，协调各方面的工作。"各省、自治区、直辖市人民政府要充实加强各级职工（工农）教育管理委员会及其办事机构，使之与承担的任务相适应。企业的上级主管业务部门，对这一工作也要有相应的机构或专人管理。企业要结合全面整顿，对现有专职教育干部队伍进行调整，下决心选调符合四化要求的干部，充实到职工教育战线上来，逐步建立和健全智力开发系统。

国务院批转国家教委关于改革和发展成人教育的决定的通知

（1987年6月23日）

国发〔1987〕59号

国务院同意《国家教育委员会关于改革和发展成人教育的决定》，现转发给你们，请贯彻执行。

附：国家教委关于改革和发展成人教育的决定

一、提高全社会对成人教育在社会主义现代化建设中的重要地位和作用的认识

成人教育是当代社会经济发展和科学技术进步的必要条件。随着我国社会主义物质文明、精神文明建设的发展以及经济体制、政治体制、科技体制和教育体制改革的逐步深入，大力发展成人教育，不断提高亿万劳动者的思想道德素质和科学文化素质，使经济和社会的发展具有更加坚实可靠的人才基础，这对于把我国建设成为高度民主、高度文明的社会主义现代化国家具有重要的战略意义。

成人教育是我国教育的重要组成部分。在整个教育事业中，它与基础教育、职业技术教育、普通高等教育同等重要。成人教育主要是对已经走上各种生产或工作岗位的从业人员进行的教育，能够直接有效地提高劳动者和工作人员的素质，从而可以直接提高经济效益和工作效率。同时，对于培养有理想、有道德、有文化、有纪律的社会主义公民，形成好学上进的社会风气，对于发扬民主、健全法制，促进安定团结，成人教育也有着直接的作用。

成人教育的主要任务是：

（一）对已经走上各种岗位，以及需要转换工作岗位或重新就业的工人、农民、干部、专业技术人员和其他从业人员进行相应的岗位培训，使他们在政治思想、职业道德、文化知识、专业技术和实际能力等方面达到本岗位的规范要求；

（二）对已经走上岗位而没有受完初等、中等教育的劳动者，进行基础教育；

（三）对已经在职而又达不到岗位要求的中等或高等文化程度和专业水平的人员进行相应的文化和专业教育；

（四）适应社会的迅速发展和科学技术日新月异的进步，对受过高等教育的人进行继续教育；

（五）为建设文明健康科学的生活方式，满足人们日益增长的精神文化生活的需求，对成人开展丰富多彩的社会文化和生活的教育。

我国社会主义建设的新时期，需要大量的多方面的人才。为此，党中央和国务院不仅对普通学校教育，而且对干部教育、职工教育、农民教育作出了一系列重要决策，促使成人教育事业得到了迅速恢复和很大的发展，取得了显著成绩。青壮年职工的思想政治教育和文化技术补课，初步改变了十年动乱造成的文化技术水平低下的状况；各种形式的培训和初步开展的继续教育，进一步提高了职工队伍的政治、文化、技术、业务素质。农村许多地区在继续扫除青壮年文盲的同时，开展了灵活多样的文化技术教育，对农村商品经济的发展起了积极的作用。普遍地轮训各级各类干部，为改善各级领导班子和整个干部队伍的文化、专业知识结构作出了贡献。各类成人高等、中等专业教育培养了一大批专门人才，在一定程度上满足了许多企业事业单位对专门人才的需求。我国成人教育进入了蓬勃发展的时期。

但是，必须看到，我国成人教育的基础仍然是薄弱的，很不适应社会主义现代化建设的需要。一些地方和部门的领导同志对改革、开放和两个文明建设向成人教育提出的巨大需求估计不足，缺乏预见，成人教育的重要地位和作用，还没有引起全社会的足够重视，轻视成人教育的思想仍然存在。成人教育工作中不同程度地存在着办学与社会需要脱节，学习与实际应用脱节的问题；教育思想、教育内容和教学方法不尽符合成人教育的要求和特点。现行政策规定的某些方面，不利于成人教育多样化发展，加之一些地区办学思想不够端正，出现了盲目追求文凭和高层次学历的现象。在成人教育的管理体制上，政出多门，为基层服务不够，缺乏有力的宏观指导和管理，致使各方面办学的积极性还没有得到充分的发挥和正确的引导。要从根本上改变成人教育与社会主义现代化建设不相适应的状况，必须在提高认识的基础上，坚持一要改革二要发展的方针，使成人教育适应社会发展的需要。成人教育要从我国的国情出发，坚持直接有效地为社会主义建设服务的方向，把全面提高劳动者的素质作为根本目的，贯彻学习与工作、生产的实际需要结合，讲求实效的原则。要按照成人学习的特点，采取多种办学形式和灵活多样的教学方法，不断提高教育质量。在加强宏观管理的同时，要充分发挥各方面兴办成人教育的积极性，使成人教育事业更加健康地向前发展。

二、把开展岗位培训作为成人教育的重点

把提高从业人员本岗位需要的工作能力和生产技能作为重点，广泛地开展岗位培训，这是成人教育的一项重大改革，也是提高劳动生产率和工作效率的重要手段。要逐步做到各类从业人员走上岗位以前，都按照岗位规范的要求进行培训；走上岗位以后和转换岗位时，还要根据生产和工作中提出的新要求，经常地培训提高。岗位培训要区分不同情况提出不同要求，有计划、有步骤地展开。主要岗位的培训必须逐步规范化、制度化。

要对各级各类干部，特别是县以上领导干部进行马克思主义理论、党的路线和方针政策、现代管理理论和方法以及必备专业知识的岗位培训。在工人中，要着重抓好班组长、生产骨干、业务骨干和关键岗位人员的培训。技术工人要按岗位要求开展技术等级培训；积极开展高级技术工人、技师的系统培训和传统工艺技术的传授。农村成人教育应从农村的实际出发，适应农村经济向专业化、商品化、现代化转变的需要和农民致富的愿望，对不同地区、不同行业、不同对象分别提出不同的培训要求。对农村基层干部、专业技术人员、乡镇企业职工，要有计划地开展岗位培训；对青壮年农民要根据产业结构调整的需要进行周期短、见效快的实用技术培训，并同科学实验、推广技术结合起来。要把初、高中毕业的在乡知识青年作为培训重点。

制定岗位规范，是开展岗位培训的前提和基础，也是劳动人事制度逐步科学化的一项重要内容。岗位规范一般应包括政治思想和职业道德、文化程度、专业知识、实际技能和工作经历等方面的要求。这项工作应组织各方面的专家和有丰富实践经验的人员进行科学论证，采取上下结合的方式，有步骤有重点地进行。

开展岗位培训，应当以行业为主，有关部门要明确分工，通力协作。中央和地方各业务主管部门要组织制订本行业、本地区指导性的总体规划和主要岗位的规范；制订指导性的培训计划、教学大纲，编写教材，提供各种教学服务，评估培训质量；要按行业分级建立岗位培训的考核机构，发挥工程技术人员、各方面专家和学术团体在考核中的作用。接受岗位培训的人员，经考核合格，由考核机构颁发岗位合格证书。为适应科学技术进步的要求，对某些重要岗位的人员，还应定期复核。

岗位培训方法要灵活多样，在职期间的培训一般应以短期为主、业余为主、自学为主。开展岗位培训要从我国目前的实际可能出发，充分利用现有的教育、科学、文化设施，各部门、各地方和各基层单位要提供必要的条件，并充分发挥其他各种社会力量的作用。

三、改革成人学校教育，提高办学效益和质量

各级各类成人学校要根据生产、工作的实际需要和成人教育的特点进行各项改革，发展不同形式的横向联合，提高质量，增进效益，更好地为社会主义建设服务。

有计划地在成人中开展与普通学校教育相应的学历教育是成人学校的一项基本任务。成人初等、中等文化教育是我国基础教育的组成部分，是进行岗位培训的前提条件，要切实搞好。成人中等专业教育要在保证质量的前提下积极发展，使高级、中级人才的比例逐步趋于合理。成人高等教育以专科教育为主，要在调整、改革、提高质量的基础上有计划地发展。农村中扫除青壮年文盲的任务还很艰巨，必须继续抓紧进行，并要把扫盲与普及初等教育、普及科学技术知识结合起来。

成人高等和中等专业学校要突破单一的培养规格，对学员实行三种证书制度。一种是达到国家对高等学校本科、专科和中等专业学校学历规格要求的毕业证书；一种是达到相应学历层次单科知识水平的单科及格证书；一种是达到岗位必需的专业文化知识水平，在本行业从事所学专业工作范围内适用的专业证书。专业证书制度要随着岗位培训的开展，经过试点，逐步实施。

成人学校要发挥多种功能。成人高等学校和中等专业学校既要办学历教育，又要办非学历教育，还可以承担函授和广播电视教育的教学辅导，有条件的还可以根据用人单位招工和录用干部的需要，招收应届高中、初中毕业生进行定向培养。职工大学、职工业余大学、管理干部学院应当利用自己同企业、行业关系紧密的有利条件，结合需要，举办高等职业技术教育，为企业事业单位培养生产、经营管理方面的专业技术人才。广播电视大学和广播电视中等专业学校覆盖面大，教学手段先进，要发挥开放性的优势，在进一步办好本科、专科、中专等学历教育的同时，积极地为岗

位培训、继续教育等提供教学服务。普通高等学校要大力发展函授、夜大学。要完善和发展高等和中等专业教育自学考试制度，充实自学考试机构，逐步扩大开考专业的范围，按照社会需要调节应考者报考专业的比例。对社会力量举办的学校要加强指导和监督。职工学校要按照企业事业单位的实际需要，灵活办学。

要加强成人学校与普通学校之间，各类成人学校之间的横向联系和协作，发展多种形式的联合办学。一般以地区联合为主，也可以按系统联合。在能保证质量的各类成人高等、中等专业教育形式之间，要积极创造条件，逐步实现同一层次、同一专业的教学计划、教学内容互相沟通，学员在转学时学科成绩应相互承认。农村成人学校与农村的普通学校、职业学校应当互相沟通，也可以采取不同形式联合举办各种技术培训或文化班。

成人学校必须贯彻理论与实践相结合的原则，根据成人学习的规律改革教学内容和教学方法，加强实践性教学环节。要根据具体条件，分别实行学年制、学分制等多种教学制度。要加强教材建设。教材要适合成人特点，注意针对性和实用性，便于成人自学。

应当鼓励和支持社会力量办学。社会力量主要应举办社会需要的各种辅导班、进修班和职业技术培训班。凡举办国家承认其毕业证书的高等和中等专业学校，必须符合国家的有关规定，并经教育部门审查批准；未经批准的学校，学生要取得国家承认的大学、中专毕业证书，应按国家关于自学考试的有关规定办理。对办学质量低劣，以办学为名，牟取私利的学校，要进行整顿，直至取缔。

四、积极开展大学后继续教育和专业培训、实践培训

大学后继续教育，对于提高专业技术人员、管理人员素质，提高我国新技术、高技术发展水平和现代化管理水平，具有极其重要的作用。

大学后继续教育的任务主要是，对具有大学专科以上学历和中级以上职称的专业技术人员和管理人员经常地进行扩展知识、提高技能的教育，以保持他们知识结构的先进性，提高他们的综合技术能力和科学管理水平，帮助他们消化、吸收先进科学技术、现代管理知识和科学技术的新成果。大学后继续教育的内容应根据不同层次人员的知识基础和实际需要，注重实用性、针对性和先进性。继续教育的方式应当灵活多样。

对新毕业的大学生要根据工作岗位的需要，进行专业培训、实践培

训，扩展、补充所需的知识，打好专业技术工作的实践基础，以加快人才的成长。专业培训、实践培训和继续教育是与研究生教育相并行的、培养高级专门人才的一条基本途径。为此，应制定相应的政策和制度。

有条件的高等学校要把开展继续教育作为一项重要任务，并对新毕业大学生的专业培训、实践培训进行指导。科研机构、大型企业事业单位和学术团体等也要开展继续教育工作。各地区、各部门要认真总结经验，提出开展继续教育的具体任务、目标和重点，国家有关部门要建立和逐步完善继续教育制度。

五、制定相应的政策措施，充分调动地方和企业事业单位举办成人教育的积极性

改革和发展成人教育，需要制定和实行相应的政策措施，调动各地区、各部门、各基层单位和社会力量办学的积极性，激发广大从业人员学习的积极性，并把这些积极性引导到正确的方向。

为了增强企业事业单位举办成人教育的动力和活力，要给它们以更大的自主权。企业事业单位根据自身发展的需要，按照上级主管部门制订的指导性计划和岗位规范要求，有权确定教育培训规划、任务，制定本单位实行的岗位规范；按照国家政策和有关法规，有权制定人员培训、考核、使用和奖惩等具体规定和办法。同时，要把发展成人教育的任务列入企业厂长（经理）和机关事业单位以及县、乡（镇）行政负责人的任期目标，作为考核的重要内容。对岗位培训工作成效显著、职工队伍素质优良的企业，在确定技术引进、技术改造项目和发放贷款时应给予优先考虑。

为了推动和鼓励广大从业人员努力学习，不断提高自己的素质，要制定和改革相应的劳动人事制度和政策。要逐步建立在职人员考核制度。凡取得岗位合格证书的，表明已具备任职或继续任职的资格。今后，要首先在关键岗位实行必须取得考核合格证书才能走上工作岗位的制度。科技、管理人员通过继续教育达到中级、高级专门职务水平的，应确认其相应的职务资格。为鼓励工人安心岗位，精益求精地做好工作，应在工人中定期进行各种技术等级考核，合格者发给相应的技术等级证书。受过专业技术教育的农民，经过考核合格者，发给农民技术员、农民技师等资格证书，在发放贷款、提供良种和推广先进技术等方面给予优先安排。

为适应成人教育广泛发展的需要，中央、地方政府和有关部门都要积极创造条件，继续改进和加强卫星广播电视教育，运用它的先进技术手段

和开放教育的特点，为岗位培训、成人文化专业教育、大学后继续教育以及社会文化和生活的教育提供质量较高的教育节目和声像教材。

发展成人教育，是一种周期短、见效快的智力开发，需要一定的经费和投资。从今年起，在国家预算收支科目中增列成人教育科目。地方财政在安排教育经费时，应把成人教育所需经费列入预算，并随着经济发展和财政经常性收入的增长而增长。企业职工教育经费除按规定的比例支付外，不足部分，属于企业开发新技术、研究新产品的技术培训费用，可直接在成本中列支，属于其他的职工培训费用，应在企业利润留成、包干结余和税后留利中开支；为技术开发、技术引进、技术改造项目或某个产品创优服务的培训费用（包括出国培训费用），可在项目中开支。企业职工教育经费由企业教育机构掌握使用，财务机构监督，当年用不完的允许结转。

对无力单独举办职工教育的小型企业和开展职工教育很不得力的企业，业务主管部门可按隶属关系集中办学，所需经费由这些企业从职工教育经费中支付。今后城市区域建设和新建企业，都要同时规划成人教育基础设施，并列入基本建设投资项目。各部门、各地区应重点建设几个条件较好、水平较高的成人教育骨干基地。

农民教育中有关扫盲、师资培训、教材编写、经验交流和表彰奖励等方面的费用，由各级教育部门在教育经费中列支。县属各类农民中等专业学校、农民技术学校的经费，由县人民政府根据财力统筹安排，有关部门仍应给予一定补助。乡（镇）农民文化技术学校的费用，由办学单位从农村教育事业费附加中提取一定的比例和采用集体自筹、收取学费、勤工俭学等办法解决。

加强成人教育的师资队伍建设。成人教育的师资队伍应以专职教师为骨干，专职与兼职相结合。要从社会的各个方面动员和争取更多热爱成人教育的同志参与成人教育的工作。有条件的科技人员和管理人员，可以定期同专职教师轮换。国家每年分配一定数量的大学、中专毕业生充实成人学校的教师队伍。普通高等学校要按国家每年下达的计划指标，为成人学校定向培养一定数量的师资。对成人学校教师应进行教育学等方面的业务培训。成人学校教师应有机会到学术水平较高的学校进修。

要办好成人教育学院并通过广播电视、函授等多种教育形式提高在职教师的业务水平。致力于成人教育的教师，应与普通学校教师一样受到全社会的尊重。成人学校的专职教师在职务聘任、晋级、调升工资、分配住房、奖励和生活福利等方面，应与普通学校教师的待遇相同；企业职工教育专职教师也可以与企业科室技术人员的待遇相同；乡（镇）成人教育专职干部应与农村普通中学或中心小学校长的待遇相同。对兼职教师，要给予合理的报酬。要建立奖励制度，对成绩显著的单位和个人进行表彰。

六、加强宏观管理，积极为基层服务

成人教育是涉及全社会的事业，范围广大，门类繁多，形式多样，必须充分发挥各地区、各部门和社会各方面力量的积极性，实行多渠道办学。这就要求成人教育的管理体制与普通学校教育有所不同。要把发展成人教育的责任和权力交给地方和基层单位，给予充分的主动权。要让地方和基层单位能够从各自的实际情况出发，实事求是地制定规划，确定目标任务和实施步骤。中央各部门要加强宏观指导和必要的监督检查，克服政出多门、行政干预过多的弊端，积极扎实地为基层服务。

在国务院领导下，由国家教育委员会负责并会同有关部门制定成人教育工作的方针政策和法规，协调国务院各部委有关成人教育的工作，掌管国家认定的各类学历规格标准，审批成人高等学校的设置。国务院各部委负责管理各自职能范围内的成人教育工作，制定培训要求，搞好编写教材、培训师资、交流经验、提供信息等各项服务。

省、自治区、直辖市人民政府对本地区成人教育要加强领导，健全和充实成人教育的管理机构，协调各有关方面的工作，做好宏观管理。要健全和充实省以下各级成人教育管理机构，切实加强对成人教育的具体指导和管理。县人民政府应当对本县的基础教育、职业技术教育和成人教育统筹兼顾，充分发挥各方面的积极作用。教育部门的农村成人教育机构和专职人员要相应地健全和充实。

工会组织要积极参与职工教育的有关管理工作，维护职工的学习权利和相应的待遇，办好工会系统的职工学校。共青团、妇联和科协等学术团体，都要在自己的职能范围内，继续积极做好成人教育工作。要发挥各民主党派、社会组织、集体经济单位和知识分子、离退休干部的积极性，按照党和政府的方针政策，为发展我国成人教育事业贡献力量。

扫除文盲工作条例

（1988年2月5日）

1988年2月5日国务院发布

根据1993年8月1日国务院关于修改《扫除文盲工作条例》决定修正

第一条 为了提高中华民族的文化素质，促进社会主义物质文明和精神文明建设，根据《中华人民共和国宪法》的有关规定，制定本条例。

第二条 凡年满15周岁以上的文盲、半文盲公民，除丧失学习能力的以外，不分性别、民族、种族，均有接受扫除文盲教育的权利和义务。

对丧失学习能力者的鉴定，由县级人民政府教育行政部门组织进行。

第三条 地方各级人民政府应当加强对扫除文盲工作的领导，制定本地区的规划和措施，组织有关方面分工协作，具体实施，并按规划的要求完成扫除文盲任务。地方各级教育行政部门应当加强对扫除文盲工作的具体管理。

城乡基层单位的扫除文盲工作，在当地人民政府的领导下，由单位行政领导负责。

村民委员会、居民委员会应当积极协助组织扫除文盲工作。

第四条 扫除文盲与普及初等义务教育应当统筹规划，同步实施。已经实现基本普及初等义务教育，尚未完成扫除文盲任务的地方，应在五年以内实现基本扫除文盲的目标。

第五条 扫除文盲教育应当讲求实效，把学习文化同学习科学技术知识结合起来，在农村把学习文化同学习农业科学技术知识结合起来。

扫除文盲教育的形式应当因地制宜，灵活多样。

扫除文盲教育的教材，由省、自治区、直辖市教育行政部门审定。

第六条 扫除文盲教学应当使用全国通用的普通话。在少数民族地区可以使用本民族语言文字教学，也可以使用当地各民族通用的语言文字教学。

第七条 个人脱盲的标准是：农民识1 500个汉字，企业和事业单位职工、城镇居民识2 000个汉字；能够看懂浅显通俗的报刊、文章，能够记简单的账目，能够书写简单的应用文。

用当地民族语言文字扫盲的地方，脱盲标准由省、自治区人民政府根据前款规定制定。

基本扫除文盲单位的标准是：其下属的每个单位 1949 年 10 月 1 日以后出生的年满 15 周岁以上人口中的非文盲人数，除丧失学习能力的以外，在农村达到 95%以上，在城镇达到 98%以上；复盲率低于 5%。

基本扫除文盲的单位应当普及初等义务教育。

第八条　扫除文盲实行验收制度。扫除文盲的学员由所在乡（镇）人民政府、城市街道办事处或同级企业、事业单位组织考核。对达到脱盲标准的，发给“脱盲证书”。

基本扫除文盲的市、县（区），由省、自治区、直辖市人民政府验收；乡（镇）、城市的街道，由上一级人民政府验收；企业、事业单位，由所在地人民政府验收。对符合标准的，发给“基本扫除文盲单位证书”。

第九条　地方各级人民政府应当制定措施，督促基本扫除文盲的单位制订规划，继续扫除剩余文盲。在农村，应当积极办好乡（镇）、村文化技术学校，采取农科教相结合等多种形式巩固扫盲成果。

第十条　扫除文盲教师由乡（镇）、街道、村和企业、事业单位聘用，并给予相应报酬。

当地普通学校、文化馆（站）等有关方面均应积极承担扫除文盲的教学工作。

鼓励社会上一切有扫除文盲教育能力的人员参与扫除文盲教学活动。

第十一条　地方各级人民政府应当在教育事业编制中，充实县、乡（镇）成人教育专职工作人员，加强对农村扫除文盲工作的管理。

第十二条　扫除文盲教育所需经费采取多渠道办法解决。除下列各项外，由地方各级人民政府给予必要的补助：

（一）由乡（镇）人民政府、街道办事处组织村民委员会或有关单位自筹；

（二）企业、事业单位的扫除文盲经费，在职工教育经费中列支；

（三）农村征收的教育事业费附加，应当安排一部分用于农村扫除文盲教育。

各级教育行政部门在扫除文盲工作中，培训专职工作人员和教师，编写教材和读物，开展教研活动，以及交流经验和奖励先进等所需费用，在教育事业费中列支。

鼓励社会力量和个人自愿资助扫除文盲教育。

第十三条　扫除文盲工作实行行政领导责任制。扫盲任务应当列为县、乡（镇）、城市街道和企业、事业单位行政负责人的职责，作为考核工作成绩的一项重要内容。

对未按规定完成扫除文盲任务的单位，由地方各级人民政府处理。

地方各级人民政府应定期向上一级人民政府报告扫除文盲工作的情况，接受检查、监督。

第十四条　国家教育委员会定期对在扫除文盲工作中做出突出贡献的单位或个人颁发“扫盲奖”。地方各级人民政府也应当对在扫除文盲工作中成绩显著的单位或个人予以表彰、奖励。

对在规定限期内具备学习条件而不参加扫除文盲学习的适龄文盲、半文盲公民，当地人民政府应当进行批评教育，并采取切实有效的措施组织入学，使其达到脱盲标准。

第十五条　省、自治区、直辖市人民政府可以根据本条例，结合本地实际情况，制定实施办法。

第十六条　本条例由国家教育委员会负责解释。

第十七条　本条例自发布之日起施行。

高等教育自学考试暂行条例

（1988年3月3日）

国发〔1988〕15号

第一章　总　　则

第一条　为建立高等教育自学考试制度，完善高等教育体系，根据宪法第十九条“鼓励自学成才”的规定，制定本条例。

第二条　本条例所称高等教育自学考试，是对自学者进行以学历考试为主的高等教育国家考试，是个人自学、社会助学和国家考试相结合的高等教育形式。

高等教育自学考试的任务，是通过国家考试促进广泛的个人自学和社会助学活动，推进在职专业教育和大学后继续教育，造就和选拔德才兼备的专门人才，提高全民族的思想道德、科学文化素质，适应社会主义现代化建设的需要。

第三条 中华人民共和国公民，不受性别、年龄、民族、种族和已受教育程度的限制，均可依照本条例的规定参加高等教育自学考试。

第四条 高等教育自学考试，应以教育为社会主义建设服务为根本方向，讲求社会效益，保证人才质量。根据经济建设和社会发展的需要，人才需求的科学预测和开考条件的实际可能，设置考试专业。

第五条 高等教育自学考试的专科（基础科）、本科等学历层次，与普通高等学校的学历层次水平的要求应相一致。

第二章 考试机构

第六条 全国高等教育自学考试指导委员会（以下简称“全国考委”）在国家教育委员会领导下，负责全国高等教育自学考试工作。

全国考委由国务院教育、计划、财政、劳动人事部门的负责人，军队和有关人民团体的负责人，以及部分高等学校的校（院）长、专家、学者组成。

全国考委的职责是：

（一）根据国家的教育方针和有关政策、法规，制定高等教育自学考试的具体政策和业务规范；

（二）指导和协调各省、自治区、直辖市的高等教育自学考试工作；

（三）制定高等教育自学考试开考专业的规划，审批或委托有关省、自治区、直辖市的高等教育自学考试机构审批开考专业；

（四）制定和审定高等教育自学考试专业考试计划、课程自学考试大纲；

（五）根据本条例，对高等教育自学考试的有效性进行审查；

（六）组织高等教育自学考试的研究工作。

国家教育委员会设立高等教育自学考试工作管理机构，该机构同时作为全国考委的日常办事机构。

第七条 全国考委根据工作需要设立若干专业委员会，负责拟订专业考试计划和课程自学考试大纲，组织编写和推荐适合自学的高等教育教材，对本专业考试工作进行业务指导和质量评估。

第八条　省、自治区、直辖市高等教育自学考试委员会（以下简称“省考委”）在省、自治区、直辖市人民政府领导和全国考委指导下进行工作。省考委的组成，参照全国考委的组成确定。

省考委的职责是：

（一）贯彻执行高等教育自学考试的方针、政策、法规和业务规范；

（二）在全国考委关于开考专业的规划和原则的指导下，结合本地实际拟定开考专业，指定主考学校；

（三）组织本地区开考专业的考试工作；

（四）负责本地区应考者的考籍管理，颁发单科合格证书和毕业证书；

（五）指导本地区的社会助学活动；

（六）根据国家教育委员会的委托，对已经批准建校招生的成人高等学校的教学质量，通过考试的方法进行检查。

省、自治区、直辖市教育行政部门设立高等教育自学考试工作管理机构，该机构同时作为省考委的日常办事机构。

第九条　省、自治区人民政府的派出机关所辖地区（以下简称“地区”）、市、直辖市的市辖区高等教育自学考试工作委员会（以下简称“地市考委”）在地区行署或市（区）人民政府领导和省考委的指导下进行工作。

地市考委的职责是：

（一）负责本地区高等教育自学考试的组织工作；

（二）指导本地区的社会助学活动；

（三）负责组织本地区高等教育自学考试毕业人员的思想品德鉴定工作。

地市考委的日常工作由当地教育行政部门负责。

第十条　主考学校由省考委遴选专业师资力量较强的全日制普通高等学校担任。主考学校在高等教育自学考试工作上接受省考委的领导，参与命题和评卷，负责有关实践性学习环节的考核，在毕业证书上副署，办理省考委交办的其他有关工作。

主考学校应设立高等教育自学考试办事机构，根据任务配备专职工作人员，所需编制列入学校总编制数内，由学校主管部门解决。

第三章　开考专业

第十一条　高等教育自学考试开考新专业，由省考委组织有关部门和专家进行论证，并提出申请，报全国考委审批。

第十二条　可以实行省际协作开考新专业。

第十三条　开考新专业必须具备下列条件：

（一）有健全的工作机构，必要的专职人员和经费；

（二）有符合本条例第十条规定的主考学校；

（三）有专业考试计划；

（四）有保证实践性环节考核的必要条件。

第十四条　开考承认学历的新专业，一般应在普通高等学校已有专业目录中选择确定。

第十五条　国务院各部委、各直属机构和军队系统要求开考本系统所需专业的，可以委托省考委组织办理，或由全国考委协调办理。

第十六条　全国考委每年一次集中进行专业审批。省考委应于每年6月底前将申报材料报送全国考委，逾期者延至下一年度重新申报办理。审批结果由全国考委于当年第三季度内下达。凡批准开考的专业均可于次年接受报考，并于首次开考前半年向社会公布开考专业名称和专业考试计划。

第四章　考试办法

第十七条　高等教育自学考试的命题由全国考委统筹安排，分别采取全国统一命题、区域命题、省级命题三种办法。逐步建立题库，实现必要的命题标准化。

试题（包括副题）及参考答案，评分标准启用前属绝密材料。

第十八条　各专业考试计划的安排，专科（基础科）一般为三至四年，本科一般为四至五年。

第十九条　按照专业考试计划的要求，每门课程进行一次性考试。课程考试合格者，发给单科合格证书，并按规定计算学分。不及格者，可参加下一次该门课程的考试。

第二十条　报考人员可在本地区的开考专业范围内，自愿选择考试专业，但根据专业要求对报考对象作职业上必要限制的专业除外。

提倡在职人员按照学用一致的原则选择考试专业。

各级各类全日制学校的在校生不得报考。

第二十一条　报考人员应按本地区的有关规定，到省考委或地市考委指定的单位办理报名手续。

第二十二条 已经取得高等学校研究生、本科生或专科生学历的人员参加高等教育自学考试的，可以按照有关规定免考部分课程。

第二十三条 高等教育自学考试以地区、市、直辖市的市辖区为单位设考场。有条件的，地市考委经省考委批准可在县设考场，由地市考委直接领导。

第五章 考籍管理

第二十四条 高等教育自学考试应考者取得一门课程的单科合格证书后，省考委即应为其建立考籍管理档案。

应考者因户口迁移或工作变动需要转地区或转专业参加考试的，按考籍管理办法办理有关手续。

第二十五条 高等教育自学考试应考者符合下列规定，可以取得毕业证书：

（一）考完专业考试计划规定的全部课程，并取得合格成绩；

（二）完成规定的毕业论文（设计）或其他教学实践任务；

（三）思想品德鉴定合格。

获得专科（基础科）或本科毕业证书者，国家承认其学历。

第二十六条 符合相应学位条件的高等教育自学考试本科毕业人员，由有学位授予权的主考学校依照《中华人民共和国学位条例》规定，授予相应的学位。

第二十七条 高等教育自学考试应考者毕业时间，为每年的6月和12月。

第六章 社会助学

第二十八条 国家鼓励企业、事业单位和其他社会力量，根据高等教育自学考试的专业考试计划和课程自学考试大纲的要求，通过电视、广播、函授、面授等多种形式开展助学活动。

第二十九条 各种形式的社会助学活动，应当接受高等教育自学考试机构的指导和教育行政部门的管理。

第三十条 高等教育自学考试辅导材料的出版、发行，应遵守国家的有关规定。

第七章　毕业人员的使用与待遇

第三十一条　高等教育自学考试专科（基础科）或本科毕业证书获得者，在职人员由所在单位或其上级主管部门本着用其所学、发挥所长的原则，根据工作需要，调整他们的工作；非在职人员（包括农民）由省、自治区、直辖市劳动人事部门根据需要，在编制和增人指标范围内有计划地择优录用或聘用。

第三十二条　高等教育自学考试毕业证书获得者的工资待遇：非在职人员录用后，与普通高等学校同类毕业生相同；在职人员的工资待遇低于普通高等学校同类毕业生的，从获得毕业证书之日起，按普通高等学校同类毕业生工资标准执行。

第八章　考试经费

第三十三条　县以上各级所需高等教育自学考试经费，按照现行财政管理体制，在教育事业费中列支。地方各级人民政府应妥善安排，予以保证。

第三十四条　各业务部门和军队系统要求开考本部门、本系统所需要专业的，须向高等教育自学考试机构提供考试补助费。

第三十五条　高等教育自学考试所收缴的报名费，应用于高等教育自学考试工作，不得挪作他用。

第九章　奖励和处罚

第三十六条　有下列情形之一的个人或单位，可由全国考委或省考委给予奖励：

（一）参加高等教育自学考试成绩特别优异或事迹突出的；

（二）从事高等教育自学考试工作，作出重大贡献的；

（三）从事高等教育自学考试的社会助学工作，取得显著成绩的。

第三十七条　高等教育自学考试应考者在考试中有夹带、传递、抄袭、换卷、代考等舞弊行为以及其他违反考试规则的行为，省考委视情节轻重，分别给予警告、取消考试成绩、停考一至三年的处罚。

第三十八条　高等教育自学考试工作人员和考试组织工作参与人员有下列行为之一的，省考委或其所在单位取消其考试工作人员资格或给予行政处分：

（一）涂改应考者试卷，考试分数及其他考籍档案材料的；

（二）在应考者证明材料中弄虚作假的；

（三）纵容他人实施本条（一）、（二）项舞弊行为的。

第三十九条 有下列破坏高等教育自学考试工作行为之一的个人，由公安机关或司法机关依法追究法律责任：

（一）盗窃或泄露试题及其他有关保密材料的；

（二）扰乱考场秩序不听劝阻的；

（三）利用职权徇私舞弊，情节严重的。

第十章 附 则

第四十条 国家教育委员会根据本条例制定实施细则。

省、自治区、直辖市人民政府可以根据本条例和国家教育委员会的实施细则，制定具体实施办法。

第四十一条 本条例由国家教育委员会负责解释。

第四十二条 本条例自发布之日起施行。

1981年1月13日《国务院批转教育部关于高等教育自学考试试行办法的报告》和1983年5月3日《国务院批转教育部等部门关于成立全国高等教育自学考试指导委员会的请示的通知》同时废止。

国家教委、劳动部、人事部、国家经济体制改革委员会、全国总工会关于开展岗位培训若干问题的意见

（1989年12月27日）

〔1989〕教成字013号

国务院批转《国家教育委员会关于改革和发展成人教育的决定》以来，不少地方和部门把开展岗位培训，提高从业人员素质作为成人教育的

重点，提高了认识，加强了领导，制定了一些文件，许多地方、部门，特别是一批大中型企业和单位积极进行了岗位培训的试点工作，积累了不少好的经验，并取得了较为明显的效果。岗位培训的理论研究工作也十分活跃，对开展岗位培训起到了一定的推动作用。目前一个多形式、多层次的岗位培训正在各地区、各部门逐步展开。成人教育正向着以岗位培训为重点的方向发展。为了不断推进和完善岗位培训工作，使之积极、健康、有效地发展，现就有关问题，提出以下意见。

一、开展岗位培训工作的指导思想、目的要求

岗位培训是对从业人员按岗位需要在一定政治、文化基础上进行的以提高政治思想水平、工作能力和生产技能为目标的定向培训。它主要包括岗位规范要求取得上岗（在岗）、转岗、晋升等资格的培训和根据本岗位生产（工作）发展需要而进行的各种适应性培训。

岗位培训要重视马克思主义、毛泽东思想的教育，要把“一个中心，两个基本点”和艰苦创业精神作为培训教育的基本指导思想，坚持为两个文明建设服务的方向。

岗位培训工作应该从实际出发，面向生产、工作，强调针对性、实用性，注重实效。要贯彻学用结合、按需施教、干什么学什么、缺什么补什么的原则。要注重能力培养，加强行为规范或职业道德教育。

岗位培训要区分不同情况，提出不同要求，要突出重点，有计划、有步骤地展开。当前应围绕管理现代化和科技进步、设备更新、提高质量、提高经济效益和社会效益的需要，强化各种应急、专项等适应性培训，作为生产（工作）的重要组成部分和岗位培训的经常性任务，切实抓好。有条件的地区、部门和企事业单位要积极稳妥进行资格培训的试点。通过试点总结经验，逐步展开。主要岗位的培训必须逐步规范化、制度化。

二、岗位培训的实施

1. 适应本岗位工作需要的政治理论和职业道德、专业知识、实际技能，是培训的内容。要处理好政治与业务的关系、知识与技能的关系。工人技术等级培训应按岗位实际需要进行。

文化程度未达到岗位规范规定起点要求的人员，应先学习相应的文化知识。为提高培训效益，应注意避免重复培训。

2. 中央和地方各业务主管部门负责制定指导性的培训计划、教学大纲，组织编写教材或讲义，为基层提供教学服务。

要充分利用现有的教育、文化、科学设施。各级各类成人学校要发挥多功能作用，积极承担岗位培训的任务。

要加强教师在专业、技术和实际能力等方面的培训提高，改进教学方法，适应岗位培训的需要。

岗位培训应分级进行。培训单位应具备相应的条件。

3. 企事业单位和地（市）、县（市）级国家行政机关根据本地区、本单位的实际需要和上级指导性的意见，可制定本地区、本单位岗位规范，确定培训对象、形式、内容和方法，制订教学计划、大纲，编选教材。

三、岗位培训的考核与发证

建立岗位培训的考核与发证制度是保证培训质量的重要环节。要按行业分级建立、健全考核机构。各级考核机构应有权威性，要经过相应的有关主管部门的审批。要充分发挥专业技术人员、各方面专家和学术团体等在考核中的作用。

国家行政机关干部、列入专业技术职务序列的人员、国家规定的必须持证上岗的特种作业人员等分别按国家有关规定由主管部门组织考核或授权进行考核。

工人岗位培训的考核与发证，按劳动部有关规定由各级工人技术业务考核委员会进行。

具备条件的单位受主管部门委托和报请同意，可以对某些岗位的培训进行考核。

岗位培训合格证书，是上岗任职的资格证明之一。有关部门对岗位培训合格证书的印制、颁发要有严格明确的规定。接受岗位培训的人员经考核合格者，可由培训、考核机构颁发岗位培训合格证或专项培训结业证，证明其受过何种培训。证书在有关部门规定的范围内有效。

各地区、各部门和企事业单位可根据国家或上级主管部门的有关规定，在各自的职权范围内制定本地区、本部门、本单位人员培训、考核等具体规定或办法。

四、岗位培训的宏观管理和分工

国务院有关部门对岗位培训主要是进行宏观管理，在各自职责范围内负责提出政策措施。

国家教委负责指导和推动开展岗位培训；会同有关部门制定岗位培训的工作方针、政策和法规；汇总全国岗位培训工作情况和信息经验交流等服务工作。

国家体改委、劳动部、人事部分别负责制定企业管理干部、工人、国家行政机关干部和专业技术人员岗位培训规划、指导性文件以及制定培训、考核、使用相结合的政策等。

国务院各业务主管部门负责本系统岗位培训的实施、管理。

工会要积极参与岗位培训的管理工作，搞好调查研究，发挥监督作用，负责组织发动、评比表彰等群众性工作。

省及省以下各级教育、劳动、人事、企业主管等部门和工会在地方人民政府领导下，按照党和政府确定的职责范围，可从各地实际情况出发，参照上述国务院各部门和工会的职能分工的精神进行协商，分别负责具体实施。

五、健全和完善相应的政策措施

1. 要把开展岗位培训，提高从业人员素质的责任与机关、企事业单位负责人（企业承包人）的任期目标等结合起来，作为考核的重要内容之一。

2. 要逐步建立、健全在职人员培训、考核制度。要在今后几年内，逐步实行必须取得考核合格证书才能上岗的制度。国务院业务（行业）主管部门应根据本部门（行业）人员的实际情况，对需要持证上岗的岗位分步骤提出实行持证上岗制度的具体要求。

岗位培训的考核成绩应列入本人档案，作为上岗（在岗）、转岗、晋升的依据之一。

3. 岗位培训制度的建立应与建立完善以德才兼备、实际能力为基础的用人政策和以实际贡献为基础的分配政策相结合。对需要持证上岗人员实行未经培训考试合格，不得上岗、晋升的制度。

4. 基层用人单位可根据国家有关规定，在各自的职权范围内，制定本单位人员培训、考核、使用和奖惩等具体规定和办法，并报主管部门备案。

各地区、各部门（行业）可参照本《意见》，结合实际情况制定具体的实施意见和办法。

国家教委关于印发《全国农村教育综合改革实验区工作指导纲要（试行）》的通知

（1990年7月9日）

教燎〔1990〕002号

为了指导和推进农村教育改革，实施燎原计划，使农村教育综合改革实验区的教育改革有所遵循，国家教委在总结各地经验、征求各地意见的基础上，制定了《全国农村教育综合改革实验区工作指导纲要（试行）》。现将其印发各地，希望各地根据《纲要》的精神，结合当地实际，进一步修订规划，落实措施，使农村教育综合改革实验不断深化，健康发展，为全国的农村教育改革、实施燎原计划提供经验，作出示范。

在执行中发现什么问题，有何修改意见，请及时告知我委农村教育综合改革办公室，将结合实践经验，定期修改，逐步完善。

附：　全国农村教育综合改革实验区工作指导纲要（试行）

（1990—2000年）

为了推进农村教育改革，为实施燎原计划提供示范，国家教委于1989年5月决定建立全国农村教育综合改革实验区。现制定本纲要，阐明农村教育综合改革的方针和任务。

一、指导思想与原则

1. 我国人口的80%在农村，农业是我国国民经济的基础。要改变我国农村落后面貌，加速农业现代化进程，根本的出路在于使农村建设真正转到依靠科技进步和提高劳动者素质的轨道上来。实现这一“转轨”的关键是要把农村教育搞好。我国中等及中等以下教育的大头和难点都在农村。各级政府必须把教育放在优先发展的战略地位，高度重视农村教育，制定配套政策，采取有力措施，调动各方面的力量，积极改革和发展农村教育。

2. 新中国成立后，尤其是党的十一届三中全会以来，我国农村教育有了很大发展。但目前仍存在不少问题，主要表现在教育的战略地位没有落实，学校轻视德育、片面追求升学率的倾向还较突出，教育结构不够合理，教育和当地建设与人民生活的联系不密切。因此，必须通过改革，使农村教育坚持社会主义方向，培养大批农村社会主义事业的建设者，以适应当地经济建设、社会发展和人民改善生活的需要。

3. 农村教育综合改革实验要全面贯彻教育方针，坚持教育必须为社会主义现代化建设服务，教育必须与生产劳动相结合，培养德、智、体、美、劳诸方面都得到发展的社会主义建设者。要把德育放在首位。要端正教育思想，改革管理体制，调整教育结构，改进教育内容和方法；坚持三教（基础教育、职业技术教育、成人教育）统筹，实行农科教统筹结合；逐步建立适应农村社会主义现代化建设需要的教育体制，逐步形成教育与经济和社会发展相互促进、良性循环的机制；提高教育质量和办学效益，使教育在农村社会主义建设中发挥较大作用。

4. 燎原计划来自农村教育改革实践，是综合改革农村教育的社会工程，是农村教育改革的重要组成部分，是推进农村教育改革的重要措施。各实验县应逐乡、逐村地组织实施燎原计划，把实验县建设成实施燎原计划的示范县、农村教育改革的窗口。

5. 实验县要成为认真执行党和国家有关教育的方针、政策和法规的表率。提倡大胆革新，勇于实践，结合当地实际采取某些特殊办法，探索发展农村教育的新路子，使教改实验既有组织、有步骤地进行，又不拘一格，各具特色。在实验过程中，应坚持从实际出发，因地制宜，讲求实效，注意学习和借鉴全国各地以及国外的先进经验。

二、目标和任务

6. 各实验县应按上述思想、原则制订规划，开展实验。鉴于实验县间经济、文化发展水平的差异，分三类提出不同要求，确定具体目标。经济文化基础较好的为一类县，中等水平的为二类县，基础较差的为三类县。实验县类型由省、市、自治区划分。

7. 农村教育首先要端正办学方向，在指导思想上要由升学教育转到主要为当地经济建设和社会发展服务的轨道上来。要因地制宜，努力发挥农村各类学校的社会功能。培养、培训人才是学校的基本任务。但农村学校在培养人的过程中，要结合当地的实际情况和学校的条件，开展社会服务活动，使学校成为传播文化、科技，移风易俗，建设社会主义精神文明的重要阵地。学校还要参与农村生活的变革。

8. 调整教育结构。把普及九年义务教育和发展职业技术教育与成人教育、搞好各类短期技术培训结合起来，逐步建立和完善三教并举、相互沟通、布局合理的农村教育体系。

一、二、三类县应在切实普及初等教育的基础上，争取分别于1992、1995、1997年基本普及九年制义务教育。1995年前，在乡镇政府所在地普及一年的学前教育。积极开展对在乡的不同文化基础的知识青年的实用技术培训，使他们尽快掌握一定的专业技能。到1995年，为每50户农户及乡镇企业的每30名职工各培养一名相当中专、职业高中水平的技术骨干。

9. 要认真贯彻《义务教育法》，切实加强基础教育，有步骤地推进九年制义务教育，努力提高教育质量。要全面提高学生的素质，加强教育同当地生产、生活的联系。普通中小学在学好文化基础课的同时，应在适当阶段、因地制宜地引进职业技术教育因素。要认真按教学大纲的要求，上好劳动课和劳动技术课，中学还可开设职业技术选修课。要积极开展课外科技活动。这些活动和各科教学都应注重联系实际。在经济条件较差的地区，要特别重视小学后的职业技术培训。有的特殊地区，在小学高年级就应重视与当地关系密切的生产技术和生活知识的教育。

实验县要积极开展“五·四”学制（小学五年，初中四年）实验。实行“五·四”制后，各地要因地制宜地在初中四年总学时内安排20%～25%技术教育的内容。

10. 要根据当地经济和社会发展的需求，积极发展职业技术教育。每个实验县首先要办好一所起骨干和示范作用的中等职业技术学校，坚持人才培养、科技试验、技术推广、生产示范和经营服务密切结合，发挥上挂（挂靠高校、科研所等拥有较高技术的单位）、横联（与农业、科技等部门和单位密切配合）、下辐射（向乡、村、农户传播致富信息、推广实用技术）的作用。在农村职业技术教育的发展中，要重视办好直接为农、林、牧业服务的专业，特别是与发展粮、棉、油生产有关的专业。同时也要办好为发展乡镇、县办企业，第三产业服务的各类专业。各类专业的规模要根据当地经济结构决定，不能一刀切，而要坚持从当地实际需要出发，应在地（市）范围内规划面向第二、第三产业和部分农、林、牧类的专业设置。专业教学内容要适当拓宽，以适应农民综合经营、脱贫致富的需要。

农村职业技术教育要增强灵活性、适应性和实用性，办学层次和形式要多样，长短结合，产学结合，校内外结合，发展联合办学。农村的中等职业技术学校招收初中生（及同等学力，适当放宽年龄），学制可二至三年。既可招收应届毕业生，也可招收已从业的工人农民。短期培训应按需要更加灵活多样。

11. 积极发展农村成人教育。要重点办好乡镇农民文化技术学校，积极发展村农民技术文化学校或利用现有村小办学。县办的农民中专要充分发挥骨干作用，既可招农民也可招初中应届毕业生。农村成人学校要与普通中小学、职业技术学校互相沟通、配合或联合。有条件的地方可一个实体，两块牌子。要充分发挥农村成人教育在实施燎原计划中的重要作用，积极实施燎原计划并主动配合“星火”、“丰收”计划。成人教育专职干部和教师的编制根据实际情况确定，一般可按当地总人口的万分之1～1.5人配备。同时，积极聘请有关业务部门的技术人员做兼职教师。

农村成人教育要面向发展农村经济、促进农民脱贫致富的需要。要积极开展对农村基层干部、农业技术人员和乡镇企业职工的技术培训和岗位培训。当前要结合科技推广项目，抓好对青壮年农民、特别是在乡初、高中毕业生的短期实用技术培训。

12. 要采取多种形式大力发展“三后”（小学后、初中后、高中后）职业技术教育和培训，如：小学五加一（或六加一），初（高）中三加一。这里所加的一，是指加一段时间的职业技术教育，时间长短要因地因项因人制宜。这类职业技术教育和培训可由普通学校、职业学校与成人学校配合完成。

13. 要坚持不懈地抓好扫盲工作。按照国务院颁布的《扫除文盲工作条例》的要求，搞好规划，明确目标，建立档案，专人负责。建立县、乡政府对扫盲工作的责任制，并以村为单位逐个落实扫盲任务。扫盲工作要坚持“一堵、二扫、三提高”的方针，把学习文化和学习技术结合起来。要动员各类学校的师生，在乡小学、初中、高中毕业生和一切有文化的人参加扫盲。实验县的扫盲工作必须抓紧并坚持高标准，扫除有学习能力的青壮年文盲，加快扫盲步伐。

14. 实验县所有学校要结合实际，认真贯彻《中共中央关于改革和加强中小学德育工作的通知》，贯彻国家教委制定的《中小学德育纲要》和《中小学日常行为规范》，加强思想政治教育，上好思想品德课和思想政治课，开展多种形式的思想教育活动。培养学生的劳动观点、群众观点、阶级分析观点、集体主义观点、实事求是和一分为二观点。建立学校、家庭、社会教育网络，对少年儿童从小就进行爱祖国、爱人民、爱集体、爱劳动、爱科学，尤其是热爱中国共产党、热爱社会主义、艰苦奋斗以及发扬反帝爱国精神和优良革命传统的教育。德育应贯彻到各科教学之中，形成制度。在有条件的地方，提倡统一着装学生服，培养集体主义观念。

15. 各实验县要组织力量编写乡土教材。其内容可包括：乡土地理资源和生产状况、历史文化、革命传统、农村生活、移风易俗、当地人口控制、环境保护、实用技术等。乡土教材主要在小学高年级和初中阶段采用。

16. 要在县、乡政府的领导下，加强农科教的统筹结合，使农、科、教等部门更紧密地配合，在项目、资金、人才、基地、设备等方面统筹安排、协调使用，充分发挥各部门的优势和特点，建立和完善农村生产社会化服务体系和人才培养、技术推广体系，共同促进农业和农村的发展，共同为科技兴农服务。农科教统筹先从乡、村基层抓起，逐步发展。一定要注意实效，发挥各部门积极性，形成合力，提高效益。

17. 要进一步完善"分级办学，分级管理"的办学体制。在充分发挥政府领导、统筹作用的前提下，实验县、乡两级可建立教育委员会，村可成立办学委员会。普通中小学及各类职业技术学校应积极创造条件，逐步推行校长选任负责制、教师定编聘任制和岗位责任制并建立健全教职工大会或职工代表会制度，加强民主管理与监督。

18. 各实验县要重视加强教育科学理论的学习与研究，综合改革必须依靠教育科研的指导。各级教育科研机构和教研单位，要积极参与当地的农村教育改革实验，加强对各项改革的理论指导，推广先进典型和行之有效的教学方法。各实验县要积极探索，作好规划，根据改革的要求确定一批密切结合实际的研究实验项目，动员学校承担研究实验任务，逐年检查落实，争取在三年内都有自己的典型，并在主要学科有试验推广先进教学方法的项目。

三、措施与条件

19. 多渠道筹集教育经费，教改实验所需经费要坚持由地方自筹。实验县应认真执行《中共中央关于教育体制改革的决定》，带头做到教育经费的"两个增长"。并按国家有关规定，多渠道筹措教育经费，使人均教育经费领先于同类地区，各类教育的办学条件都能得到改善。

要坚持发扬艰苦奋斗、勤俭办事业的精神，管好、用好教育经费，努力提高投资效益，杜绝铺张浪费，严禁挪用和挤占现象发生。

20. 加快师资队伍建设。实验县从开始就要抓紧文化课、专业课、劳动技术课等各类师资的培养、培训工作。积极创造条件，鼓励教师通过在职进修提高业务水平。到1995年，小学教师达到中师学历、初中教师达到专科学历、高中教师（职业高中的文化教师）达到本科学历的人应分别占教师总数的80%、60%、50%以上，其余人应达到岗位合格。同时，要认真作好职业技术教育专业课师资的培养、选聘工作；要特别重视技能教师的培养，要就地选聘一些能工巧匠，担任技艺指导，并经过多种形式的培训或实践，使各类教育的文化课师资也能掌握一定的专业技术知识和技能。经济较发达的地区可在充分准备的情况下，逐步提高小学、初中教师的学历资格。

各级政府要采取有效的措施，提高教师的经济待遇和社会地位。要关心民办教师，除按规定标准如数兑现各项补助费外，在晋升职务、评选先进，以及其他福利等方面逐步做到与公办教师一视同仁。社会各方面要努力创造尊师重教的良好环境。教师要教书育人，为人师表。教师的实际收入、住房应逐步提到当地各类行业的中等水平以上。

21. 加强学校的基本建设。1990年实验县要消灭现有危房，以后应及时维修，防止出现新危房。再用五年左右的时间，在校舍、体育运动设施、实验室建设、仪器设备、图书配备等方面达到国家规定的要求。

当地政府要划拨一部分土地、山林、水面给学校作劳动和生产实习基地，小学每班半亩左右，中学每班一亩左右（因土地资源紧缺划拨有困难的，须有固定挂钩的实习基地）。职业中学不仅要有与专业教学要求相适应的、较高经营管理水平的校内生产实习基地，而且要积极发展校外和学生家庭实习基地。学校要加强经营管理，充分利用基地培养学生的劳动观点和动手能力，掌握实际本领，开展科普实验，推广新技术，对当地生产起示范作用。

要积极发展和运用广播、电视等现代化教学手段，传播文化知识和生产技术。实验县应建立卫星电视收转站，乡设置接收站或放像点，形成电教网络。

各类学校都要植树、栽花、种草，积极美化绿化校园，并搞好环境卫生，建成文明学校。

22. 同步改革劳动人事制度。实验县内，国营、集体企事业单位关键岗位的职工，未达到技术工人等级标准的，必须抓紧进行培训。今后，企事业单位招工，必须提前做出计划，认真执行“先培训、后就业”，经过考核择优录用的政策，使劳动者在上岗前就接受一定的政治、文化和技能训练。要逐步推行绿色证书制度。在专业和工种对口的前提下，各单位招工应优先录用各类职业技术学校的毕业生。对回乡从事农业生产的职业技术学校毕业生，特别是获有绿色证书的毕业生，当地政府及财政、供销、科技、金融等部门，要在承包土地、山林、水面，提供贷款、化肥、农药、良种和技术项目等方面给予优惠。

23. 组织高校、中专和科研单位参与实验县的教育改革与经济开发。省、地应指定一些高校、中专和科研单位定点联系、支持实验县。高校和中专应把面向农村作为自身教育改革的一项重要内容，在培养师资和管理、技术人才，引进致富信息和技术，帮助县办企业和乡镇企业提高经济效益，选派科技副县长、副乡长，沟通城乡联系，指导教育改革等方面发挥作用，尤其要积极扶持县办职业中学等农村学校，再通过这些学校向农村推广辐射技术。对于参加实验区工作的教师和技术人员，在评定专业技术职务时，要把他们在实验区工作的表现和实绩作为重要依据。

24. 改革农业和师范教育。农业和师范院校要加强学生的思想教育工作，使他们树立热爱农村、建设农村的思想。要调整教学计划和教学内容，拓宽专业知识面，增加一些农村急需的技术内容，加强实际操作和动手能力的培养。要改革目前的招生、分配制度，对实验县及一些贫困地区实行定向招生、定向分配，解决下不去、留不住的问题。农业院校应主动与所在地区的职业中学挂钩联网。

四、领导与评估

25. 实验县的教育改革，在省（自治区、直辖市）的领导下，由有关地（市）、县负责组织实施。省要选派得力人员下去抓。实验县要把教改实验纳入全县经济、社会发展的整体规划之中，列入政府的主要工作日程。政府各部门相互配合，密切协作，保证教育改革顺利进行。

26. 国家教委成立农村教育综合改革实验领导小组，以加强有关方针、政策上的指导。下设办公室处理日常工作。各省（自治区、直辖市）、地（市）可根据情况，设立相应的领导、办事机构。各实验县要由主要领导同志负责组织教育、计划、农业、科技、财政、劳动人事等部门，组成教改实验领导小组及办事机构。

27. 各级领导首先要提高认识，认真学习党和国家的有关方针、政策，总结当地经济和教育发展的历史经验教训，明确教育改革的方向、任务、目标和重大意义，不断增强教育改革的责任感和自觉性。要有组织、有计划地抓好干部、校长和教师的培训并深入做好群众的宣传教育工作。要特别加强对老革命根据地和少数民族地区教育改革的指导与帮助。

28. 农村教育综合改革实验应坚持总体规划、分期实施、突出重点、先易后难、因地制宜、逐项落实的原则，扎扎实实地、有计划、有步骤地展开。要处理好长远目标与当前起步，点与面，改革与发展，宏观与微观等方面的关系。每个实验县要首先集中力量抓好一批乡、村、校的试点，取得经验后再向面上铺开。在实验过程中提倡互相学习，注意吸收各地先进经验。但是必须坚持从本地实际出发，提倡结合实际大胆创新，决不能简单照搬外地经验。

29. 实验区实行目标责任管理。各县、乡要制定改革规划，明确改革目标，提出改革措施，规定完成的时间。教改实验的实绩要列入有关干部的目标责任制，作为考核、晋升的重要依据。

30. 评估实验县的工作，不仅要考察教育本身的发展，而且要看对经济、计划生育、社会风尚及党的建设等所起的促进作用。评估工作原则上每两年进行一次。通过评估、表彰奖励一批在实施燎原计划，进行教育改革实验中做出突出贡献的单位和个人。奖励办法，另行规定。

人事部关于印发《全国专业技术人员继续教育暂行规定》的通知

（1995 年 11 月 1 日）

人核培发〔1995〕131 号

现将《全国专业技术人员继续教育暂行规定》印发给你们，请结合本地区、本部门的实际情况，认真贯彻执行。

附：全国专业技术人员继续教育暂行规定

第一章　总　　则

第一条　为了推动继续教育事业发展，提高专业技术人员素质，以适应科技、经济、社会协调发展的需要，依据国家《科学技术进步法》、《教育法》和有关规定，制定本规定。

第二条　专业技术人员继续教育（以下简称继续教育）是专业技术队伍建设的重要内容。继续教育以邓小平建设有中国特色社会主义理论为指导，面向现代化、面向世界、面向未来，联系科学技术和生产发展的实际需要，主动、有效地为经济建设中心任务和实施“科教兴国”战略服务。

第三条　继续教育的任务，是使专业技术人员的知识和技能不断得到增新、补充、拓展和提高，完善知识结构，提高创造能力和专业技术水平。

第四条　继续教育对象，是事业、企业单位从事专业技术工作的在职专业技术人员。

第五条　参加和接受继续教育是专业技术人员的权利和义务。

第二章　内容、方式和时间

第六条　继续教育坚持理论联系实际、按需施教、讲求实效的原则，根据学习对象、学习条件、学习内容等具体情况的不同，采用培训班，进修班，研修班，学术讲座，学术会议，业务考察和有计划、有组织、有考核的自学等多种方式组织实施。

第七条　继续教育的内容，根据社会主义市场经济和现代科学技术的发展需要确定。主要结合本职工作，使专业技术人员了解和掌握有关专业技术方面的新理论、新技术、新方法、新信息。

第八条　地区、行业继续教育主管部门，根据具体情况，对高级、中级、初级专业技术人员继续教育的内容和重点，提供指导。

第九条　高、中级专业技术人员每年脱产接受继续教育的时间累计不少于40学时，初级专业技术人员累计不少于32学时。

第十条　继续教育的实施周期与专业技术职务聘任周期一致。一个周期内的学习时间可以集中使用，也可以分散使用。

第三章 基地、师资和经费

第十一条 继续教育的实施主要依靠基层事业、企业单位。继续教育的专门培训机构、高等学校、科研院所是实施继续教育的重要基地。继续教育主管部门要组织和协调各种社会办学力量，充分利用现有的办学设施，充分调动各方面积极性，逐步建立和完善继续教育实施网络。

第十二条 继续教育的教师按照专兼职结合，以兼职为主的原则，由科技、经济、教育和其他领域具有较高水平和丰富实践经验的人员担任，逐步形成梯队。

第十三条 继续教育经费按照国家的有关规定执行。有条件的地方、部门和单位，可以建立继续教育基金。

第十四条 鼓励联合办学，就近、就地、就便办学，注重质量、效益，提高继续教育的自我发展能力。

第四章 组织管理和实施

第十五条 继续教育实行统一规划，分级管理。国家对重点产业、重点领域和老少边穷地区的继续教育采取扶植政策。

第十六条 人事部负责全国继续教育的宏观管理，制定规划、法规，组织示范活动，进行协调和政策指导。

第十七条 各省、自治区、直辖市和国务院有关部委、直属机构的继续教育主管部门负责本地区、本系统的继续教育规划、计划、管理和实施。

第十八条 社会团体、学术组织在继续教育行政主管部门的指导下，开展继续教育活动，融通信息，提供咨询，促进横向联合，沟通国际交流。

第十九条 高等学校、科研院所在做好本单位继续教育工作的同时，积极面向社会，提供继续教育服务。

第二十条 企业将继续教育纳入发展规划，面向市场，根据需求，自主组织继续教育活动。

第二十一条 按照教育、考核、使用相结合的原则，建立继续教育各项制度。

第二十二条 对继续教育对象实行登记制度。连续记载专业技术人员接受继续教育的基本情况，作为专业技术人员考核的重要内容和任职、职业资格及人才流动的重要依据。

第二十三条 对继续教育工作实行统计制度。根据管理需要，对继续教育人数、时间、内容、经费等基本情况，进行常规统计和随机统计。

第二十四条 对继续教育效果实行评估制度。建立评估指标，对单位总体工作、领导责任目标、活动过程内容、个人学习效果等实施评估。

第二十五条 对继续教育运行实行奖励制度。对认真执行本规定，在继续教育工作中做出显著成绩的单位和个人，给予表彰和奖励。

第二十六条 加强对继续教育内容的教学指导。根据不同学科、专业和行业领域的发展趋向，以及对专业技术人员素质的要求编制科目指南，确定继续教育导向性内容。

第二十七条 专业技术人员所在单位要保证专业技术人员参加继续教育的时间、经费和其他必要条件。专业技术人员要遵守继续教育的有关规定，服从所在单位的安排，接受检查考核。在学习期间享受国家和本单位规定的工资、保险、福利待遇，在接受继续教育后，有义务更好地为本单位服务。

第二十八条 继续教育主管部门要加强继续教育的理论研究和宣传工作，努力改善继续教育的社会环境。

第五章 附 则

第二十九条 本规定由人事部负责解释。各省、自治区、直辖市，国务院有关部门可以依照本规定的原则精神，结合实际情况，制定本地区、本部门继续教育工作的具体办法。

第三十条 本规定自发布之日起施行。

中华全国总工会、教育部、科学技术部、人事部、劳动和社会保障部关于印发《全国职工自学成才奖励条例》的通知

（1998年6月11日）

总工发〔1998〕13号

1994年2月以来，中华全国总工会公布并组织实施了《全国职工自学

成才奖励条例》（以下简称《条例》），对推动职工读书自学成才发挥了积极作用。但是随着四年来情况的不断变化，《条例》的某些条款已不适应当前的实际情况，需根据形势的发展变化做相应的调整完善。为此，全国总工会、教育部、科学技术部、人事部、劳动和社会保障部对《条例》进行了修订，现颁布施行，原《条例》同时废止。

附：全国职工自学成才奖励条例

第一章 总　　则

第一条　为鼓励各行各业的职工自学成才，促进人才的培养和开发，提高职工队伍素质，加速社会主义现代化建设，根据《中华人民共和国宪法》第十九条中“鼓励自学成才”的规定，特制定本条例。

第二条　全国总工会、教育部、科学技术部、人事部、劳动和社会保障部共同组成全国职工自学成才奖评审委员会，负责全国职工自学成才奖的评审。

第二章 奖励条件

第三条　凡已经加入工会组织，拥护党的基本路线，努力做好本职工作，通过自学，在某一领域专业理论知识达到大学专科或相当于大学专科以上水平的职工，近五年内获得省级自学成才奖励并具备下列条件之一者，可以申请全国职工自学成才奖。

（一）在科学技术方面有重要创造发明，达到或超过国内先进水平的。

（二）在学术研究方面取得重要成果，有独创性见解，在省级以上专业性刊物或全国性学术会议上发表有重要价值的论文并获奖，或经省级以上出版部门出版有价值的专著或译著的。

（三）在推广、应用科学技术成果中，有创造性的贡献，并取得显著经济效益和社会效益的。

（四）有重大技术改进或合理化建议，经试验研究和实际应用，使某一单位的生产或工作取得显著成效，并具有较大社会效益的。

（五）有效地管理企业，使生产经营活动取得较大经济效益，并创立了一套科学的管理办法，有重要推广价值的。

（六）总结出本职、本行业系统性的有推广价值的经验，并做出较大贡献的。

（七）在生产中具有较高的技能和理论水平，做出突出贡献，在全国性技术比赛中获得突出成绩的。

（八）在其他方面有较高造诣，做出突出贡献并在全国有重大影响的。

第三章 申报程序

第四条 全国职工自学成才奖，由职工本人向所在单位工会组织申请，经所在单位工会组织按奖励条件核实同意、签署意见后，逐级向上一级地方工会申报，最后由省、自治区、直辖市总工会审核后向全国职工自学成才奖评审委员会办公室推荐。

第五条 申报全国职工自学成才奖，应附送以下材料：

（一）全国职工自学成才奖申报表；

（二）申请人自学事迹；

（三）申请人主要成果的证明材料和政治思想表现证明材料；

（四）省、自治区、直辖市总工会对申请人的全面审核意见。

第四章 评审奖励办法

第六条 全国职工自学成才奖每年评定、表彰一次，奖励名额根据评审委员会评审结果确定。

第七条 经全国职工自学成才奖评审委员会审定后授予“全国职工自学成才者”荣誉称号，同时颁发本年度全国职工自学成才奖。

第八条 全国职工自学成才奖获得者，由全国职工自学成才奖评审委员会颁发证书，中华全国总工会颁发奖章，进行表彰。

第九条 全国职工自学成才奖评审委员会办公室设在全国总工会，负责全国职工自学成才奖的初评及日常工作。

第五章 获奖者的使用、待遇

第十条 全国职工自学成才奖获得者是有真才实学、成绩显著、贡献突出的专门人才。对获得全国职工自学成才奖的工人，凡符合实行技师聘任制工种范围和任职条件的，可优先评聘技师或高级技师；对获得全国职工自学成才奖的专业技术人员，按照国务院专业技术职务聘任制度的有关规定，可聘任相应的专业技术职务，享受相应的待遇。

第六章　附　　则

第十一条　职工获全国职工自学成才奖后，发现弄虚作假或剽窃他人成果者，经查明属实，撤销其奖励。

第十二条　本条例解释权属中华全国总工会。

第十三条　本条例自公布之日起施行，1994 年公布的《中华全国总工会全国职工自学成才奖励条例》同时废止。

教育部关于进一步加强农村成人教育的若干意见

（2002 年 11 月 21 日）

教职成〔2002〕13 号

改革开放以来，我国农村成人教育取得了显著成就，累计扫除青壮年文盲 8 681 万人，基本扫除青壮年文盲的任务如期完成；技术培训广泛开展，1986 年至 2001 年累计培训农村劳动者 12.9 亿人次，有效地提高了农村劳动者的科技文化素质，促进了农村经济和社会的发展。但是，农村成人教育还存在着不少困难和问题，一些地方在完成基本扫除青壮年文盲任务后，对进一步加强农村成人教育工作的重要性缺乏足够的认识，管理薄弱，投入减少，工作进展不力。从总体上讲，农村成人教育办学条件比较薄弱，培训规模和质量不能适应新形势下农村经济社会发展的要求。为了进一步贯彻落实党的十六大精神和《国务院关于大力推进职业教育改革与发展的决定》，推进农村成人教育的改革和发展，更好地为农业、农村和农民服务，现提出如下意见：

一、农村成人教育是我国教育的重要组成部分，是构建终身教育体系、建设学习化社会的重要内容，承担着提高农村成人思想政治和科学文化素质，促进农村经济社会发展的重要任务。大力发展农村成人教育是贯彻实践江泽民同志“三个代表”重要思想的必然要求，是实施科教兴国战略的重要措施，是适应我国实施现代化建设第三步发展战略和加入世界贸易组织的新形势，解决农业、农村、农民问题的必然选择。

二、要以邓小平理论和江泽民同志“三个代表”重要思想为指导，认真贯彻落实全国职业教育工作会议精神，坚持大力发展农村成人教育，加快农村成人教育的改革、创新和发展步伐，深化管理体制、办学体制和教育教学改革，努力提高农村成人教育的质量和效益。

“十五”期间，力争年培训农村劳动力达到1.5亿人次，使全国农村劳动力的年培训率提高到35%以上，其中乡镇企业职工年培训率提高到40%以上，每年为进入非农产业就业的800万农村劳动力提供转移前培训，对农村新增劳动力普遍进行就业前培训。

三、农村成人教育要紧紧围绕农业和农村产业结构战略性调整，进一步巩固提高扫盲成果，继续开展初、中等文化教育；以实用技术培训为重点，增强农村劳动力掌握和运用先进实用技术的能力；积极开展乡镇企业职工岗位培训和农村富余劳动力转移培训，提高他们的知识水平、专业技能和安全生产知识；积极开展“绿色证书”教育，农村基层干部、后备干部和农业技术人员的培训；积极开展多种形式的时事政治、民主法制、人口环境、科学普及以及社会文化生活等多方面的教育活动，反对邪教和封建迷信，抵制不良社会风气的影响。要因地制宜，积极创造条件，采用联合办学、远程教育等多种方式，在有条件的县和乡镇成人学校举办职业教育和自学考试教育。开展农村社区教育实验，努力构建终身教育体系和建设学习化社会。

四、要进一步加强农村成人文化技术学校建设，建立以县级职业学校和成人学校为龙头，以乡镇成人文化技术学校为骨干，以村成人文化技术学校为基础的县、乡、村三级实用型、开放型农民文化科技教育培训体系，切实把农村成人文化技术学校办成人力资源开发、技术培训与推广、劳动力转移培训、扶贫开发服务和社会主义精神文明建设的基地。县级职业学校和成人学校要在开展教育培训的同时，承担乡镇成人文化技术学校师资培训、业务指导、信息服务和技术支持等工作。乡镇成人文化技术学校在农村成人教育网络中具有承上启下的作用，要加强对村成人文化技术学校、企业培训的指导和辐射，帮助其开展技术培训、示范、推广和服务。农村成人文化技术学校应积极推广“学校、公司（基地）+农户”等办学模式，把教育培训与开展多种经营结合起来，增强自我发展的能力。充分利用乡镇区划调整和中、小学校布局调整的机遇，加强各类教育资源的统筹力度，调整充实成人教育资源。“十五”期间，各地乡镇要普遍建立成人文化技术学校，村级成人文化技术学校的办学面要达到85%以上。经济落后和偏远地区，可以依托普通中小学建立乡、村成人文化技术学校，但要有稳定的场所和设施用于农村成人教育。积极创建国家级示范性乡镇成人文化技术学校，继续办好省级示范性乡镇成人文化技术学校。国家级和省级示范性乡镇成人文化技术学校的比例应达到当地乡镇成人文化技术学校总数的10%以上。

五、进一步改进教学方法和教学手段，提高教育质量和办学效益。要按照成人学习的特点，把课堂教学、现场培训、远程教学等多种教学形式结合起来。加强与大专院校、科研院所的联系，以多种合作方式，引进新知识、新技术和新品种，通过学校的实验实习基地和校外示范基地，进行实验、示范、培训和推广。要积极创造条件，充分利用卫星电视、计算机网络、多媒体等现代化教学手段，弥补农村成人学校办学条件的不足，提高教育质量和效益。

六、加强农村成人教育师资队伍建设。建设一支数量适当、结构合理、专兼结合、素质较高的教师队伍，是搞好农村成人教育工作的重要保证。乡镇成人文化技术学校教职工的编制按照中央编办、教育部、财政部《关于制定中小学教职工编制标准的意见》（国办发〔2001〕74号）和原国家教委颁发的《示范性乡镇成人文化技术学校规程》（教成〔1995〕11号）要求确定。单独建制的学校，其建制规格和教职工编制由审批机关根据有关编制政策规定和学校的实际情况确定。与普通中小学、职业学校合设的乡镇成人文化技术学校，要有专人负责成人教育工作。成人文化技术学校的教师必须具备教师资格，在职务评聘、专业技术考核、福利、评选先进等方面与普通中小学教师享受同等待遇。要加强成人文化技术学校的师资和校长的培养、培训工作。

七、加强对农村成人教育工作的领导。要进一步健全成人教育管理机构，理顺农村成人教育管理体制，保证必要的管理力量。要把农村成人教育纳入当地教育、经济和社会发展规划，明确目标任务和保障措施。实行三教统筹，促进基础教育、职业教育与成人教育协调发展。要落实现行法规和政策规定的经费渠道，努力增加对农村成人教育的经费投入。各地要认真落实《国务院关于大力推进职业教育改革与发展的决定》中关于“县级以上地方各级人民政府和国务院有关部门用于举办职业学校和职业培训机构的财政性经费应当逐步增长”、“各级人民政府在安排使用农村科技开发经费、技术推广经费和扶贫资金时，要安排一部分农村劳动力培训经费；安排农业基础设施建设投资时，要安排一部分农村职业学校和成人学校的建设经费”的规定，安排用于农村成人教育的经费。要健全督导评估制度，加强农村成人教育工作的督导检查，对成绩突出的要予以表彰奖励。

请将贯彻落实的有关情况报告我部职业教育与成人教育司。

中华全国总工会、中央文明办、国家发改委、教育部、科技部、人事部、劳动和社会保障部、国务院国有资产监管委、全国工商联关于印发《关于开展全国“创建学习型组织，争做知识型职工”活动的实施意见》的通知

（2004 年 1 月 30 日）

总工发〔2004〕2 号

开展创建学习型组织，争做知识型职工活动，是深入贯彻落实“三个代表”重要思想和党的十六大精神，培养造就四有职工队伍，全面提高职工队伍素质，发挥工人阶级全面建设小康社会主力军作用的重要工作，是发展工人阶级先进性，推动全民学习、终身学习的学习型社会形成，促进经济和社会全面发展，增强综合国力的重要举措。现将《关于开展全国“创建学习型组织，争做知识型职工”活动的实施意见》印发给你们，请结合工作实际，认真组织落实。

附：关于开展全国“创建学习型组织，争做知识型职工”活动的实施意见

为了深入贯彻落实党的十六大精神和“三个代表”重要思想，全面提高职工队伍素质，推动全社会“形成全民学习、终身学习的学习型社会”，

全国总工会、中央文明办、国家发展和改革委员会、教育部、科技部、人事部、劳动和社会保障部、国务院国有资产监督管理委员会、全国工商联决定联合在全国职工中开展“创建学习型组织，争做知识型职工”的活动(以下简称“创争”活动)。

一、充分认识开展“创争”活动的重大意义

当今世界，随着经济全球化趋势的不断发展和科技进步的突飞猛进，以经济为基础、科技为先导的综合国力竞争日益激烈。综合国力的竞争归根结底是人才的竞争。抓住和用好重要战略机遇期，加快我国的发展，就必须大力培养造就能够顺应时代发展要求、具有开拓创新能力的宏大的高素质人才队伍。

工人阶级始终是我国先进生产力和先进生产关系的代表，是先进文化的创造者和传播者，是推动社会全面进步的根本力量。开展“创争”活动，全面提高职工队伍素质，是保持和发展工人阶级先进性，充分发挥工人阶级三个文明建设主力军作用的重要保证，是大力实施科教兴国战略和人才强国战略，造就数以亿计的高素质劳动者、数以千万计的专门人才和一大批拔尖创新人才的必然要求；是推动“形成全民学习、终身学习的学习型社会，促进人的全面发展”，全面建设小康社会，加快推进社会主义现代化，开创中国特色社会主义事业新局面的重要举措。

开展“创争”活动，适应了先进生产力的发展要求，体现了先进文化的前进方向，反映了职工群众学习发展的迫切愿望，代表了工人阶级的长远利益和根本利益，是各有关部门贯彻和实践“三个代表”重要思想，围绕中心、服务大局，推动全心全意依靠工人阶级根本指导方针贯彻落实的具体体现。在全面建设小康社会的伟大进程中，工人阶级要不断用社会主义的思想道德规范、先进的科学文化知识和日益进步的技术技能武装自己，努力成为艰苦创业的模范、勤奋学习的模范、开拓创新的模范和增进团结的模范，为实现经济社会协调发展和促进人的全面发展贡献力量。

二、开展“创争”活动的指导思想和总体目标

开展“创争”活动的指导思想是：以邓小平理论和“三个代表”重要思想为指导，深入贯彻党的十六大和十六届三中全会精神，全面落实全国人才工作会议提出的任务，坚持从中国的国情和各地区、各单位实际出发，为经济发展和社会进步服务；坚持以改革创新为动力，以职工素质建

设为重点，以增强职工学习能力、实践能力、创新能力为目标；坚持以人为本，切实维护职工的学习权和发展权，推进工人阶级知识化进程，为全面建设小康社会提供坚强的人才保证和智力支持。

开展“创争”活动的总体目标是：倡导终身学习理念，提高职工的学习能力和实践能力，着力提高职工的创新能力；营造尊重劳动、尊重知识、尊重人才、尊重创造的社会环境，形成全员学习、全程学习、团队学习和工作学习化、学习工作化的氛围和机制；努力建设各类学习型组织，为职工创造更多的学习机会和成才机会；促进人才队伍建设，为各类人才不断涌现和充分发挥作用奠定坚实基础，努力造就一支有理想、有道德、有文化、有纪律的职工队伍。

三、开展“创争”活动的主要方法和途径

1. 开展形式多样的主题教育活动。各级有关部门要在广大职工中深入进行以为人民服务为核心，以集体主义为原则，以爱祖国、爱人民、爱劳动、爱科学、爱社会主义为基本要求的理想信念教育，增强爱国主义、集体主义和社会主义思想，帮助广大职工树立正确的世界观、人生观、价值观。要通过弘扬培育民族精神和加强职业理想、职业道德教育，帮助职工树立正确的理想信念，培养高尚的道德情操和职业操守。

2. 创新群众性学习活动载体，构筑职工学习平台。要针对不同行业、不同类型组织以及不同层面职工群体的特点，加强教育培训阵地建设，充分利用各类职业学校、职工学校、培训机构、职工之家等阵地，设计丰富多彩的活动载体，寓学习于工作中，寓教育于活动中，为职工学习创造条件，吸引职工群众广泛参加。要结合实施国家高技能人才培训工程和技能振兴行动，通过学校教育培养、企业岗位培训、个人自学提高等方式，加快高技能人才培养。要按照市场经济的要求和企事业单位的发展需要，借助各种形式和载体，科学规划，做好职业教育和岗位培训工作。要面向基层，立足班组，大力开展技术创新、岗位练兵、技术比武、技能竞赛活动，推动企事业单位重视、加强职工技能训练，激发、调动广大职工获取知识、更新知识、提高技能的积极性、主动性和创造性。

3. 继续深入开展职工读书自学活动。读书自学是创建学习型组织的重要形式，也是职工获取知识、提高技能、增长才干的主要途径。要在新形势下不断丰富读书自学活动的内容，创新读书自学活动的载体，拓宽读书活动的领域，将读书自学与职工素质教育更紧密地结合起来，鼓励和引导职工学习、掌握现代科学技术知识，在实践中提高劳动技能、岗位技能。要创造工作学习化、学习工作化的良好环境和氛围，激励更多的职工岗位成才、自学成才。引导职工不断在实践中完善自己，在竞争中提高自己，在奋斗中充实自己。

4. 充分利用各类社会教育资源。要进一步整合包括工会教育培训资源在内的各类教育资源，加大对职工的职业教育培训和职业技能开发的力度，满足职工群众日益增长的学习和发展需求。要推动中小型企业与大中型企业培训机构、社会教育培训机构建立合作伙伴关系，充分运用网络教育、电化教育、远程教育等各种现代化的教育培训手段，拓展教育培训的广度和深度，创新职工教育培训工作的形式和载体，培养急需的高技能人才。基层工会组织也要在广泛动员和引导职工参加各类培训的同时，力所能及、拾遗补缺地组织开办各种适应性、实用型短期培训，为广大职工更新知识、增长才干发挥作用。

四、“学习型组织”和“知识型职工”的基本条件

学习型组织的基本条件是：

1. 在广大职工中普及终身学习的理念，形成了团队学习、全员学习、全程学习的制度和氛围，组织内各种学习型团队（班组、科室）普遍建立，并取得一定实效。

2. 有创建学习型组织的长远规划、近期目标和实施办法，有健全的组织领导体系，有明确的各类人才培养目标和任务，教育培训工作在本行业同类组织中保持先进。

3. 维护职工学习权利，为职工接受职业教育与培训提供平等机会和保障措施，保证企业职工教育和培训经费不低于职工工资总额的1.5%，从业人员技术素质要求高、培训任务重、经济效益好的企业，不低于工资总额的2.5%。

4. 职工的学习热情、学习成果和劳动创造得到充分肯定和尊重，形成了工作学习化、学习工作化，以学习推动工作，以工作促进学习的局面，实现了学习成果与工作成就的共享与互动，推动了组织的持续发展。

5. 领导成为学习的带头人，组织内有形与无形的教育资源得到充分利用，建立了终身学习和学以致用的激励机制。

6. 职工队伍的思想道德素质、职业文明程度、科学文化素质和技术技能水平得到不断提高，通过开展“创争”活动，使各类组织得到发展，社

会、经济效益得到提高，组织的创新力和竞争力不断增强。

7. 完成国家规定的各类人员继续教育任务和职工培训任务。

知识型职工的基本条件是：

1. 热爱祖国、热爱党、热爱社会主义，拥护党的基本路线、基本纲领，有科学、正确的世界观、人生观、价值观，有良好的职业道德，甘于奉献，拼搏进取。

2. 确立终身学习理念，有强烈的学习要求，明确的学习目标和完善的学习计划，结合工作实践学习，以学习促进工作。

3. 具备所从事工作岗位必备的文化和专业基础知识，有较强的学习能力，勤于学习，善于学习，不断学习新知识、掌握新技能，形成了工作学习化、学习工作化的良好习惯，在团队学习中发挥突出作用，学习事迹突出，成效显著。

4. 有较强的实践能力，具备适应岗位变化要求、适应社会发展需要的技能和本领。

5. 有较强的创新能力，善于运用学习、掌握的先进科学文化技术知识，充分发挥自身潜能，勇于创造，不断创新，在本职工作岗位上有突出业绩并有创造性的贡献。

五、组织领导机构

1. 成立由中华全国总工会、中央文明办、国家发展和改革委员会、教育部、科技部、人事部、劳动和社会保障部、国务院国有资产监督管理委员会、全国工商联主管领导组成的“全国创争活动领导小组”，宏观管理并指导全国“创争”活动的开展。

2. 成立由上述单位有关司局负责同志组成的“全国创争活动指导协调小组”，具体实施“创争”活动的各项工作要求，组织信息和经验交流，检查、监督和评估工作开展情况。指导协调小组下设办公室，由全国总工会宣传教育部负责办公室日常具体工作。

3. 将原“全国职工自学成才奖评审委员会”更名为“全国学习型组织、知识型职工评审委员会”，评审委员会由上述指导协调小组成员和全国总工会有关部门负责人员组成，在领导小组的领导下，负责全国学习型组织先进单位和知识型职工标兵的评审认定工作。

4. 各省、区、市也应按照上述精神，组成相应组织领导机构和评审机构，制定相关工作计划和要求，加强对本地“创争”活动的领导。

六、开展“创争”活动的工作要求

1. 加强对“创争”活动的领导。各有关部门要切实加强对开展“创争”活动的领导，把“创争”活动作为提高职工素质、维护职工权益的基础工作列入重要议事日程，精心组织，周密部署，扎实推进。广大职工是开展“创争”活动的主体，要进一步调动和发挥职工群众参与“创争”活动的积极性、主动性和创造性，充分发挥他们的聪明才智。工作的重点应放在建设学习型班组上，努力为职工学习构筑平台，创造优良的成才环境。

2. 落实职工教育培训计划。各有关部门要切实采取措施，将职工教育培训工作纳入教育发展规划和人力资源开发的范畴。企事业单位的教育培训管理部门和工会组织要推动和督促本单位依据有关法律法规，建立健全职工教育培训制度，认真制定、落实职工教育培训计划和各项保障措施。工会要加大源头参与管理的力度，从规划的制定和实施、阵地建设、经费使用，到培训执行情况的监督考核，努力实现全程参与。要将职业技能培训、经费保证纳入职代会、厂务公开、集体合同内容，从制度上监督保证职工参加学习培训权利的落实。要把“创争”活动与争当“创新示范岗”、“创新能手”活动有机结合起来，通过创新提高企事业单位的竞争能力。

3. 发挥典型单位的示范作用。全国创争活动领导小组将评选出一批创建“学习型组织”先进单位，宣传和推广他们的创建经验，并不断发现和培养新的先进典型，形成地区、行业分布合理的典型示范网络。各地要根据自己的实际情况，认真总结开展“创争”活动的经验，总结“创争”活动的基本规律，通过新闻媒体，广泛宣传先进经验与先进典型，把学习典型经验与学习身边的先进结合起来，把典型示范与普遍提高结合起来，推动“创争”活动广泛深入地开展。

4. 建立“创争”活动的运行机制。创建学习型组织是一项长期的工作任务。为使“创争”活动持久规范、制度化地进行下去，必须建立完善一整套协调、高效的运行体系和保证机制，包括制定不同类型、不同层次的学习型组织的考核评价指标体系，对“创争”活动中成绩突出的先进典型的表彰奖励机制，以及促进各类优秀人才脱颖而出的人才培养和使用机制。“全国学习型组织、知识型职工评审委员会”将每年对在“创争”活动中涌现出来的先进集体和个人进行表彰，对成绩特别突出的10个全国创建学习型组织标兵单位和10名知识型职工标兵，全国总工会将分别颁发全国五一劳动奖状和全国五一劳动奖章。各地工会也要建立相应的运行机制和必要的激励机制，表彰、奖励先进单位和先进个人。

5. 发挥优势，加强协作，形成推进工作的合力。各地工会、文明办、发改委、教育、科技、人事、劳动保障、国资委（办）及工商联都要重视“创争”活动，共同推进“创争”活动的开展；要把“创争”活动作为精神文明建设的新途径，把“创争”活动的要求融入到创建文明行业、文明单位等活动之中；要将“创争”活动同实施人才强国战略结合起来，作为提高职工素质的重要措施，指导中央企业实施职工素质工程，提高非公有制经济组织竞争力；切实推进行业企业职工培训工作，加大高技能人才培养力度，加强对职工素质教育的指导和评估，加强各类教育资源的统筹利用，广泛开展适应市场和职工需求的职业教育与培训。把职工教育的师资队伍建设纳入职成教师资培养培训体系；要充分利用“创争”活动载体，宣传科普知识，宣传国家科技创新成果，着力加强科学思想、科学方法和科学精神教育，提高职工的科学文化素质，推进国家创新体系建设；要大力推行职业资格证书制度、职业技能鉴定和就业准入制度；要深化职称制度改革，积极推进专业技术人员执业资格制度建设，建立以能力和业绩为导向的科学分类的人才评价标准。努力创造用事业造就人才、用环境凝聚人才、用机制激励人才、用法制保障人才的人才成长良好外部条件，促进各类优秀人才脱颖而出和充分发挥作用。各有关部门要进一步支持工会工作，对工会举办的直接为职工群众服务的职业培训、职业介绍以及各种丰富职工群众精神生活的事业和活动，要根据有关规定给予经费、政策等方面的扶助和支持。

6. 工会组织要承担“创争”活动的组织协调职责。各级工会要把“创争”活动作为一项重点工作，承担起日常组织实施工作，协同各有关部门，长期不懈地抓好。首先各级工会要建设学习型工会，工会干部要成为学习的模范。要紧紧围绕工会十四大提出的各项任务和要求，联系本地区、本单位实际，结合群众性技术创新、建设职工之家、职工读书自学成才等活动，选准工作角度，找准切入点，提出切实可行的“创争”活动内容、目标、规划、要求和步骤，形成特色，推动“创争”活动深入持久地开展下去。同时要充分利用现代传媒手段，大力做好舆论宣传，动员全社会都来关注、支持“创争”活动，为“创争”活动的开展营造更加有利的社会氛围。

农业部、财政部、劳动和社会保障部、教育部、科技部、建设部关于组织实施农村劳动力转移培训阳光工程的通知

（2004年3月22日）

教职成〔2004〕16号

为贯彻党的十六届三中全会和中央农村工作会议精神，落实《2003—2010年全国农民工培训规划》，加强农村劳动力转移培训，加快农村劳动力转移，促进农民增收，农业部、财政部、劳动和社会保障部、教育部、科技部和建设部决定共同组织实施“农村劳动力转移培训阳光工程”（简称为“阳光工程”）。现就实施该项工程的有关事项通知如下：

一、充分认识农村劳动力转移培训工作的重要性

开展农村劳动力转移培训，是加快农村劳动力转移、促进农民增收的重要环节，也是提高农民就业能力、增强我国产业竞争力的一项重要的基础性工作。党中央、国务院高度重视农村劳动力转移培训工作，中央农村工作会议和《中共中央、国务院关于促进农民增加收入若干政策的意见》（中发〔2004〕1号）对做好该工作提出了明确要求。

各省、自治区、直辖市（以下简称省）农业、财政、劳动和社会保障、教育、科技和建设部门要从战略高度认识农村劳动力转移培训工作的重要意义，加强领导，加大工作力度，切实把农村劳动力转移培训工作作为一件大事抓紧抓好。各部门要按照“政府扶持、齐抓共管，统筹规划、分步实施，整合资源、创新机制，按需培训、注重实效”的原则做好转移培训的各项工作。各级财政要根据中央要求，安排专门的培训资金。

二、实施阳光工程的总体要求

为加强阳光工程的组织领导，在农民工培训工作部际联席会议的统筹协调下，农业部、财政部、劳动和社会保障部、教育部、科技部、建设部成立全国农村劳动力转移培训阳光工程指导小组，负责对各地组织实施阳

光工程进行业务指导，指导小组办公室设在农业部。各地在党委、政府统筹领导下，建立有关部门共同参与的决策机制，明确各部门的任务，充分发挥各职能部门的作用，成立相应的办公室，牵头部门由地方政府确定。

实施农村劳动力转移培训阳光工程，是落实《2003—2010 年全国农民工培训规划》的一项重要举措，是公共财政支持开展的非农职业技能示范性培训。培训项目以粮食主产区、劳动力主要输出地区、贫困地区和革命老区为重点，坚持跨地区流动和就地转移相结合，通过订单培训形式，面向社会招标，确定项目实施单位。培训要以市场需求为导向，以转移到非农领域就业为目标，培训单位要保证受训农民转移就业。由农民自由选择培训单位、培训内容和培训时间。财政补助资金直接让农民受益。为做好阳光工程的实施工作，六部委制定了《农村劳动力转移培训阳光工程项目管理办法》(试行)(见附件 1)。各省根据项目管理办法要求，做好本省的项目管理工作，通过该工程的实施，带动农村劳动力转移培训工作的全面开展。

请各省于 2004 年 4 月 5 日前将阳光工程办公室地址、邮编、联系电话、传真、E-mail 地址报全国阳光工程办公室。

三、做好培训基地认定工作

为充分发挥现有教育培训资源的作用，集中一批符合条件的教育培训单位开展农村劳动力转移培训，确保农村劳动力转移培训工作的顺利开展，请各省根据国办发（2003）79 号文件要求和《农村劳动力转移培训基地认定原则意见》(见附件 2)，抓紧做好农村劳动力转移培训基地认定工作，并于 2004 年 4 月底前将培训基地汇总表（见附件 3）报全国阳光工程办公室备案。

四、做好 2004 年项目申报工作

全国阳光工程办公室根据各省情况确定了 2004 年各省开展示范性培训任务（见附件 4)。各省根据《农村劳动力转移培训阳光工程项目管理办法》，原则上以县、市、区、旗（以下简称县）为主，组织申报工作，并于 2004 年 4 月 25 日前将项目实施方案和任务分解汇总表（见附件 5）报全国阳光工程办公室。

教育部关于推进社区教育工作的若干意见

（2004年12月1日）

教职成〔2004〕16号

为全面贯彻落实党的十六大精神，落实《中共中央国务院关于进一步加强人才工作的决定》和国务院批转教育部《2003—2007年教育振兴行动计划》提出的积极推进社区教育，加快构建终身教育体系，促进学习型社会的形成的任务，进一步推进全国社区教育工作，现提出如下意见。

一、站在全面建设小康社会，构建终身教育体系和建设学习型社会的高度上，充分认识开展社区教育工作的重要意义，增强积极推进社区教育工作的责任感和紧迫感。

近年来，我国社区教育实验工作范围不断扩大，内容不断拓展，工作取得了显著进展。自1999年国务院批转的教育部《面向21世纪教育振兴行动计划》提出“开展社区教育实验工作，逐步建立和完善终身教育体系，努力提高全民素质”的要求以来，教育部积极推动社区教育实验工作。2001年11月，我部召开了全国社区教育实验工作经验交流会议，明确了我国社区教育实验工作的目标任务和政策措施，并确定了28个全国社区教育实验区。2003年，全国社区教育实验区进一步扩大到61个，基本覆盖了各省（自治区、直辖市）和计划单列市。许多省级、市级教育行政部门，也分别确定了一批省级和市级社区教育实验区。各地认真贯彻全国社区教育实验工作经验交流会议精神，采取积极措施推动社区教育实验工作。目前，各实验区初步建立了社区教育管理体制和运行机制；社区教育资源得到了有效整合，社区教育培训网络初步形成；创建了一大批学习型家庭、学习型企业等学习型组织；各类社区教育培训活动广泛深入开展，社区居民参与学习的比率有了很大的提高，较好地满足了社区居民不断增长的多样化的学习需求，为提高居民综合素质和社区建设水平做出了重要贡献。实践证明，社区教育的产生和发展，适应了我国发展先进生产力对提高社会全体成员整体素质的迫切要求，适应了我国发展先进文化，建设有中国特色的社会主义文化的迫切要求，适应了我国全面建设小康社会进程中人民群众对提高自身素质、提高生活质量的迫切要求，促进了社区的稳定与发展，拓宽了教育服务社会的渠道和内容，有力地推动了构建终身教育体系、建设学习型社会的进程。

党的十六大提出了构建终身教育体系，形成全民学习、终身学习的学习型社会的目标，《中共中央国务院关于进一步加强人才工作的决定》和国务院批转教育部《2003—2007年教育振兴行动计划》，对发展社区教育，促进人的全面发展，提出了更高的要求。目前，社区教育实验工作虽然有了很大发展，但距离建设学习型社会的要求还有相当大的差距。各地教育行政部门要把进一步推进社区教育工作，作为全面建设小康社会，形成全民学习、终身学习的学习型社会的重要举措，提高认识，增强搞好社区教育工作的责任感和紧迫感，加大工作力度，努力把全国社区教育工作推进到一个新的发展阶段。

二、进一步明确推进社区教育工作的指导思想、原则和目标

1. 社区教育工作的指导思想是：进一步推进社区教育工作，要以党的十六大精神、“三个代表”重要思想和科学发展观为指导，立足社区、依靠社区、服务社区。要逐步建立起适应社区建设和居民学习需求的社区教育管理体制、运行机制和和教育培训模式，促进社区居民整体素质和生活质量的提高，促进区域经济和社会的发展；要把社区教育作为社区建设的重要内容和基础性工作，贯穿在社区建设的各项工作中；要通过社区教育，进一步构建和完善终身教育体系，形成终身学习的公共资源平台，使学习型社会建设工作落到实处。

2. 开展社区教育工作的原则是：要紧密围绕社区建设的总体目标，与社区建设的各方面工作沟通和衔接，组织和实施社区教育培训活动，形成合力和有机整体；要加强社区各类教育文化资源的统筹，充分利用、拓展和开发社区现有教育资源，推动各类教育资源面向社区居民开展教育培训活动，加强社区学校和学习型组织的建设；要树立大教育、大培训观念，面向社区居民开展内容丰富、灵活多样的教育培训活动，提供全员、全程、全面的教育服务，努力满足社区建设和社区居民的需求；要实行分类指导，分阶段实施，积极而扎实地推进社区教育的广泛深入开展，并把发展社区教育作为创建学习型城区、学习型城市和学习型社会的重要途径和措施。

3. 推进我国社区教育工作的目标是：进一步扩大社区教育实验范围。到2007年，全国社区教育实验区要扩展到各省（自治区、直辖市），各省级、市级实验区的范围进一步扩大，并形成一批具有较高发展水平的省市

级的社区教育实验区和普遍开展社区教育的城市；创建一批全国社区教育示范区，为学习型城市建设奠定扎实的基础；在经济教育较发达的东部地区，社区教育延伸到农村地区并取得初步经验。中部和西部地区在条件较好的农村地区开展社区教育实验。

到2007年，全国社区教育实验区要达到较高的发展水平，对全国社区教育工作发挥骨干和示范作用。在经济较发达的东部地区，全国社区教育实验区的教育资源基本上都要向社区居民开放，面向社区居民广泛开展各种形式的教育培训活动，使社区居民年培训率逐步达到80%以上，基本形成具有地方特色的社区教育管理体制和运行机制，基本具备社区教育机构、人员和经费等保障条件；在中西部地区，全国社区教育实验区教育资源60%以上都要向社区居民开放，有重点地开展教育培训活动，使社区居民年培训率逐步达到50%以上，初步形成具有地方特色的社区教育管理体制和运行机制，具备一定的社区教育机构、人员和经费等保障条件。

各省（自治区、直辖市）都要制定社区教育发展规划，加强终身教育的规划和协调，优化整合各种教育培训资源，形成较为完备的推进社区教育工作的政策措施和对社区教育工作的督导评估制度，初步形成面向社区居民终身学习的资源平台。

三、推进社区教育工作的主要任务

1. 大力开展多层次、多内容、多形式的教育培训活动。

开展教育培训，是社区教育的基本工作。要始终重点抓好量大面广、受到社区居民普遍欢迎的各类短期培训活动，努力满足在职人员的岗位培训、下岗失业人员再就业培训、老年人群社会文化活动、弱势人群提高生存技能培训、外来人群适应城区社会生活培训等各类人群的学习需求，积极抓好社区内的婴幼儿教育、青少年学生的校外素质教育，加强未成年人的德育工作。要紧紧围绕社区建设的中心工作和社区居民的教育培训需求，确定相关的培训课程和教学内容，加强培训课程和教材的建设工作，拓展和丰富教育培训内容，增强培训的针对性和有效性，积极创新培训形式，逐步提高社区居民的教育培训率，力争每年提高五个百分点以上，逐步实现有学习能力和学习要求的社区居民“人人皆学”的目标。

2. 进一步开展创建“学习型组织”的活动。

要把创建“学习型组织”作为现阶段推进社区教育工作的重要内容来抓。要根据社区内不同类型组织的实际情况，制订相应的学习型组织基本要求和标准，积极创建学习型企业、学习型单位、学习型街道、学习型居委会、学习型楼组、学习型家庭等学习型组织，积极开展评估促进工作，使学习型组织占社区内各类组织的比例逐年提高，2007 年达到三分之一以上。

3. 充分利用、拓展和开发各类教育资源，形成社区教育培训网络。

要充分利用社区内现有各类教育资源，横向联合，纵向沟通，实现教育资源共享，使现有教育资源发挥更大的作用。各类学校、教育培训机构和各种文化体育设施都要有组织、有计划地向社区开放，积极开展多种形式的社区教育培训活动，特别是要依托社区内普通中小学和各类职业学校、成人学校面向居民开展教育培训服务，使其成为开展社区教育的重要力量；要在整合、利用现有教育资源基础上，形成以区（县）社区教育学院或社区教育中心为龙头，以街道（乡镇）社区教育学校为骨干，以居委会（村）社区教育教学点等为基础的社区教育网络，满足社区居民多样化的教育需求；要积极创造条件，充分运用播放教学光盘、收视卫星电视教育节目、计算机网络教学等现代远程教育手段，使有条件的街道（乡镇）都能够开展现代远程教育，构筑起社区居民全民学习、终身学习的平台。

四、采取切实可行措施，保障社区教育工作顺利进行

1. 加强对社区教育工作的领导，逐步完善社区教育管理体制和运行机制。

各地要把社区教育作为社区建设的重要内容纳入地方经济社会发展规划，建立有相关部门负责人参加的社区教育工作领导机构，明确各有关部门的职责和分工，形成“党政统筹领导，教育部门主管，有关部门配合，社会积极支持、社区自主活动、群众广泛参与”的管理体制和运行机制，并落实相应的管理机构、人员和经费，推动本地区社区教育健康持续发展。社区教育工作领导机构的办公室设在教育行政部门。各地教育行政部门要把开展社区教育作为推进社区建设、构建终身教育体系、形成学习型社会的重要内容和措施，纳入地方教育发展计划，纳入教育检查评估范畴，采取得力措施，不断推进社区教育工作。

2. 加强社区教育队伍建设。

各地教育行政部门要加强社区教育队伍的建设，建立一支以专职人员为骨干，兼职人员和志愿者为主体的适应社区教育需要的管理队伍和师资队伍。专职人员主要在现有的教育行政管理人员和教师队伍中统筹安排解

决，街道要有专人分管社区教育工作。兼职人员要根据社区教育的实际需要确定。要充分发挥社区内教师、专家、各行各业的工作人员、在校大中专学生的积极性，建立表彰激励机制，使之成为开展社区教育活动的重要力量。

要努力解决社区教育师资的待遇问题，在职务、职称、工资和进修等方面应与其他教育工作者一视同仁。要制定社区教育工作者岗位规范，开发社区教育工作者的培训课程，依托有条件的高校，建立若干个社区教育工作者培训中心，把社区教育工作者的培训工作提高到一个新的水平。

3. 保障社区教育的经费投入。

要充分发挥政府扶持和市场机制的双重作用，采取"政府拨一点，社会筹一点，单位出一点，个人拿一点"的办法，建立以政府投入为主，多渠道投入的社区教育经费保障机制。各地要保障必要的社区教育经费，并列入经常性财政开支。国家和省级社区教育实验区应努力按照社区常住人口人均不少于1元的标准，落实社区教育经费。经济发达地区，要在此基础上进一步增加社区教育的经费投入。社区内各类企业要认真落实关于职工工资总额1.5%～2.5%用于职工培训的规定，积极开展在职人员培训。对学习者个人回报率较高的培训可以按照国家的有关规定收费。

4. 开展对实验工作的检查、评估和咨询工作。

要有计划地开展对社区教育实验工作的检查评估工作。我部将组织管理人员和专家分批对全国社区教育实验区进行检查评估，对取得突出成效的单位给予肯定和表彰。省（自治区、直辖市）也要对地方社区教育工作进行评估，并形成定期检查、评估和表彰奖励制度。要广泛吸收社区教育的管理人员和专家学者，成立社区教育专家咨询委员会，参与实验区社区教育实验指导工作。

5. 加强社区教育的宣传和理论研究工作。

要充分利用各类新闻媒体，加强对社区教育工作的宣传，总结推广各地发展社区教育的经验和做法，营造有利于社区教育发展的良好环境。要加强社区教育的理论和实践研究，注意学习借鉴国外开展社区教育的有益经验和成功的做法，逐步形成有中国特色的社区教育理论。

干部教育培训工作条例（试行）

（2006 年 1 月 21 日）

中发〔2006〕3 号

第一章　总　　则

第一条　为推进干部教育培训工作科学化、制度化、规范化，培养造就高素质的干部队伍，依据《中国共产党章程》、《中华人民共和国公务员法》和有关法律法规，制定本条例。

第二条　干部教育培训工作必须坚持以马克思列宁主义、毛泽东思想、邓小平理论和“三个代表”重要思想为指导，全面贯彻落实科学发展观，围绕党和国家工作大局，按照实事求是、与时俱进、艰苦奋斗、执政为民的要求，以增强执政意识、提高执政能力为重点，推动学习型政党、学习型社会建设，为全面建设小康社会、加快推进社会主义现代化提供思想政治保证、人才保证和智力支持。

第三条　干部教育培训工作应当遵循下列原则：

（一）以人为本，按需施教。按照党和国家的要求，把握干部的成长规律和教育培训需求，分级分类地开展干部教育培训，激发干部学习的内在动力和潜能，增强干部教育培训的针对性和实效性。

（二）全员培训，保证质量。干部教育培训面向全体干部，创造人人皆受教育、人人皆可成才的条件，大规模培训干部，大幅度提高干部素质，实现干部教育培训的规模和质量、效益的统一。

（三）全面发展，注重能力。坚持干部队伍革命化、年轻化、知识化、专业化方针和德才兼备原则，全面提高干部的思想政治素质、科学文化素质、业务素质和健康素质，将能力培养贯穿于干部教育培训的全过程。

（四）联系实际，学以致用。紧密联系国际形势的新变化，联系我国改革开放和社会主义现代化建设的新进展，联系干部的思想和工作实际，引导干部在改造主观世界的同时，运用所学理论和知识指导实践，提高解决实际问题的能力。

（五）与时俱进，改革创新。适应经济社会发展需要，创新培训内容，改进培训方式，整合培训资源，优化培训队伍，推进干部教育培训的理论创新、制度创新和管理创新。

第四条　本条例适用于各级党委、人大、政府、政协、纪委、人民法院、人民检察院和各民主党派、人民团体机关的干部教育培训工作。

国有企业和事业单位的教育培训工作参照本条例执行。

第二章　管理体制

第五条　全国干部教育培训工作实行在党中央领导下，由中央组织部主管，中央和国家机关有关工作部门分工负责，中央和地方分级管理的体制。

第六条　中央组织部履行全国干部教育培训工作的整体规划、宏观指导、协调服务、督促检查、制度规范职能。

中央和国家机关有关工作部门按照职责分工，负责相关的干部教育培训工作，指导本系统的业务培训。

第七条　地方各级党委领导本地区干部教育培训工作，贯彻执行党和国家干部教育培训工作的方针政策，把干部教育培训工作纳入本地区经济社会发展规划，研究部署本地区干部教育培训工作。

地方各级党委组织部主管本地区干部教育培训工作。地方各级党委和政府有关工作部门负责相关的干部教育培训工作。

第八条　干部所在单位按照干部管理权限，负责组织实施本单位的干部教育培训工作。

第九条　部门与地方双重管理的干部教育培训工作由主管方负责组织；经协商，也可由协管方负责组织。

第三章　教育培训对象

第十条　干部有接受教育培训的权利和义务。

第十一条　干部教育培训的对象是全体干部，重点是县处级以上党政领导干部及其后备干部。

第十二条　干部应当根据不同情况参加相应的教育培训：

（一）在职期间的各类岗位培训；

（二）晋升领导职务的任职培训；

（三）从事专项工作的专门业务培训；

（四）新录（聘）用的初任培训；

（五）其他培训。

第十三条 省部级、厅局级、县处级党政领导干部每5年应当参加党校、行政学院、干部学院或者经厅局级以上单位组织（人事）部门认可的其他培训机构累计3个月以上的培训。提拔担任领导职务的，确因特殊情况在提任前未达到教育培训要求的，应当在提任后1年内完成培训。

其他干部参加脱产教育培训的时间，根据有关规定和工作需要确定，一般每年累计不少于12天。

有条件的地方和部门可以实行干部教育培训学时学分制。

第十四条 干部必须遵守教育培训的规章制度，完成规定的教育培训任务。

第十五条 干部在参加组织选派的脱产教育培训期间，一般应享受在岗同等待遇。

第四章 内容与方式

第十六条 干部教育培训应当根据经济社会发展需要，按照加强党的执政能力建设和先进性建设的要求，结合岗位职责要求和不同层次、不同类别干部的特点，以政治理论、政策法规、业务知识、文化素养和技能训练等为基本内容，并以政治理论培训为重点，综合运用组织调训与自主选学、脱产培训与在职自学、境内培训与境外培训相结合等方式，促进干部素质和能力的全面提高。

第十七条 政治理论培训重点进行马克思列宁主义、毛泽东思想、邓小平理论和“三个代表”重要思想的教育，树立和落实科学发展观、正确政绩观的教育，党的历史、党的优良传统作风、党的纪律的教育，国情和形势的教育，引导干部坚定共产主义理想和中国特色社会主义信念，坚持马克思主义的世界观、人生观、价值观和正确的权力观、地位观、利益观，夯实理论基础、开阔世界眼光、培养战略思维、增强党性修养。

对党外干部，应当根据其特点，开展相应的政治理论培训。

第十八条 政策法规培训重点加强党的路线方针政策和国家法律法规的教育，进行党和国家在经济、政治、文化、社会、外交、国防等方面的重大部署和要求的培训，提高各级干部科学执政、民主执政、依法执政的能力。

第十九条 业务知识培训重点加强履行岗位职责所必备知识的培训，

提高干部的实际工作能力。

第二十条 文化素养培训和技能训练应当按照完善干部知识结构、提高干部综合素质的要求进行。

第二十一条 坚持和完善组织调训制度。干部教育培训管理部门负责制定干部脱产培训计划，选调干部参加脱产培训。干部所在单位按照计划完成调训任务。被抽调的干部必须服从组织调训。

实行干部调训计划申报制度。党委和政府的工作部门抽调下级党委和政府领导成员参加培训，必须报同级干部教育培训主管部门审批，避免多头调训和重复培训。

第二十二条 建立健全干部在职自学制度。鼓励干部利用业余时间参加学习培训。

干部所在单位应当对干部在职自学提出要求，并提供必要的条件。

第二十三条 推行干部自主选学。在干部教育培训管理部门的指导下，干部可以自主选择参加教育培训的机构、内容和时间。

干部教育培训管理部门或者干部教育培训机构应当定期公布供干部自主选学的教育培训项目，明确要求，加强管理。

第二十四条 加强和改进境外培训工作。干部教育培训管理部门应当根据工作需要，科学设置境外培训项目，择优选派培训对象，合理确定培训机构，严格培训过程的管理，注重培训质量和效益。

第二十五条 开展干部教育培训应当根据干部的特点，综合运用讲授式、研究式、案例式、模拟式、体验式等教学方法，提高培训质量。

第二十六条 推广网络培训、远程教育、电化教育，提高干部教育培训教学和管理的信息化水平。

第五章 教育培训机构

第二十七条 加强干部教育培训机构建设，构建分工明确、优势互补、布局合理、竞争有序的干部教育培训机构体系。充分发挥党校、行政学院和干部学院在干部教育培训中的主渠道作用。

第二十八条 党校、行政学院和干部学院应当突出办学特色，按照职能分工开展干部教育培训工作。

部门和行业的干部教育培训机构，应当按照各自职责，做好本部门和本行业的干部教育培训工作。

高等学校、科研院所可以发挥自身优势，承担相关的干部教育培训任务。

干部教育培训管理部门可以委托符合条件的社会培训机构和境外培训机构承担干部培训项目。

各类干部教育培训机构应当加强国内外交流与合作，通过联合办学等方式，促进干部教育培训资源的优化配置。

第二十九条 干部教育培训机构必须贯彻党和国家的干部教育培训方针政策，坚持社会主义的办学方向。

干部教育培训机构应当根据培训需求，深化教学改革，创新培训内容，改进培训方式，科学设置培训班次和学制，完善学科结构和课程设计，提高教学水平。

干部教育培训机构应当深化人事制度、管理制度和分配制度改革，建立充满活力、运转高效的管理机制，提高管理水平。

第三十条 各级党委和政府应当加强干部教育培训机构的领导班子建设，改善干部教育培训机构的基础设施和办学条件。

各级党委和政府应当重点扶持条件较好、优势明显的干部教育培训机构，调整、整顿不具备办学能力和条件的干部教育培训机构。

第三十一条 建立干部教育培训机构准入制度。培训机构承担干部教育培训任务，必须获得干部教育培训管理部门的资质认可。干部教育培训管理部门应制定和公布相应的准入标准。

培育和规范干部教育培训市场，引导干部教育培训机构优化服务，提高质量，逐步形成由干部教育培训主管部门指导、公开平等、竞争有序的干部教育培训市场机制。

第三十二条 实行干部教育培训项目管理制度。干部教育培训管理部门可以采取直接委托、招标投标等方式，确定承担培训项目的教育培训机构，加强项目实施的管理，提高培训绩效。

第三十三条 加强干部教育培训管理者队伍建设，注重培训，促进交流，优化结构，提高素质。

第六章　师资、教材、经费

第三十四条 按照素质优良、规模适当、结构合理、专兼结合的原则，建设高素质的干部教育培训师资队伍。

第三十五条 从事干部教育培训工作的教师，应当具有良好的思想政治素质和职业道德修养、较高的理论政策水平、扎实的专业知识基础，有一定的实际工作经验，掌握现代教育培训理论和方法，具备胜任教学、科研工作的能力。

第三十六条 实行专职教师职务聘任和竞争上岗制度，通过考核、奖惩和教育培训，加强专职教师队伍建设。

建立专职教师知识更新机制，保证专职教师每年参加教育培训的时间累计不少于1个月。逐步建立符合干部教育培训特点的师资队伍考核评价体系。

选聘实践经验丰富、理论水平较高的党政领导干部、企业经营管理人员、国内外专家学者担任兼职教师，充分发挥兼职教师的作用。

建立全国和各省、自治区、直辖市干部教育培训师资库，实现资源共享。

第三十七条 干部培训教材建设应当适应不同类别干部教育培训的需要，着眼于提高干部的综合素质和能力，逐步建立开放的、形式多样的、具有时代特色的教材体系。

第三十八条 坚持干部培训教材的开发与利用相结合，做到一纲多本、编审分开。全国干部培训教材编审指导委员会负责组织制定干部培训教材建设规划和教材大纲，审定全国干部培训教材；有关地方、部门和机构按照教材大纲的要求，可以编写符合需要、各具特色的干部培训教材，并可选用国内外优秀出版物。

第三十九条 加强干部培训教材的编写、出版、发行、使用的管理和监督。

第四十条 干部教育培训经费列入各级政府年度财政预算，随着财政收入增长逐步提高，保证干部教育培训工作的需要。

加强干部教育培训经费的管理。

第七章 考核与评估

第四十一条 建立干部教育培训的考核和激励机制。将干部的教育培训情况作为干部考核的内容和任职、晋升的重要依据之一。

第四十二条 干部教育培训考核的内容包括干部的学习态度和表现，掌握政治理论、政策法规、业务知识、文化知识和技能的程度以及解决实际问题的能力等。

第四十三条 干部教育培训考核应当区分不同的教育培训方式分别实施。组织调训和干部自主选学的考核，由干部教育培训机构实施；干部在职自学的考核，由干部所在单位实施；境外培训的考核，由主办单位或者干部所在单位实施。

干部教育培训实行登记管理。各级干部教育培训主管部门和干部所在单位应当按照干部管理权限，建立和完善干部教育培训档案，如实记载干部参加教育培训情况和考核结果。

第四十四条 组织（人事）部门在干部年度考核、任用考察时，应将干部接受教育培训情况作为一项重要内容。

第四十五条 建立干部教育培训机构评估制度。制定科学合理的评估指标体系和规范简便的评估办法，加强对干部教育培训机构的评估。

第四十六条 干部教育培训机构评估的内容包括办学方针、培训质量、师资队伍、组织管理、基础设施、经费保障等。

第四十七条 干部教育培训主管部门负责对干部教育培训机构进行评估，也可委托中介机构进行评估。

第四十八条 干部教育培训管理部门应当充分运用评估结果，对干部教育培训机构的建设与发展提出指导性意见。干部教育培训机构应当根据评估结果，改进干部教育培训工作。

第八章 监督与纪律

第四十九条 各级党委和政府及其有关工作部门、干部教育培训机构、干部所在单位和干部本人必须严格执行本条例，自觉接受组织监督、群众监督和社会监督。

第五十条 干部教育培训主管部门按照干部管理权限，会同有关部门对干部教育培训工作和贯彻执行本条例情况进行监督检查，制止和纠正违反本条例的行为，并对有关责任人员提出处理意见和建议。

第五十一条 干部因故未按规定参加教育培训或者未达到教育培训要求的，应当及时补训。对无正当理由不参加教育培训的，给予批评教育直至组织处理。

干部在参加教育培训期间违反有关规定和纪律的，视情节轻重，给予批评教育直至纪律处分。

干部弄虚作假获取学历或者学位的，按照有关规定严肃处理。

第五十二条 干部所在单位未按规定履行干部教育培训职责的，由干部教育培训管理部门责令其限期整改，并在一定范围内给予通报批评。

第五十三条 干部教育培训机构和干部所在单位有下列情形之一的，由干部教育培训主管部门责令限期整改；逾期不改的，给予通报批评；情节严重的，由有关部门对负有主要责任的领导人员和直接责任人员给予纪律处分：

（一）采取不正当手段招揽生源的；

（二）以干部教育培训名义组织境内外公费旅游或者进行其他高消费活动的；

（三）违反国家有关规定收取干部教育培训费用的；

（四）违反国家有关规定擅自印发学历或学位证书、资格证书或培训证书的；

（五）违反本条例规定的其他行为。

第九章 附 则

第五十四条 各省、自治区、直辖市党委根据本条例制定具体实施办法。

第五十五条 中国人民解放军和中国人民武装警察部队的干部教育培训办法，由中央军委根据本条例的原则制定。

第五十六条 本条例由中央组织部负责解释。

第五十七条 本条例自发布之日起施行。

后　记

伴随着中华人民共和国前进的步伐，走过60年历程的中国成人教育取得了辉煌的成就。为庆祝中华人民共和国成立60周年，我们组织编写了《新中国六十年成人教育大事记》，用追记历史的形式，使人们进一步加深对中国成人教育发展历程的认识，明确历史赋予我们的责任，振奋精神，开拓进取，把成人教育事业推向一个新阶段，更好地发挥成人教育对社会进步和经济发展的促进作用。

《新中国六十年成人教育大事记》主要以60年来，成人教育方面的政策、法规、文件、会议、领导讲话和重要活动为主，特别注意在成人教育发展中的首事、大事、要事和特事。

由于掌握材料有限，有关香港、澳门、台湾成人教育的条目，尚未被收录。

《新中国六十年成人教育大事记》的编写，以年、月、日为排列顺序，其中日期不详或不明确，则记为当月；月份不详，则记为当年。

《新中国六十年成人教育大事记》的编写是在中国成人教育协会直接指导之下进行的，并得到了教育部职业教育与成人教育司的支持和指导，得到北京教育科学研究院的大力支持以及部分省、市成人教育学会和部分行业、企业协会的支持。还有些长期从事成人教育工作的老领导和老专家，他们怀着对成人教育的深厚感情，本着实事求是的精神，为《新中国六十年成人教育大事记》的编写提供了大量的资料，撰写了有关条目，对部分条目进行了认真的审阅和修订，在此一并表示感谢。

参加《新中国六十年成人教育大事记》编写的人员有蔡宝

田、张翠珠、王廷弼、赖立、卫宏、苑大勇、杨树雨、石玚、杜文生、马超、李焕贵等。

本书依据的主要资料是《中国成人教育改革发展三十年》(中国成人教育协会组编，高等教育出版社2008年版)、《成人教育大事记》(欧阳璋主编，北京出版社1987年版)、《90年代中国教育改革大潮丛书(成人教育卷)》(黄尧主编，北京师范大学出版社2004年版)、《成人教育史》(董明传等主编，海南出版社2002年版)、《中华人民共和国教育大事记》(中央教育科学研究所编，教育科学出版社1983年版)、《中国成人教育管理运作全书》(贺向东等主编，中国物资出版社1998年版)，教育部《全国教育事业发展统计公报(2000—2008年)》等。

由于我们对材料掌握有限，《新中国六十年成人教育大事记》可能还存在遗漏、错误和欠缺之处，恳请广大读者给予批评、指正，并提出修改意见，以便今后进一步修订。

《新中国六十年成人教育大事记》编委会
2009年9月

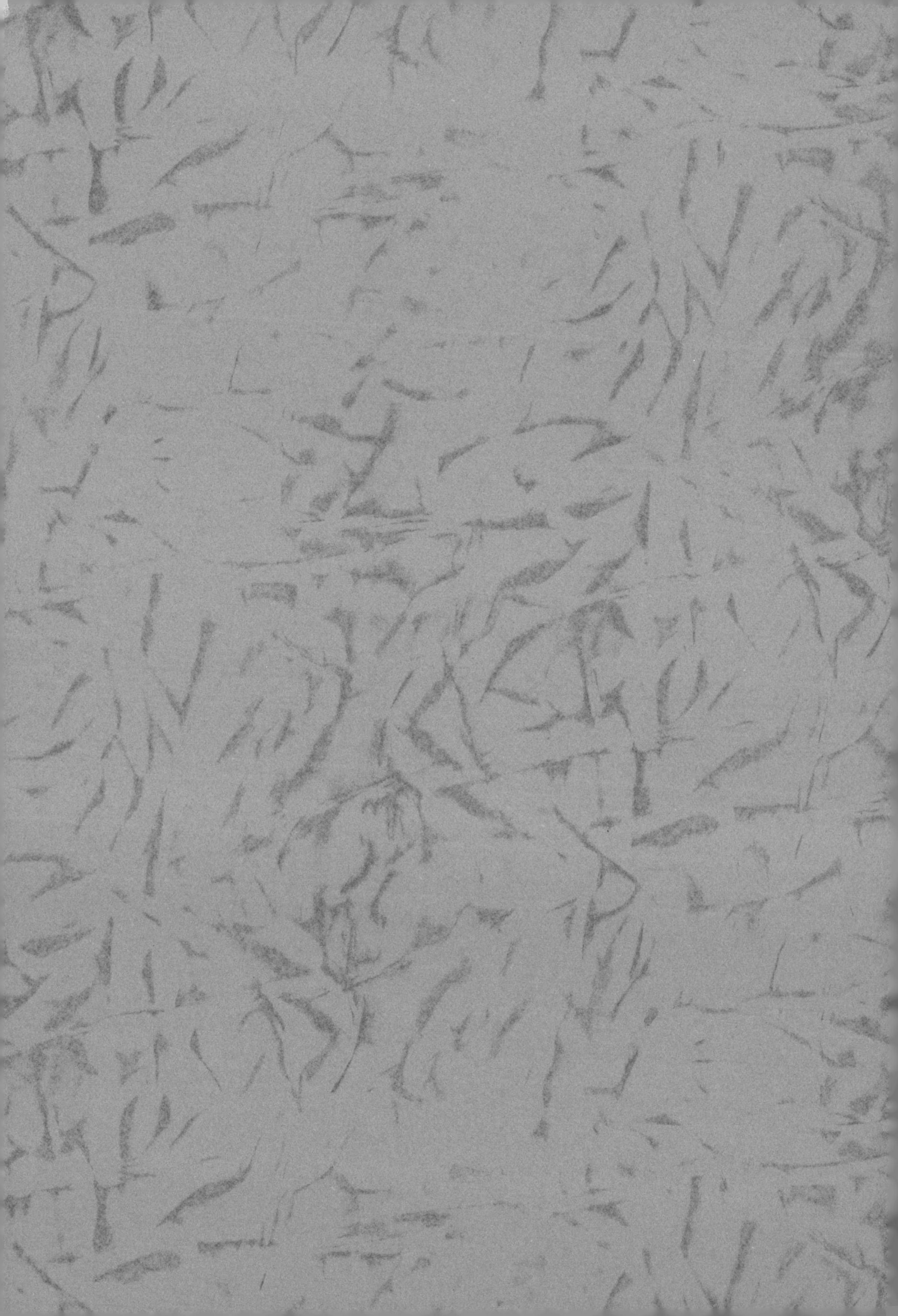

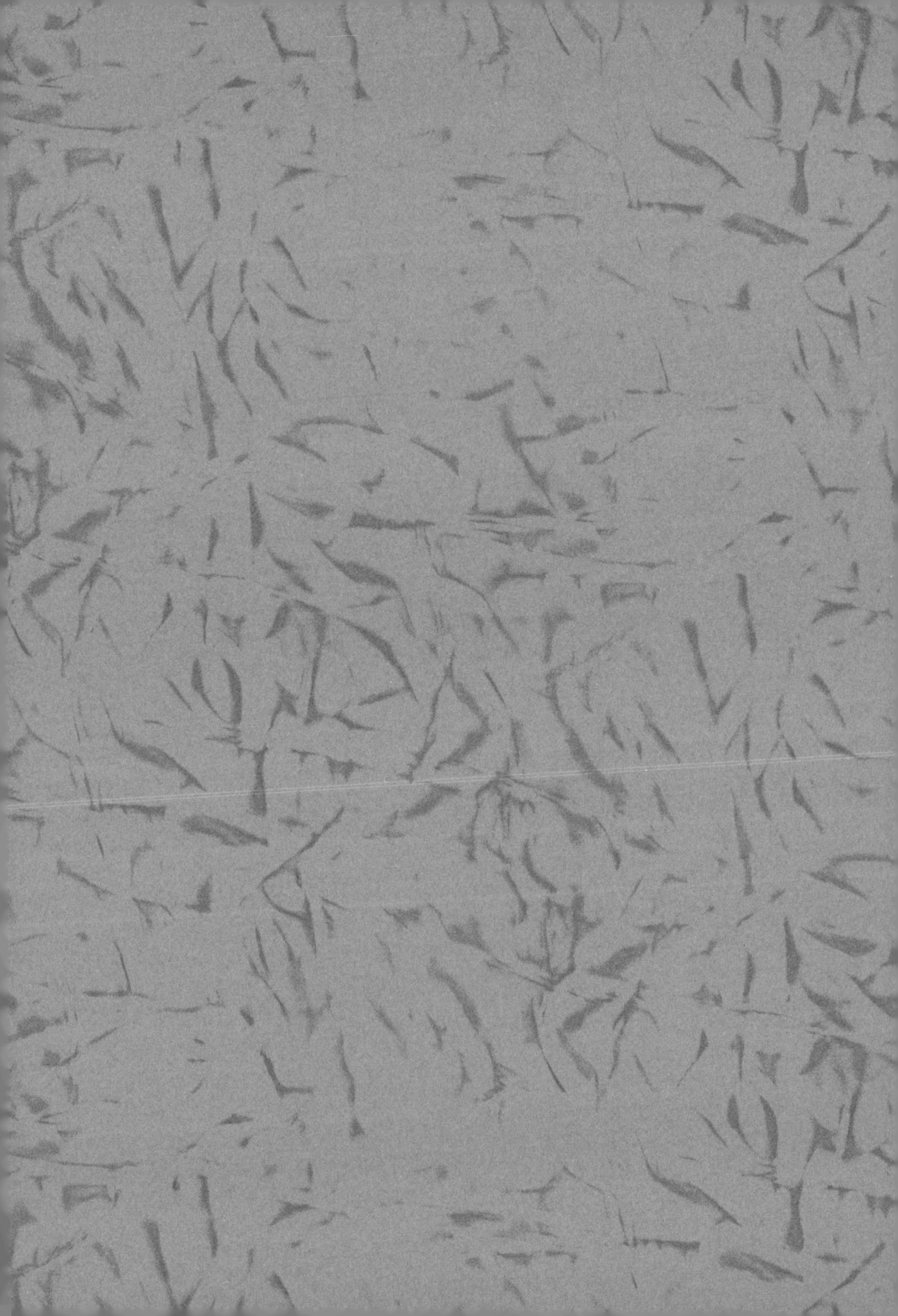